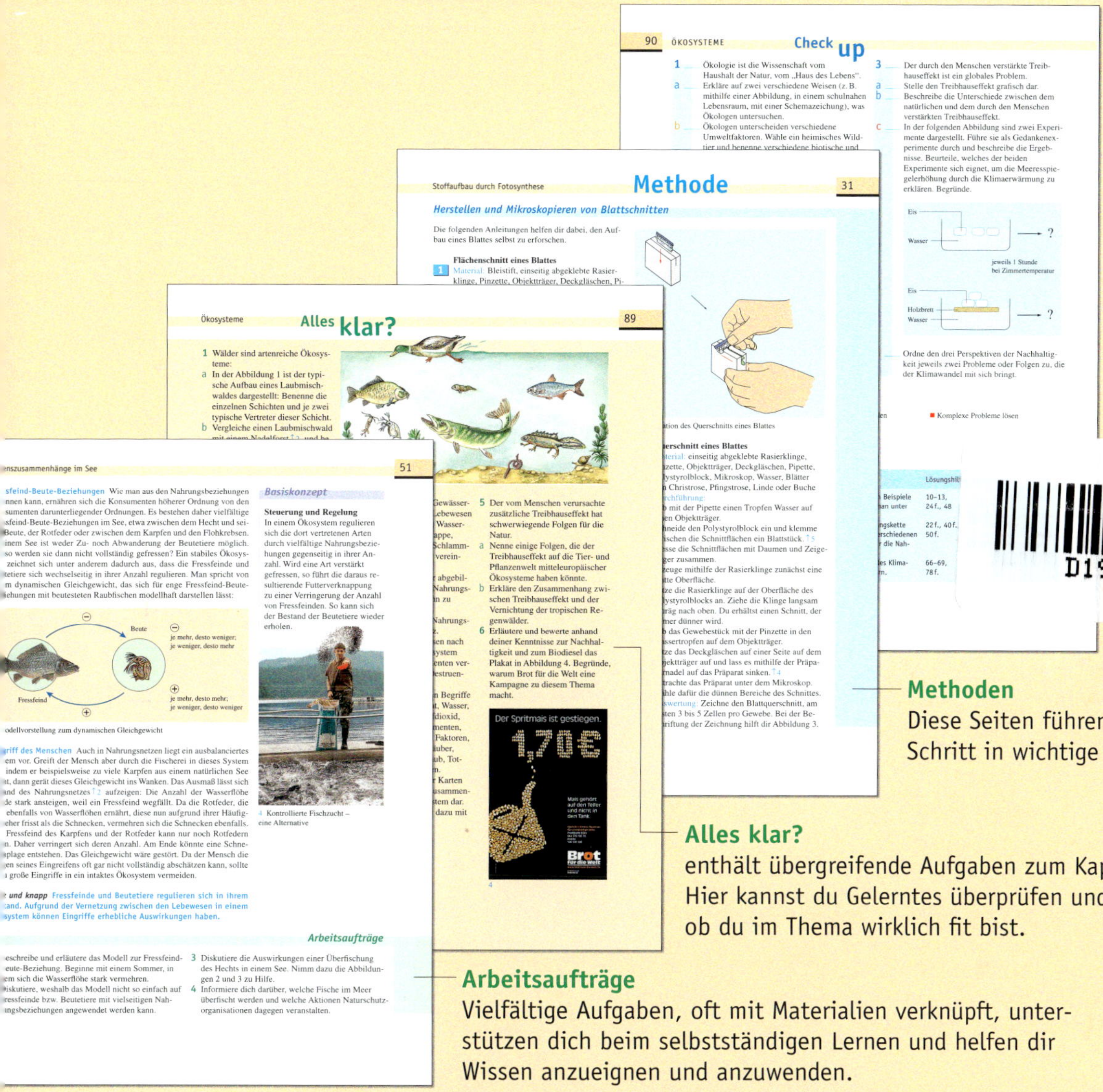

Check-up

Hast du den Inhalt des Kapitels verstanden? Kannst du dein Wissen anwenden? Mit den Aufgaben auf dieser Seite kannst du dich selbst einschätzen. Die Lösungen findest du am Ende des Buches.

Methoden

Diese Seiten führen dich Schritt für Schritt in wichtige Arbeitsweisen ein.

Alles klar?

enthält übergreifende Aufgaben zum Kapitel. Hier kannst du Gelerntes überprüfen und merkst, ob du im Thema wirklich fit bist.

Arbeitsaufträge

Vielfältige Aufgaben, oft mit Materialien verknüpft, unterstützen dich beim selbstständigen Lernen und helfen dir Wissen anzueignen und anzuwenden.

Kurz und knapp

Die wichtigsten Inhalte werden am Ende eines Kapitels zusammengefasst.

Basiskonzept

Hier werden biologische Prinzipien erläutert und Bezüge zu anderen Kapiteln hergestellt.

Einstiegsseite

Sie vermittelt einen ersten Eindruck vom Thema des Kapitels. Mit einem kurzen Text und Fragen soll sie auf den nachfolgenden Inhalt neugierig machen.

Fokus *Biologie*

Band **2**

Gymnasium
Nordrhein-Westfalen

Cornelsen

Autorinnen und Autoren: Andreas Bley, Berlin; Dr. Udo Hampl, Pörnbach; Patrick Handschuh, Köln; Simone Jentsch, Wuppertal; Andreas Kübler, Tübingen; Dr. Martin Otteni, Breisach; Dr. Peter Pondorf, Pellheim; Anke Richert, Bretten; Nicole Schaller-Picard, Wuppertal; Philipp Schmiemann, Essen; Kristina und Dirk Schnelle, Düsseldorf; Dr. Frank Scholz, Priesendorf; Harald Seufert, Düsseldorf; Silke Telschow-Malz, Berlin; Maria Woll, Bad Iburg

Redaktion: Maren Glindemann, Andrea Weber

Beraterinnen und Berater: Delia Nixdorf, Velbert; Philipp Schmiemann, Essen

Bildrecherche: Kathrin Kretschmer

Illustrationen und Grafik: Günther Biste, diGraph, Peter Hesse, Jörg Mair, Karin Mall, Heike Möller, Lutz-Erich Müller

Karikaturen: Klaus Vonderwerth

Umschlaggestaltung und Layoutkonzept: Wolfgang Lorenz

Layout: Sabine Matthes, Oranienburg

www.cornelsen.de/fokus-biologie
Unter dieser Adresse befinden sich multimediale Zusatzangebote.
Die Buchkennung ist: BFK012956

www.cornelsen.de

1. Auflage, 1. Druck 2009

Alle Drucke dieser Auflage sind inhaltlich unverändert
und können im Unterricht nebeneinander verwendet werden.

Druck: CS-Druck CornelsenStürtz, Berlin

ISBN 978-3-06-012956-0

Inhalt gedruckt auf säurefreiem Papier aus nachhaltiger Forstwirtschaft.

Inhalt

Ökosysteme

Eine Eule fängt eine Maus, die wiederum eine Nuss erbeutet hat. In einem Ökosystem sind Tiere und Pflanzen durch vielfältige Nahrungsbeziehungen miteinander verknüpft. Die Einflüsse, die wir Menschen auf die Umwelt ausüben, haben daher oft weiter reichende Auswirkungen als gedacht. Daraus erwächst eine besondere Verantwortung für die Natur.

Erkunden eines Ökosystems: der Wald

Ein Wald ist nicht nur eine Ansammlung von Bäumen, ein Lieferant für Holz oder ein Naherholungsgebiet. Ein naturnaher Wald stellt ein komplexes Ökosystem dar. Was ein Ökosystem ist und wie es „funktioniert“, könnt ihr durch eigene Untersuchungen im Wald erforschen.

1 Am besten untersucht man ein Ökosystem vor Ort.

Vielfalt im Wald Im Wald findet man nicht nur Bäume, sondern auch Pilze, Sträucher, Moose und Farne. Hier leben neben mikroskopisch kleinen Springschwänzen zum Beispiel Schnecken, Mäuse, Dachse, Füchse, Rehe und Wildschweine. Gibt es Regeln, wo man welchen Organismus finden kann?

2 Wer wohnt wo im Wald?

Aspekte

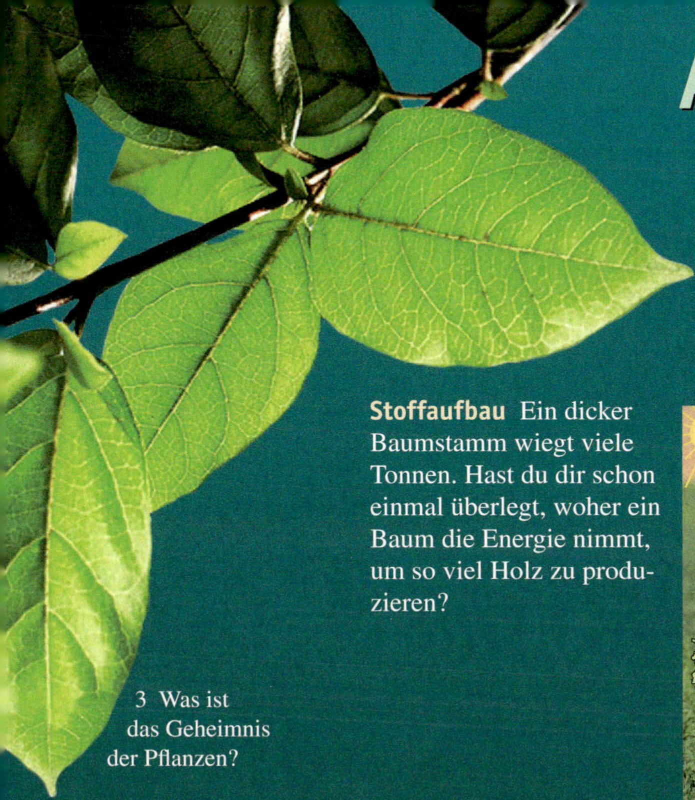

3 Was ist das Geheimnis der Pflanzen?

Stoffaufbau Ein dicker Baumstamm wiegt viele Tonnen. Hast du dir schon einmal überlegt, woher ein Baum die Energie nimmt, um so viel Holz zu produzieren?

4 Einflüsse auf ein Reh

5 Totes Holz als Lebensraum?

6 Kann man wirklich sagen: „Alles hängt mit allem zusammen"?

Beziehungen im Ökosystem Wie beeinflussen sich Lebewesen gegenseitig? Was für Ansprüche stellen Lebewesen an ihre Umwelt und was erwartet sie dort?

Stoffkreislauf im Ökosystem Was wird aus den vielen Blättern, die im Herbst auf den Waldboden fallen? Gibt es im Wald ein „Recyclingsystem"? Wenn ja, wie funktioniert es?

Entdeckungstour durch das Ökosystem

Jeder ist schon einmal in einem Wald gewesen und weiß, wie es dort aussieht. Eine Exkursion ist aber viel spannender als ein „Sonntagsspaziergang"! Denn im Wald gibt es viel zu entdecken, was man auf den ersten Blick nicht sieht! Allerdings solltet ihr im Vorfeld gründlich planen, was ihr im Wald erkunden wollt.
Wie kann man dabei vorgehen? Was kann man im Wald alles untersuchen?

1 Schülerinnen und Schüler bei Untersuchungen im Wald

Methode *Eine Exkursion vorbereiten und planen*

008-1

Bei einer Exkursion steht das Untersuchungsziel oder eine bestimmte Fragestellung im Mittelpunkt. Vorher müssen daher verschiedene Fragen geklärt werden. Was können wir untersuchen? Welche Methoden können wir anwenden? Und welches Material brauchen wir dafür? Wie können wir die Arbeit aufteilen? Wie präsentieren wir unsere Ergebnisse den anderen? Eine gute Vorbereitung ist Voraussetzung für den Erfolg der Exkursion. Wie ihr dabei vorgeht, erfahrt ihr im Folgenden.

1 Vorbereitung:
Bei der Vorbereitung einer Exkursion solltet ihr sowohl Maßnahmen zur eigenen Sicherheit als auch die Belange des Naturschutzes berücksichtigen. Erkundigt euch, ob es im Untersuchungsgebiet geschützte Bereiche gibt. Geschützte Pflanzen dürfen nicht gepflückt werden. Auskunft darüber gibt die „Rote Liste" der geschützten Tier- und Pflanzenarten.

2 Was kann untersucht werden?
Überlegt genau, was ihr während der Exkursion sammeln, beobachten oder untersuchen wollt. Für einen besseren Überblick legt ihr eure Überlegungen in Form einer Mindmap an. ↑3 Schlagwörter können auch auf Karten geschrieben, mit Magneten an der Tafel angebracht und nach Belieben verschoben und umstrukturiert werden. Am Ende sollte deutlich zu erkennen sein, was im Untersuchungsgebiet zu erwarten ist und welche Tätigkeiten ihr dort durchführen wollt.

3 Erstellen eines Arbeitsplans:
Ein Arbeitsplan erleichtert den Informationsaustausch und die Materialbereitstellung. Bildet kleine Arbeitsgruppen, die sich jeweils mit einer bestimmten Teiluntersuchung befassen, zum Beispiel mit der Erfassung der vorkommenden Pflanzen (Vegetationsaufnahme, ↑S.13).

Exkursion in das Morper Bachtal — *15. 6. 2008, 8.30 bis 10.30 Uhr*

Arbeitsplan Gruppe 1: Umgebungsskizze
Kathi, Conny, Meike und Micha

Aufgabenbeschreibung: Zeichnen einer beschrifteten Umgebungsskizze (Beachten der Himmelsrichtung, Lage, markante Punkte, Relief, Hanglage)

Material: Karte, Kompass, Zeichenmaterial, Digitalkamera, Maßband (30 m)

2 Beispiel für einen Arbeitsplan

3 Mindmap für eine Exkursion

Jede Gruppe sollte das für die jeweilige Untersuchung notwendige Arbeitsmaterial auflisten und besorgen. Sie sollte sich über die notwendigen Untersuchungsmethoden, die geeignete Gruppengröße und die benötigte Zeit informieren. Aus all diesen Informationen wird dann ein ausführlicher Arbeitsplan erstellt. ↑2

4 Arbeit für die Schul-Homepage

4 Auswertung und Dokumentation:
Hierfür könnt ihr eure Ergebnisse auf einem Poster oder in einem Portfolio zusammen mit Fotos und Zeichnungen zusammenstellen. Wenn ihr eure Präsentationen digitalisiert, könnt ihr sie zum Beispiel auf der Internetseite eurer Schule darstellen. ↑4 Denkbar ist auch eine Ausstellung im Rahmen eines Schulfests oder Elternsprechtags.

Ökologie – vom Leben in Beziehungen

Das Eichhörnchen ist ein typischer Bewohner unserer Gärten und Wälder. Gerne bedient es sich im Winter im Vogelhäuschen an den Nüssen und Kernen, die wir den Vögeln zufüttern.
Doch welche Nahrung bevorzugt das Eichhörnchen normalerweise? Lebt es alleine oder in einer Gruppe? Welche Feinde hat es?
Wie verändern sich diese Bedingungen im Laufe eines Jahres?

1

Beobachten ***Untersuchen*** *Experimentieren*

Eichhörnchen
Körperlänge (mit Schwanz): 36–44 cm
Merkmale: rostrotes bis schwarzes Fell, oft heller Bauch, langer, buschiger Schwanz, scharfe Krallen, meißelartige Schneidezähne, die sich ein Leben lang selbst erneuern. Eichhörnchen leben in Kobeln, kleinen, runden Nestern, die sie aus Zweigen und Laub in Baumkronen bauen, sie können auch in Baumhöhlen ein Versteck finden. Sie sind gute Kletterer und geschickte Springer ↑4
Nahrung: Samen der Laub- und Nadelbäume, Obst, Pilze, Fleisch, Insekten, Vogeleier
Lebensraum: Wälder und Parkanlagen in ganz Europa mit Ausnahme von Island und der Mittelmeerinseln, außerdem die Waldgebiete Asiens bis Japan
Feinde: Greifvögel, Marder, Wiesel, Wildkatze, Mensch (durch Vernichtung von Lebensraum und Pelzhandel)

2 Steckbrief für das Eichhörnchen

Umweltfaktoren, die auf ein Eichhörnchen einwirken

1 Informationen über Lebewesen lassen sich anschaulich in Steckbriefen darstellen. Lies den oben stehenden Steckbrief des Eichhörnchens. ↑2
Beschreibe dann den möglichen Tagesablauf für ein Eichhörnchen an einem Tag im Februar, im Mai, im August und im Oktober. Beachte hierbei besonders die Jahreszeit und dadurch bedingte Möglichkeiten bestimmter Nahrungsvorkommen, besondere Jagdzeiten von Feinden, aber auch Temperatur und Niederschlagshäufigkeiten. ↑3 Notiere.

2 Alle Einflüsse, die auf ein Lebewesen einwirken, bezeichnet man als Umweltfaktoren.
a Sammle in Stichpunkten, welche Umweltfaktoren auf das Eichhörnchen einwirken und welche Ansprüche es an seine Umwelt stellt.
b Versuche deine Ergebnisse sinnvoll zu ordnen.
Dabei können dir die Informationen auf der nächsten Seite helfen. Übertrage dazu Abbildung 4 in dein Heft und ergänze, was du herausgefunden hast.

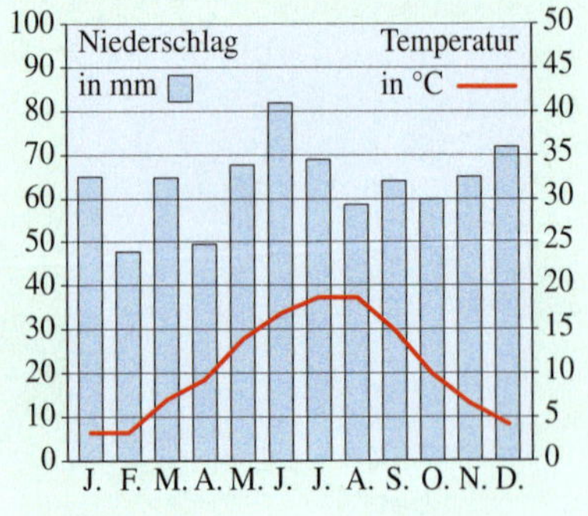

3 Klimadiagramm von Mitteleuropa

Ökologie als Wissenschaft von der Umwelt

Was ist Ökologie? Ökologie beschäftigt sich mit den Wechselbeziehungen zwischen Lebewesen untereinander und mit ihrer Umwelt. Die Umwelt umfasst dabei nicht nur die Umgebung der Lebewesen, sondern alle äußeren Lebensbedingungen, zum Beispiel Fressfeinde oder Lichteinfall. Eine Vielzahl solcher Umweltfaktoren wirkt auf jedes Lebewesen ein.

4 Welche Beziehungen hat das Eichhörnchen zu seiner Umwelt?

Abiotische und biotische Umweltfaktoren Gehen Umweltfaktoren von anderen Lebewesen aus, nennt man sie biotische Faktoren (griech. *bios:* Leben). Zu den biotischen Umweltfaktoren gehören Nahrung, Feinde, Konkurrenten, aber auch Krankheitserreger. Einflüsse der unbelebten Umwelt heißen abiotische Faktoren. Der Ort, an dem ein Lebewesen lebt, wird vor allem durch Klima und Bodenart geprägt. Hier treten abiotische Umweltfaktoren unter anderem in Form von Lichtverhältnissen, Temperatur und Luftfeuchtigkeit in Erscheinung. Für Pflanzen kommen noch die Mineralstoffe im Boden und der Wind hinzu.

Ökosystem In der Natur trifft man bestimmte Tier- und Pflanzenarten immer in einem bestimmten Lebensraum, weil sie an die vorherrschenden abiotischen Umweltfaktoren gut angepasst sind.
Pflanzen und Tiere bilden in einem Lebensraum eine Lebensgemeinschaft. Diese ist durch eine Vielzahl von Wechselbeziehungen (abiotische und biotische Faktoren) geprägt und typisch für einen bestimmten Lebensraum. Lebensraum und Lebensgemeinschaft stellen eine Einheit dar, die man als Ökosystem bezeichnet. Mischwälder, Seen oder das Wattenmeer sind zum Beispiel Ökosysteme.

Kurz und knapp **Die Ökologie untersucht die Wechselbeziehungen zwischen Organismen untereinander und zu ihrer Umwelt. Die Umwelt eines Lebewesens umfasst biotische und abiotische Umweltfaktoren. Ökosysteme sind Einheiten aus Lebensräumen und den Lebensgemeinschaften, die darin vorkommen.**

Schon gewusst?

Der Begriff Ökologie setzt sich aus den griechischen Wörtern *oikos* (Haus, Haushalt, Platz zum Leben) und *logos* (Lehre) zusammen. Frei übersetzt ist die Ökologie also die Lehre vom Haushalt der Natur.

Methode

Untersuchung abiotischer Faktoren

Pflanzen und Tiere in einem Ökosystem werden wesentlich durch die abiotischen Umweltfaktoren bestimmt. Die Messung der abiotischen Faktoren erlaubt viele Rückschlüsse auf die Lebensbedingungen der Tiere und Pflanzen.
Kennt man die abiotischen Faktoren, lassen sich daraus auch Aussagen über die vermuteten Arten ableiten. Wenn sich dann die tatsächlich entdeckten Pflanzen und Tiere von den vermuteten Lebewesen unterscheiden, könnte dies ein Hinweis auf eine Störung des Ökosystems sein.

Führt alle Messungen möglichst am gleichen Ort durch. Lest die Werte erst dann von den Geräten ab, wenn sie sich nicht mehr verändern. Notiert auch die Uhrzeit der Messungen.

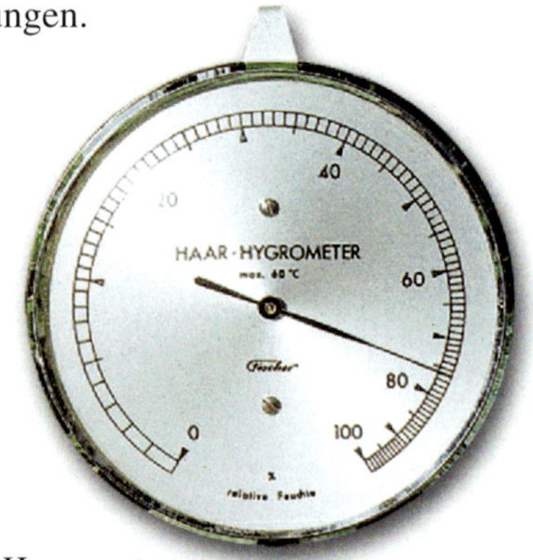

2 Hygrometer

1 Temperatur
Dazu solltet ihr ein Minimax-Thermometer benutzen. ↑1
Es zeigt nicht nur die augenblickliche Temperatur an, sondern auch den niedrigsten und den höchsten Wert im Beobachtungszeitraum. Die Minimaltemperatur lest ihr am unteren Ende des linken Säulenstücks, die Maximaltemperatur entsprechend am unteren Ende des rechten Säulenstücks ab.

2 Luftfeuchtigkeit
Bestimmt die Luftfeuchtigkeit mit einem Hygrometer. ↑2

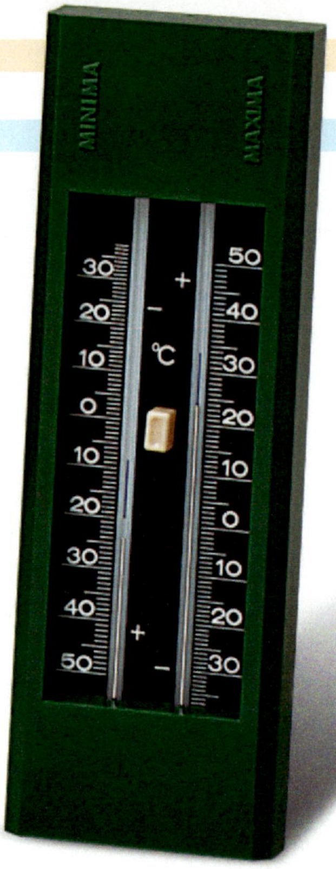

1 Minimax-Thermometer

3 Lichtstärke
Diese bestimmt ihr mit einem Luxmeter. Achtet darauf, dass ihr beim Ablesen keinen Schatten auf das Gerät werft.

4 Windstärke
Hierzu könnt ihr einen Windmesser benutzen oder aber die Windstärke nach der Beaufort-Skala schätzen. ↑Tabelle

Beaufort-Skala	
Beobachtung	Windgeschwindigkeit
Blätter völlig ruhig	0 bis 1,7 m/s
Blätter/dünne Zweige zeitweise bewegt	1,8 bis 3,3 m/s
Blätter/dünne Zweige immer bewegt	3,4 bis 5,2 m/s
Kleine Bäume schwanken	5,3 bis 7,4 m/s
Stärkere Äste bewegen sich	7,5 bis 9,8 m/s

Arbeitsaufträge

1 Messt Lichtstärke, Temperatur und Windgeschwindigkeit innerhalb und außerhalb eines Waldes zur gleichen Zeit. Das Minimax-Thermometer solltet ihr schon am Vortag aufstellen, damit ihr die tiefste Nachttemperatur ablesen könnt. Welche Unterschiede stellt ihr fest? Versucht eine Erklärung dafür zu finden.

2 Führt Messungen über einen Tag verteilt durch und erstellt Diagramme zum Tagesverlauf der abiotischen Faktoren.

3 Bestimmt die gleichen abiotischen Faktoren in einem Buchenmischwald und in Kiefernwald oder Fichtenforst. Versucht eine Erklärung für die Unterschiede zu finden.

Methode

Vegetationsaufnahme

Bei einer Vegetationsaufnahme erfasst man die in einem Ökosystem vorkommenden Pflanzenarten. Ihr könnt diese Methode zum Beispiel auch auf einer Wiese anwenden. Wenn ihr ein Waldstück untersuchen wollt, dann wählt eine Fläche, die nicht zu dicht bestanden ist, sodass ihr bequem, und möglichst ohne die Krautschicht zu zertreten, darin herumgehen könnt. Versucht so wenig Pflanzen wie möglich zu beschädigen und verhaltet euch ruhig, um die versteckt lebenden Tiere nicht zu stören.

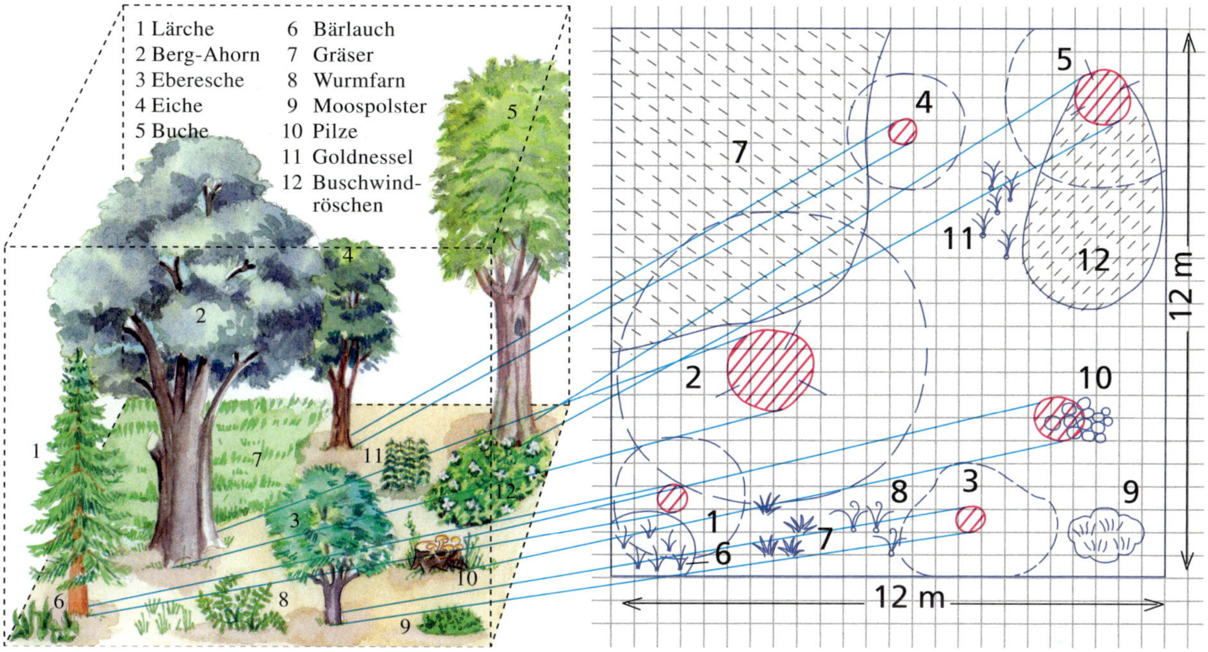

3 Räumliches Bild der Waldvegetation und Skizze einer Vegetationsaufnahme

Ihr benötigt folgende Materialien:

Maßband oder Zollstock, Notizblock mit Bleistift und wasserfestem Filzstift, Lineal, Millimeterpapier oder kariertes Papier, Schreibunterlage, Pflanzenbestimmungsbuch, Klebeband, Plastiktüten.

1 Messt zunächst eine möglichst einheitliche quadratische Fläche zwischen 10 m × 10 m und 20 m × 20 m aus und steckt sie ab.

2 Tragt auf Karopapier maßstabsgetreu die Fläche ein (z. B. 1 m = 2 cm auf dem Papier).

3 Nun werden die Stämme der Bäume und Sträucher als Punkte eingetragen, und zwar im Verhältnis ihres Durchmessers.

4 Bestimmt nun ungefähr den Kronendurchmesser und -umfang der Gehölze und zeichnet ihn maßstabsgetreu als Kreis um den Stamm. Für unterschiedliche Stockwerke werden verschiedene Signaturen verwendet.

5 Jedes eingetragene Gehölz wird mit einer Nummer versehen. Eure Proben von den Gehölzen, wie Zweige oder Blätter, die ihr zur Bestimmung benötigt, erhalten jeweils die gleiche Nummer.

6 Tragt die Kräuter und Gräser der Krautschicht usw. mit unterschiedlichen Schraffuren ein, soweit ihr sie bestimmen bzw. unterscheiden könnt. Die so erhaltene Skizze vermittelt euch den Eindruck, als würde man den Wald aus der Vogelperspektive betrachten. So könnt ihr die Flächenbedeckung der einzelnen Bäume, Kräuter und Schichten abschätzen.

Möglichkeiten für weitere Untersuchungen:

– Bestimmt an denselben Stellen die abiotischen Faktoren. Stellt einen Zusammenhang zwischen den Umweltfaktoren und den gefundenen Pflanzen her.
– Zum Vergleich könnt ihr eine zweite Fläche in einem anderen Waldtyp oder am Waldrand untersuchen.

Man sieht den Wald vor lauter Bäumen nicht

Wenn wir an einen Wald denken, sehen wir sofort Bäume vor uns. Ein Wald besteht jedoch aus so viel mehr als nur Bäumen. Moosbewachsener Boden, Pilze oder dicht stehenden Farnwedel findet man nur in Wäldern.
Gibt es ein System, wie sich verschiedenen Pflanzen den Wald teilen? Wie viel mehr als nur Bäume steht im Wald?

1 Im Wald gibt es nicht nur Bäume.

Beobachten Untersuchen Experimentieren

Stockwerkbau im Wald
In einem naturbelassenen Wald lassen sich verschiedene Schichten erkennen, die Stockwerke. ↑2
Oberhalb der Wurzelschicht kann am Waldboden etwa 5 cm hohes Moos wachsen. 30 bis 70 cm hohe Kräuter und Farne bilden eine Krautschicht. Sträucher wie die Hasel bestimmen die Strauchschicht und werden bis zu 6 m hoch. Die Baumschicht wird in hohe und niedrige Baumschicht unterteilt. Die Hainbuche kann 20 m hoch werden, die Sommer-Linde 30 m und die Stiel-Eiche 40 m.

1 Zeichne die Abbildung in dein Heft und beschrifte die Stockwerke mithilfe des Textes.

2 Erstelle ein maßstabsgetreues Säulendiagramm mit den unterschiedlichen Wuchshöhen der Schichten. Beschrifte die Schichten.

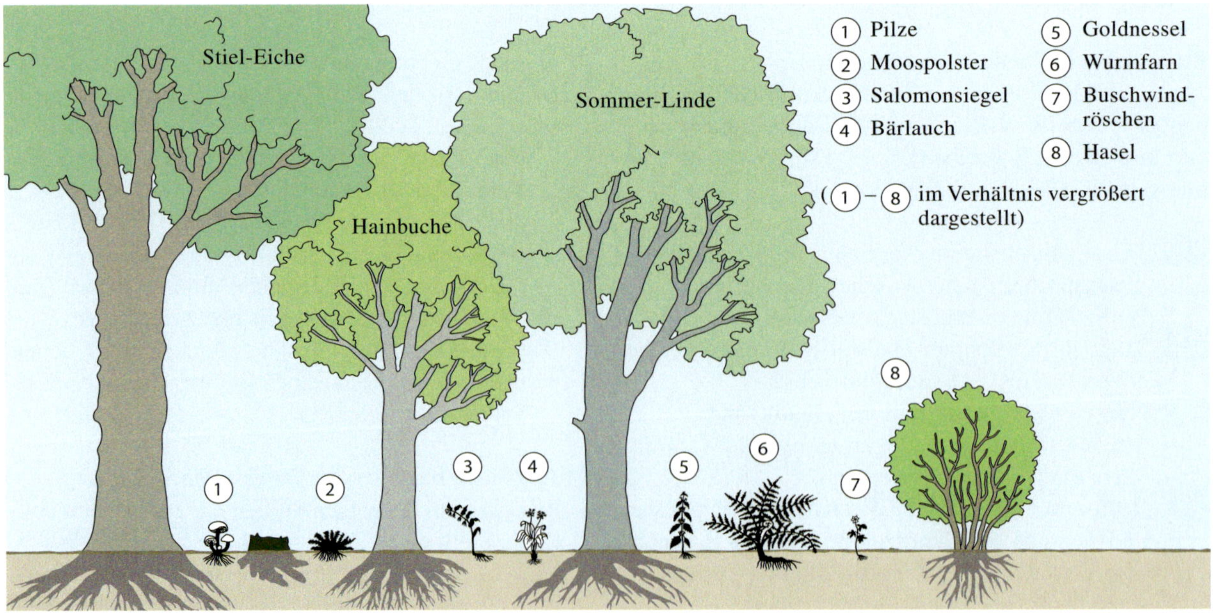

2 Stockwerkbau des Waldes (Schema)

Die Etagen im Naturwald

Stockwerke des Waldes Im naturbelassenen Wald ist eine Etagenbildung zu erkennen. Diese ergibt sich durch die Entwicklung, der ein Wald nicht allein durch die Jahreszeiten unterworfen ist. Jede einzelne Pflanze beansprucht einen bestimmten Platz, um zu wachsen und möglichst viele Blätter im Sonnenlicht auszubreiten. Sehr hohe und damit auch alte Bäume breiten in großer Höhe ihre Kronen aus und werfen damit Schatten auf den Waldboden. Diese bilden die oberste Etage, die als hohe Baumschicht bezeichnet wird. Ist genügend Abstand zwischen den hohen Bäumen, können jüngere Bäume dem Licht entgegenwachsen und bilden die niedrigere Baumschicht. Wo ein umgestürzter Baum eine Lücke geschlagen hat oder am Waldrand, können auch Sträucher wachsen und eine Strauchschicht bilden.

Im Frühjahr, wenn die Bäume noch keine Blätter ausgebildet haben, bedecken die Frühblüher den Waldboden und bilden eine Krautschicht. In dieser kurzen Zeit wachsen, blühen und vermehren sich die Frühblüher. Viele von ihnen sieht man im Rest des Jahres gar nicht mehr. Genauso verhält es sich im Herbst mit den Herbstblühern, da durch den beginnenden Laubfall mehr Licht den Waldboden erreicht. Moose und Farne kommen mit sehr wenig Licht aus und sind an den schattigen, feuchtkühlen Lebensraum angepasst. Farne sind demnach fast das ganze Jahr über Bestandteil der Krautschicht. Moose bilden eine Moosschicht. Das Laub, das im Herbst fällt und während des Jahres langsam verrottet, bildet die Laubschicht, die nicht nur Lebensraum für unzählige Lebewesen bildet, sondern auch zum Dünger für die Waldpflanzen wird.

Kurz und knapp **Naturnahe Wälder sind in folgende Stockwerke gegliedert: Moos-, Kraut-, Strauch- und Baumschicht. Diese Schichten sind keine unveränderlichen Gebilde, sondern der Dynamik der Jahreszeiten und Wetterbedingungen unterworfen.**

Schon gewusst?

Ein Drittel der Landfläche Deutschlands ist mit Wald bedeckt. Durch den Holzeinschlag der vergangenen Jahrhunderte ist der größte Teil des Waldes aber kein naturbelassener Lebensraum mehr. Im 19. Jahrhundert begann die Aufforstung, um den Holzbestand zu sichern. Die meisten Wälder werden auch heute forstwirtschaftlich genutzt. Ein wirtschaftlich genutztes Waldgebiet wird Forst genannt.

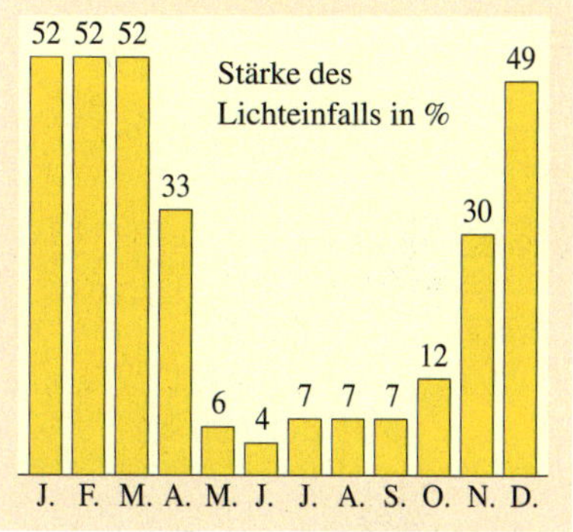

3 Stärke des Lichteinfalls am Waldboden im Jahresverlauf

Arbeitsaufträge

1 Lies den Text oben noch einmal aufmerksam. Nenne den abiotischen Umweltfaktor, der die Ausprägung der Stockwerke besonders beeinflusst. Erläutere die Rolle dieses Umweltfaktors.

4 Huflattich

5 Zunderschwamm

2 Besorge dir einen Pflanzenführer für Waldpflanzen.

a Fertige eine Tabelle an. In die Zeilen schreibst du die Namen der Waldschichten, in die Spaltenüberschriften die Jahreszeiten (oder besser: die Monatsnamen). Fülle die Tabelle mit Namen der vorherrschenden Pflanzen in den einzelnen Schichten zu der betreffenden Jahreszeit. Beachte hierbei auch Abbildung 3.

b In welchen Monaten ist welche Schicht besonders ausgeprägt?

c In welcher Schicht kannst du in welcher Jahreszeit folgende Organismen finden: Huflattich, Echtes Springkraut, Salomonsiegel, Eibe, Wald-Reitgras, Zunderschwamm, Fingerhut, Bärlauch, Scharbockskraut, Gundermann, Adlerfarn, Mistel, Steinpilz, Holunder, Stechpalme, Seidelbast.

Ein häufiger Nadelbaum – die Fichte

016-1

Die Fichte ist ursprünglich in den Mittelgebirgen oberhalb 800 m und in den Alpen heimisch. Seit etwa 200 Jahren wird sie aber durch forstlichen Anbau überall in Deutschland verbreitet, da sie wertvolles Nutzholz liefert und auch auf verarmten Böden guten Ertrag bringt.

1 Frei stehende Fichte

Merkmale Die Fichte kann 50 m hoch werden und ist damit eine der höchsten heimischen Baumarten. Die tiefrissige schuppige Borke hat eine rötliche Färbung. ↑2 Die Fichte besitzt nadelförmige, vierkantige, harte Blätter, die auch im Winter am Zweig bleiben. Erst nach etwa 5 bis 7 Jahren fallen sie ab. Im Gegensatz zur Weiß-Tanne ↑S.19 bleibt am Blattansatz ein kleiner Höcker stehen, sodass sich abgenadelte Zweige rau wie eine Feile anfühlen.

Fortpflanzung Die Blüten entwickeln sich nur im Wipfelbereich. Männliche und weibliche Blütenstände sind voneinander getrennt. Die männlichen Blüten sind zunächst rötlich gefärbt und enthalten große Mengen an gelben Pollen. Erst wenn sie stäuben, also Pollen abgeben, werden sie gelb. Sie sind höchstens 1,5 cm groß und sitzen in den Achseln der Nadeln. Die Pollenkörner, die jeweils zwei Luftsäcke besitzen, werden mit dem Wind zur weiblichen Blüte getragen. ↑3 Dies nennt man Windblütigkeit. Die weiblichen Blüten sind zunächst aufrecht stehende, höchstens 6 cm lange Zapfen und enthalten die auf Samenschuppen liegenden Eizellen. Nach der Befruchtung entwickeln sie keine Früchte, sondern unbedeckte Samen, die jeweils frei auf einer Samenschuppe liegen. Die Fichte gehört daher zu den Nacktsamern. Die Samen sind 4 bis 5 mm lang und mit 1,5 cm langem und 6 bis 7 cm breitem Flügel versehen. ↑4 Wenn die Samen reifen, sind aus den weiblichen Blütenständen bis zu 15 cm lange, hängende Zapfen geworden. ↑2 Die Samen fallen erst im folgenden Frühjahr heraus, danach fallen die ganzen Zapfen vom Baum.

2 Zapfen, Borke und Nadeln der Fichte

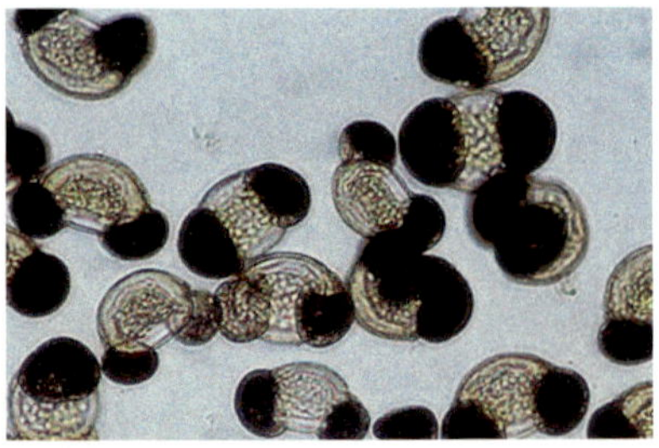

3 Pollenkörner der Fichte

4 Samen der Fichte

Ein häufiger Laubbaum – die Stiel-Eiche

017-1

Merkmale Die Stiel-Eiche ↑5 ist ein sommergrüner Laubbaum und einer der wichtigsten einheimischen Waldbäume. Auch sie kann bis zu 50 m hoch werden und erreicht einen Stammdurchmesser von über 2,5 m. Stiel-Eichen können bis zu 1 000 Jahre alt werden und besitzen festes und wertvolles Holz. Die Blätter sind unregelmäßig gebuchtet. Besonders charakteristisch sind ihre Früchte, die Eicheln, etwa 4 cm große, eiförmige Gebilde, die bis zu einem Viertel von einem Fruchtbecher umhüllt sind und zu mehreren an langen Stielen hängen. ↑6

Fortpflanzung Die ersten Blüten bildet eine Stiel-Eiche selten vor Beendigung ihres 20. Lebensjahrs aus, oft auch erst ab dem 40. Lebensjahr. Auch ihre Blüten sind eingeschlechtig und einhäusig, das heißt, weibliche und männliche Blüten befinden sich auf dem gleichen Baum. Pollen wird in männlichen Blüten an unscheinbaren grünlichen Kätzchentrieben gebildet, die zeitgleich mit der Laubbildung im Frühjahr erscheinen. Die weiblichen Blüten sind unscheinbar klein, nicht größer als ein Stecknadelkopf und sitzen in kleinen Büscheln mit bis zu sechs Blüten an Stielen in den Blattachseln. Die Eizelle liegt geschützt im Innern eines Fruchtstands. Auch die nach der Befruchtung gebildete Frucht, die Eichel, ist von einer schützenden Schicht umgeben. Daher gehört die Eiche zu den Bedecktsamern. Der Pollen gelangt mit dem Wind zu den Blüten, die nur vom Pollen einer anderen Eiche befruchtet werden können. Dann entwickelt sich die Eichel, die Nahrung für viele Waldbewohner ist. Wird sie nicht gefressen, kann aus ihr eine neue Eiche wachsen.

Kurz und knapp **Bei Bäumen unterscheidet man zwischen Bedeckt- und Nacktsamern, je nachdem, ob die Samenanlage geschützt ist oder frei liegt. Außerdem kann nach der Art der Blätter zwischen Nadel- und Laubbäumen unterschieden werden.**

5 Frei stehende Stiel-Eiche

6 Blätter und Früchte der Stiel-Eiche

Arbeitsaufträge

1 Beschreibe den Aufbau einer Kirschblüte. Vergleiche diese mit den Blüten von Eiche und Fichte.

2 Erläutere den Unterschied zwischen Bedecktsamern und Nacktsamern.

3 Finde heraus, ob alle Laubbäume im Winter ihre Blätter abwerfen und ob alle Nadelbäume ihre Nadeln behalten.

4 Pollen und Früchte bzw. Samen von Pflanzen müssen verbreitet werden.

a Stelle eine Vermutung an, ob der Pollen von Eichen auch Luftsäcke hat wie der Fichtenpollen. Begründe.

b Beschreibe die Samen bzw. Früchte von Fichte und Eiche. Erkläre, auf welche Weise sie verbreitet werden und wie sie daran angepasst sind.

5 Informiere dich über häufige Laub- und Nadelbäume unserer Wälder. Fertige zu jeweils einem Vertreter von Laub- und Nadelbäumen einen Steckbrief an. Die folgende Doppelseite kann dir als Hilfe dienen.

Nachgehakt Häufige Laub- und Nadelbäume unserer Wälder

1 Rot-Buche
Sommergrüner Laubbaum bis 30 m Wuchshöhe; Blätter eiförmig, mit welligem Blattrand; männliche Blüten in hängenden Büscheln, weibliche Blüten zu zweit in einer Hülle; Früchte dreikantige Nüsse in stacheligem, holzigem Fruchtbecher; Borke glänzend, hellgrau, glatt und dünn

2 Spitz-Ahorn
Sommergrüner Laubbaum bis 25 m Wuchshöhe; Blätter handtellergroß, handförmig geteilt, am Rand größere und kleinere Spitzen, Buchten dazwischen gerundet; Blüten gelbgrüne Rispen, vor dem Laub; Früchte (Nussfrüchte) mit 2 Flügeln, Flügel stumpfwinklig bis waagerecht abstehend; Borke braun bis schwarz

3 Winter-Linde
Sommergrüner Laubbaum bis 30 m Wuchshöhe, Blätter angedeutet herzförmig mit Zipfelspitze, am Rand gezähnt, auf der Blattunterseite in den Winkeln der Nerven braune Haarbüschel; Blüten gelblich; Früchte (Nussfrüchte) erbsengroß, eiförmig, zu 4 bis 10 hängend an kurzem, abgeknicktem Stiel an der Mittelrippe eines länglichen schmalen Blattes

4 Hainbuche
Sommergrüner Laubbaum bis 25 m Wuchshöhe; Blätter auch nach der Entfaltung mit ziehharmonikaartigen Knickfalten; Blüten männliche und weibliche Kätzchen; Früchte dreilappig geflügelte Nüsschen; Borke anfangs glatt, grau, bei älteren Bäumen wulstig

5 Wald-Kiefer
Immergrüner Nadelbaum bis 30 m Wuchshöhe; Nadeln paarweise am Zweig, bis 8 cm lang, spitz; männlicher Blütenstand (Zapfen) an der Spitze von Maitrieben; Zapfen hängend; Borke grau bis graubraun mit tiefen schwärzlichen Furchen

6 Europäische Lärche
Sommergrüner Nadelbaum bis 40 m Wuchshöhe; Nadeln weich, dünn, nicht stechend, in Büscheln, im Herbst abfallend; männliche Blüten (Kätzchen) gelb, weibliche Blüten (Zäpfchen) rot; Zapfen klein, eiförmig, aufrecht; Borke gelbbraun, grau, tief rissig

7 Weiß-Tanne
Immergrüner Nadelbaum bis 50 m Wuchshöhe; Nadeln sitzen mit einem scheibenförmigen Ansatz einzeln in einer Ebene am Zweig, spitz; männlicher Blütenstand; Zapfen fingerförmig, aufrecht stehend, reife Samenschuppen werden einzeln abgeworfen, am Ende bleibt eine Spindel übrig; Borke weißgrau, glatt, bei alten Bäumen aufgeplatzt, rau

8 Gemeine Eibe
Immergrüner Nadelbaum bis 12 m Wuchshöhe; Nadeln ledrig, oberseits schwarzgrün, unterseits hellgrün; getrenntgeschlechtig, männlicher Blütenstand kugelig, gelblich; weiblicher Blütenstand unscheinbar; Samen blauschwarz mit auffallend rotem Samenmantel; Borke dünn, rotbraun
Achtung: Alle Pflanzenteile der Eibe sind giftig!

1 Farnpflanze und Sporenbehälter auf der Unterseite der Wedel

Sporenpflanzen – sie tun es im Verborgenen

Fortpflanzung durch Sporen Farne gehören zu den Sporenpflanzen. Sporen sind kleine, kugelförmige Gebilde, die in der ausgewachsenen Farnpflanze in Sporenkapseln heranreifen. Diese Sporenkapseln sitzen meist in großer Anzahl auf der Unterseite von Farnblättern. ↑1 Jede Farnart hat eine typische Art, wie die Sporenkapseln angeordnet sind. Beim Tüpfelfarn ist diese Anordnung sogar namengebend. Sind die Sporen reif, reißen die Sporenkapseln an Sollbruchstellen auf und schleudern die mikroskopisch kleinen Sporen auf den Boden, wo diese auskeimen. Es entsteht ein nur fingernagelgroßer, herzförmiger Vorkeim. Auf ihm wachsen weibliche und männliche Keimzellenbehälter, die die weiblichen und männlichen Geschlechtszellen enthalten. Letztere sind schwimmfähig und können bei ausreichender Feuchtigkeit bis zur Eizelle gelangen und diese befruchten. Aus der befruchteten Eizelle entwickelt sich die Farnpflanze mit oft gefiederten Blättern (Wedeln), auf der neue Sporen heranreifen.

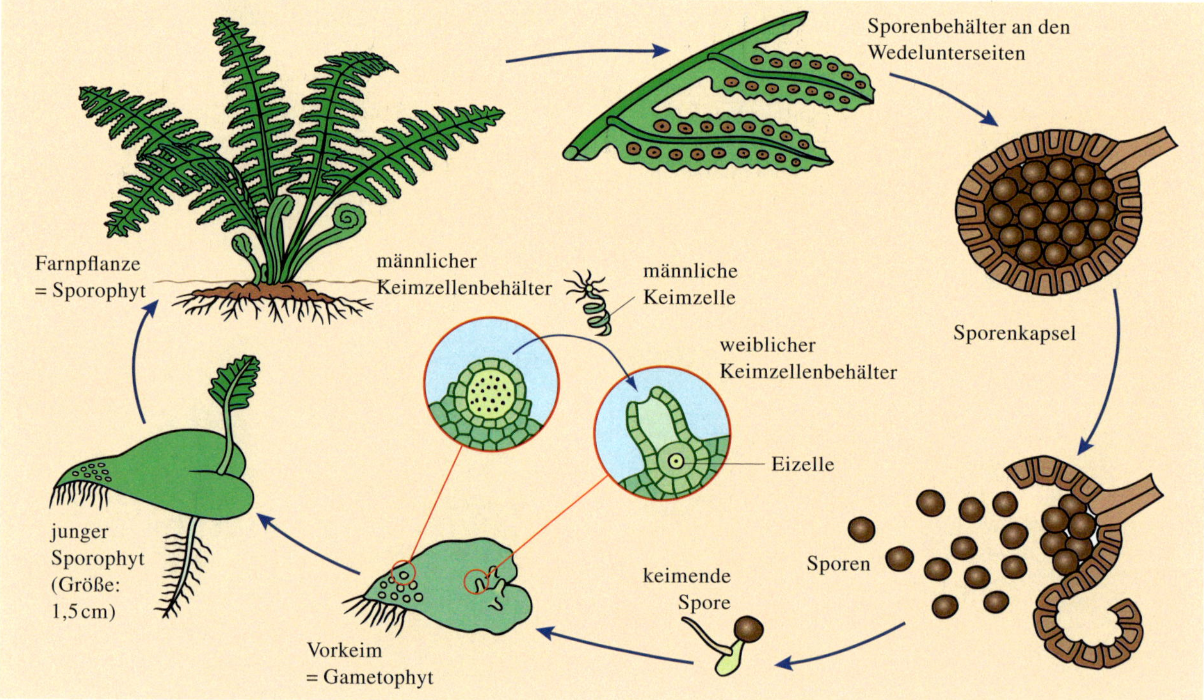

2 Generationswechsel einer Farnpflanze

Generationswechsel Die Sporenbildung ist eine ungeschlechtliche Vermehrung. Eine Pflanze, die sich über Sporen vermehrt, wird Sporophyt oder Sporenpflanze genannt. Eine Pflanze, die sich geschlechtlich vermehrt, also über die Verschmelzung einer weiblichen und einer männlichen Geschlechtszelle, wird als Keimzellpflanze oder Gametophyt bezeichnet. Bei einer Farnpflanze wechselt sich eine Gametophytengeneration mit einer Sporophytengeneration ständig ab. Dieser Wechsel wird als Generationswechsel bezeichnet. Der für den Waldbesucher auffällige Teil einer Farnpflanze ist der Sporophyt. ↑2

Moose Moose wachsen meistens zu Tausenden und überziehen den Waldboden, Baumstämme und -stümpfe und sogar Steine mit einer grünen Decke. Sie sind sehr genügsam und benötigen für ihr Wachstum nur wenig Mineralstoffe.

Bau und Wasserspeicherung Moose haben die Fähigkeit, zwischen und an ihren dicht stehenden Blättchen Wasser zu speichern. Hierzu haben viele Moose eine extrem vergrößerte Blattoberfläche. Dort stehen die Zellen säulenartig dicht aneinander und wirken wie ein Schwamm. Die dichten Moospolster sind daher ein hervorragender Lebensraum für verschiedene kleine Insekten, Spinnen, Milben und Bärtierchen.

Fortpflanzung Moose vermehren sich wie die Farnpflanzen durch Sporen. Dadurch entsteht der Gametophyt, ein beblättertes Moospflänzchen. Meist auf verschiedenen Moospflänzchen bilden sich endständig entweder weibliche oder männliche Keimzellenbehälter aus. Die männlichen Keimzellen benötigen Wasser, zum Beispiel in Form eines Regentropfens, um die Eizelle befruchten zu können. Aus der befruchteten Eizelle entwickelt sich auf dem Moospflänzchen der Sporophyt, ein langes braun rötliches Stielchen. ↑3 An dessen Spitze bildet sich eine Sporenkapsel aus, die die Sporen enthält. Die reifen Sporen können herausgeweht werden und auf dem Boden auskeimen.

3 Moospflanze mit Sporophyt

Kurz und knapp **Farn- und Moospflanzen vermehren sich ungeschlechtlich durch Sporen. Moose und Farne gehören daher nicht zu den Blütenpflanzen, sondern zu den Sporenpflanzen. Aus Sporen entstehen Gametophyten, die sich geschlechtlich fortpflanzen. Man spricht von einem Generationswechsel.**

Arbeitsaufträge

1 Betrachte Abbildung 3. Entscheide, welcher Teil des Moospflänzchens die Sporophyten- und welcher die Gametophytengeneration darstellt. Begründe.

2 Bringe die unten abgebildeten Stadien der Moosentwicklung in die richtige Reihenfolge. ↑4

3 Vergleiche den Generationswechsel der Moose mit dem der Farne und finde die Unterschiede heraus.

4 Begründe, warum Sporenpflanzen nicht an trockenen Standorten wachsen können.

5 Stelle die Angepasstheiten von Farnen und Moosen an den Lebensraum Wald heraus. Vergleiche dazu auch S. 15.

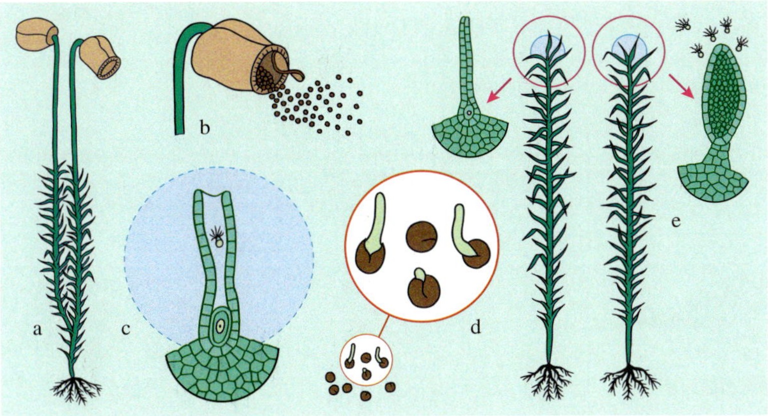

4 Stadien des Generationswechsels bei Moospflanzen

Fressen und gefressen werden

Die Maus hat viele Feinde, nicht nur die Katze. ↑1 Auch bei Füchsen, Eulen, Bussarden, weiteren Greifvögeln, Mardern, Iltissen, Dachsen und Wieseln steht sie auf dem Speiseplan. Trotzdem gibt es viele Mäuse.
Wie regelt es die Natur, dass die Art überlebt und keiner verhungert?

1 Katz und Maus

2 Beispiel einer Nahrungskette im Wald

Nahrungsbeziehungen

Nahrungskette Pflanzen und Tiere in ihrem Lebensraum bilden eine Lebensgemeinschaft. Sie sind durch Nahrungsbeziehungen und andere Wechselbeziehungen miteinander verbunden. Eine Blattlaus, die ein Blatt frisst, kann von einer Florfliege erbeutet werden, die dann von einer Spinne gefressen wird; diese kann wiederum einem Singvogel als Nahrung für seinen Nachwuchs dienen. Der Singvogel wird vielleicht zur Nahrung für einen Greifvogel wie den Sperber. Eine solche geradlinige Nahrungsbeziehung wird Nahrungskette genannt. ↑2

Nahrungsnetze Die meisten Tiere sind nicht nur auf eine Nahrung festgelegt, sondern haben ein großes Nahrungsspektrum. Jede Nahrungskette ist mit Kettengliedern anderer Nahrungsketten verknüpft. So ergibt sich aus verschiedenen Nahrungsketten ein vielteiliges Nahrungsnetz. Je artenreicher ein Ökosystem ist, umso umfangreicher ist auch sein Nahrungsnetz.

Beobachten Untersuchen Experimentieren

022-1

Ein Nahrungsnetz erstellen
Um die Nahrungsbeziehung zwischen Lebewesen zu verdeutlichen, werden Bilder der Lebewesen mit einem Pfeil verbunden. Die Richtung des Pfeils bedeutet: „wird gefressen von“.
Entwirf aus den Kurzsteckbriefen dieser Doppelseite ein Nahrungsnetz.

Steinmarder: frisst kleine Nagetiere, Vögel, Früchte.

Habicht: erbeutet kleine bis mittelgroße Vögel und Nagetiere.

Grüne Krabenspinne: ernährt sich von Insekten.

Wildschwein: frisst grüne Pflanzenteile, Eicheln, Bucheckern, Mäuse, Pilze.

Rotfuchs: fängt Mäuse, Kaninchen, Rehkitze, Käfer, Regenwürmer, Früchte.

Raupe des Birkenspinners: frisst Blätter von Birken und anderen Laubbäumen.

Raupe des Trauermantels: entwickelt sich an Weiden und Birken.

Rotkehlchen: ernährt sich von Würmern, Schnecken, Insekten, Spinnen, Beeren und Früchten.

Reh: ist ein Pflanzenfresser.

Haselmaus: ernährt sich von Samen, Beeren, Trieben, Insekten, Spinnen.

Waldkauz: erbeutet kleine Vögel und Nagetiere.

Dachs: frisst Regenwürmer, Engerlinge, Mäuse, Getreide, Kartoffeln, Beeren, Obst.

Fressfeind-Beute-Beziehung Mäuse können zur Beute vieler Fressfeinde werden. Neben der Katze sind es unter anderem Füchse, Eulen, Bussarde und weitere Greifvögel, Marder, Iltisse, Dachse und Wiesel. Trotzdem gibt es viele Mäuse. Die Anzahl an Fressfeinden und Beutetieren in einem Ökosystem reguliert sich selbst. ↑3 Sind viele Beutetiere da, können sich die Fressfeinde gut vermehren. Ihre Anzahl nimmt zu. Bei höherer Anzahl von Fressfeinden werden mehr Beutetiere gefangen. Die Zahl der Beutetiere nimmt ab. Ist weniger Beute vorhanden, nimmt auch die Anzahl der Fressfeinde ab: durch Verhungern der Tiere oder Abwandern in andere Gebiete. Nun können wieder mehr Beutetiere überleben. Die Fressfeind-Beute-Beziehung ist ein dynamisches Gleichgewicht. ↑3

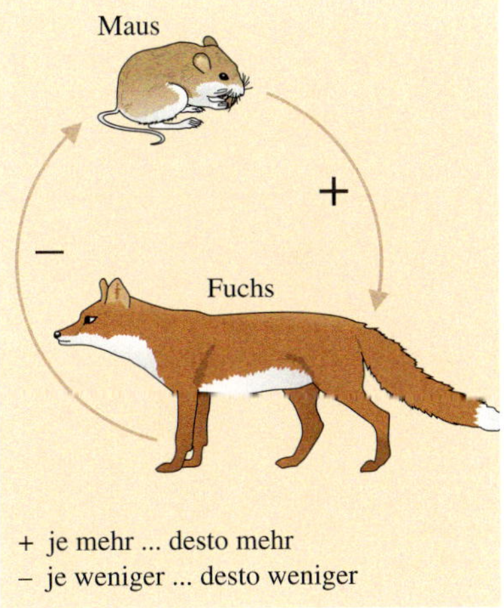

3 Fressfeind-Beute-Beziehung

Kurz und knapp **Zwischen den Lebewesen eines Lebensraums bestehen Nahrungsbeziehungen. Man kann sie als Nahrungsketten oder Nahrungsnetze darstellen. Die Zahl der Fressfeinde und Beutetiere in einem Ökosystem beeinflusst sich gegenseitig in einem dynamischen Gleichgewicht.**

Arbeitsauftrag

Mäuse haben viele Lebensräume erobert: unsere Häuser, Stallgebäude, Felder, Wegränder, Grüninseln in der Stadt und an der Autobahn. Hier finden sie unterschiedliche Bedingungen vor.

a Überlege und notiere, welche Nahrung eine Maus in den genannten Lebensräumen vorfinden kann. Welche Fressfeinde konkurrieren dort jeweils um die Maus als Beute?

b Erläutere die Fressfeind-Beute-Beziehung am Beispiel der Maus und einem ihrer möglichen Fressfeinde in einem der genannten Lebensräume. ↑3

Konkurrenz und ökologische Nische

Basiskonzept

Steuerung und Regelung
Die Größe einer Tiergemeinschaft wird beeinflusst und reguliert durch die Größe anderer Tiergemeinschaften, zum Beispiel der von Fressfeinden, Beutetieren oder Tieren, die um dieselbe Nahrung oder dieselben Nistplätze konkurrieren.
Solche Regelungsvorgänge findet man in allen Ökosystemen.

Konkurrenz Leben viele Lebewesen auf einem begrenzten Raum zusammen, so kommt es unweigerlich zur Konkurrenz. Dabei werden bestimmte Gegebenheiten des Lebensraums, zum Beispiel Nistplätze, Nistmaterial, Nahrungsvorkommen oder mögliche Paarungspartner von vielen Lebewesen gleichermaßen beansprucht. Wenn die Anzahl der Nistplätze in begrenzter Anzahl vorliegen, kommt es zur Konkurrenz um die Nistplätze. Man unterscheidet die Konkurrenz zwischen verschiedenen Arten (zwischenartliche Konkurrenz) und die Konkurrenz zwischen Individuen derselben Art (innerartliche Konkurrenz).

Ressourcen Sowohl bei der zwischenartlichen als auch bei der innerartlichen Konkurrenz wird um Ressourcen konkurriert. Mit Ressource ist nicht bloß die Nahrung gemeint, sondern auch der Lebensraum (z. B. mögliche Verstecke, Nistmöglichkeiten, Reviere) und mögliche Paarungspartner. Wenn viele Individuen einer Art bei gleichzeitig begrenzter Anzahl von Ressourcen vorhanden sind, steigt die innerartliche Konkurrenz. Sind zu viele Lebewesen da, können nicht mehr alle überleben. Die begrenzte Anzahl an Ressourcen reguliert damit auch die Individuenzahl einer Art in einem Lebensraum.

Ökologische Nische Jede Tier- und Pflanzenart im Ökosystem Wald hat eine bestimmte Lebensweise und spezielle Bedürfnisse, die sich von denen anderer Arten unterscheiden. So sucht der Buntspecht seine Nahrung überwiegend am Stamm, der Grünspecht dagegen auf dem Boden. Der Bärlauch wächst an schattigen, mineralsalzreichen Stellen, während die Heidelbeere an helleren, mineralsalzärmeren Standorten zu finden ist. Alle Aspekte und Bedürfnisse, die zur charakteristischen Lebensweise einer Art gehören, fasst man mit dem Begriff ökologische Nische zusammen. Dazu gehören beispielsweise die Art der Nahrung, der Ort der Nahrungssuche, das Balzverhalten oder – bei Pflanzen – der Wuchsort. Die ökologische Nische könnte man als den „Beruf" einer Art bezeichnen. Oft hängen Angepasstheiten im Körperbau wie die Schnabelform oder das Verhalten (tagaktive oder nachtaktive Tiere) eng mit der ökologischen Nische zusammen.
In einem Ökosystem können nur deshalb so viele Arten nebeneinander leben, weil sie verschiedene ökologische Nischen besetzen. So wird übermäßige Konkurrenz, etwa um Nahrung oder Brutplätze, vermieden.

Kurz und knapp **Zwischen Tieren und Pflanzen einer Lebensgemeinschaft kommt es zur Konkurrenz um Ressourcen. Die Konkurrenz wird durch das Besetzen unterschiedlicher ökologischer Nischen verringert.**

025-1

Arbeitsaufträge

1 In Abbildung 1 sind einige Vogelarten an einer Fichte zu sehen. Buntspecht und Baumläufer jagen Insekten und deren Larven am Stamm des Baumes. Während der Specht mit seinem Schnabel Bohrgänge aufhämmert, pickt der Baumläufer sie aus den Ritzen im Stamm. Der Trauerschnäpper jagt auch Insekten, doch fängt er sie im Flug und benutzt den Baum als Aussichtswarte. Das Wintergoldhähnchen ist mit 5 g einer der leichtesten Vögel und kann an den äußersten Astspitzen Halt finden und Insekten fressen. Der Fichtenkreuzschnabel frisst die Samen aus den Zapfen der Nadelbäume, während die Wacholderdrossel vor allem am Boden unter dem Baum nach Würmern und Schnecken sucht.

a Erläutere, warum diese Vögel den gleichen Baum als Lebensraum beanspruchen können und sich dennoch nicht in die Quere kommen.

b Ist ein Baum als Ganzes für diese Vögel eine Ressource, um die konkurriert wird? Begründe.

c Erkläre anhand dieser Vogelarten, was mit dem „Beruf" einer Art gemeint ist.

2 Am Waldrand wachsen andere Pflanzen und leben andere Tiere als im Waldinnern.

a Informiere dich über die Pflanzen und Tiere dieses Lebensraums. Welche abiotischen Faktoren sind zu berücksichtigen?

b Fertige ein Poster zum Waldrand und eins zum Waldinnern an mit ausgewählten Tier- und Pflanzenarten. Beschreibe in Texten, um welche Ressourcen konkurriert wird und welche ökologischen Nischen besetzt werden.

1 Ökologische Nischen an einer Fichte

3 Die ökologische Nische eines Lebewesens kann in Tabellenform wiedergeben werden. ↑2

a Fertige eine vergleichbare Tabelle für das Eichhörnchen an. ↑S.10

b Beschreibe, worin sich die Ansprüche von Pflanzen und Tieren unterscheiden.

Ökologische Nische der Nachtigall (Teilaspekte)

Lebensraum	Sommer: feuchte Laubwälder in Mitteleuropa Winter: tropische Buschlandschaften in Afrika
Nistort	am Boden unter Sträuchern
Nahrung	überwiegend Insekten, Spinnen, Larven
Ort der Nahrungssuche	Boden
Gesang (Tageszeit)	ganztägig, überwiegend nachts

2

3 Nachtigall

Leben im Staat: die Kleine Waldameise

Die Kleine Rote Waldameise lebt in Nesthügeln. Oft befindet sich im Zentrum ein toter Baumstumpf. Aus toten Nadeln und kleinen Holzstückchen wird der Nesthügel errichtet, der bis zu 2 m Höhe erreicht und einen Umfang von 30 m haben kann. In dem Nest lebt ein Ameisenvolk, das im Fall der Kleinen Waldameise leicht aus 5 Millionen Arbeiterinnen und 5000 Königinnen besteht.

Die Arbeiterinnen übernehmen unterschiedliche Aufgaben. Es gibt Außendienstameisen, die Nahrung und Baumaterial herbeischaffen, und Innendienstameisen für die Brutpflege, Versorgung der Königinnen, die Reparatur und Belüftung des Nestes sowie Wächterinnen, die Feinde abwehren und sich durch etwas größere Kiefer auszeichnen.

Eine wichtige Nahrungsquelle der Kleinen Waldameise sind Blattläuse. Diese werden von den Ameisen in „Herden" gehalten und beschützt. Die Ameisen betrillern die Blattläuse mit ihren Fühlern, woraufhin diese zuckerhaltigen Honigtau ausscheiden, den die Ameisen aufnehmen.

Im Zentrum des Nestes über dem Waldboden herrscht auch bei Minusgraden außerhalb immer eine Temperatur von 27 °C. So liegen auch im Winter optimale Lebensbedingungen vor.

Außerhalb des Nestes hinterlassen Ameisen Duftspuren, um den Weg zurückzufinden. Diese Duftstoffe sind nestspezifisch. So erkennen Ameisen, ob eine andere Ameise zum selben Nest gehört, am Duft. Wenn bestimmte Strecken von vielen Ameisen begangen werden, bilden sich Ameisenstraßen.

Königin, Arbeiterin und Männchen der Kleinen Waldameise

Als Nahrung benötigen die Ameisen tote Insekten und deren Larven, wobei sie nicht nur tote Tiere auf dem Waldboden beseitigen, sondern auch Beutetiere angreifen und töten können. Die Beute wird ins Nest transportiert, wobei eine Ameise durchaus das Zwanzigfache ihres eigenen Körpergewichts tragen kann.

Arbeitsaufträge

1 Die grün unterlegten Kästen beschreiben die Entwicklung der Waldameise. Bringe sie in die richtige Reihenfolge und ordne sie den Abbildungen zu.

2 Viele Merkmale belegen, dass die Ameise zu derselben Familie gehört wie die Honigbiene. Nenne Gemeinsamkeiten dieser beiden Arten, die die nahe Verwandschaft belegen.

3 Die Kleine Waldameise ist streng geschützt, weil sie im Ökosystem Wald eine sehr wichtige Rolle spielt. Erkläre mithilfe der Informationen im Text, warum die Waldameise so nützlich ist.

A

Die Arbeiterinnen transportieren die Eier in spezielle Kammern im Nesthügel, wo sich die Eier entwickeln können. Hier herrschen eine hohe Luftfeuchtigkeit und eine gleichbleibende Temperatur.

B

In den Puppenkammern findet in den Puppen die Metamorphose statt. Aus unbefruchteten Eiern schlüpfen Männchen, aus befruchteten Eiern Arbeiterinnen. Königinnenlarven erhalten spezielles Futter, entwickeln sich aber auch nur aus befruchteten Eiern.

C

Die Larven werden von den Arbeiterinnen gefüttert und sauber gehalten, bis sie sich verpuppen, dann transportieren die Arbeiterinnen sie in die Puppenkammern.

D

Jede der 5000 Königinnen im Nest legt viele Eier pro Tag. Sie wurde im Frühjahr auf dem Hochzeitsflug von Männchen begattet. Danach kann eine Ameisenkönigin bis zu 20 Jahre lang Eier legen.

Stoffaufbau durch Fotosynthese

In Biomasse-Kraftwerken werden pro Jahr etwa 135 000 Tonnen Biomasse verfeuert, größtenteils Holz. So ein Kraftwerk erzeugt damit pro Jahr mehr als 150 Millionen Kilowattstunden Strom. Damit ließe sich eine Kleinstadt mit knapp 40 000 Haushalten versorgen. Wie kommt die Energie ins Holz? Pflanzen nehmen ja keine Nahrung auf wie wir, trotzdem sind sie begehrte Energielieferanten.

1 Holz – Energie am Stück?

Beobachten Untersuchen Experimentieren

028-1

Beeinflussung der Stärkebildung durch Licht

Nicht allein Holz ist Biomasse, jedes Blatt einer Pflanze zählt zur Biomasse. Laubbäume bilden jedes Jahr Tonnen neuer Blätter, auch der Stammumfang und damit der Holzanteil wächst in jedem Jahr. Auf welchem Weg sie dies aber bewerkstelligen, bleibt für das menschliche Auge unsichtbar. Mit diesem Versuch kannst du nachvollziehen, was in den Blättern passiert.

Material: Pflanze mit jungen, hellgrünen Blättern (z. B. Geranie, Efeu, Kapuzinerkresse), Alufolie, Wasser, Brennspiritus, Heizplatte, 2 Bechergläser, 1 Petrischale, Iod-Kaliumiodid-Lösung

Sicherheitshinweis: Brennspiritus ist leicht entflammbar und gibt Übelkeit erregende Dämpfe ab! Trage eine Schutzbrille und arbeite nur unter einem Abzug. Iod-Kaliumiodid-Lösung ist gesundheitsschädlich und umweltgefährlich.

Durchführung: Decke einen Tag vor dem Versuch eines der Blätter mit einer Alufolie rundherum ab. Stelle die Pflanze ins Licht und schneide nach 1 bis 2 Stunden intensiver Beleuchtung das abgedunkelte und ein unbehandeltes Blatt ab, entferne die Folie und gib beide Blätter für 2 Minuten in kochendes Wasser. Dadurch weichen die Zellwände im Blatt auf. Gib die Blätter danach für 24 Stunden in ein Becherglas mit Brennspiritus, bis sie vollständig entfärbt sind. Spüle die entfärbten Blätter mit Wasser ab und lege sie für 15 Minuten in die Iod-Kaliumiodid-Lösung (Hautkontakt vermeiden!). Diese färbt Stärke dunkelblau.

Wiederhole den Versuch nach Möglichkeit mit einem panaschierten Blatt, das sind Blätter von Zierpflanzen, die nicht vollständig grün gefärbt sind, sondern gelblich weiße Ränder oder Zentren haben.

Auswertung: Vergleiche beide Blätter. Was kannst du beobachten? Fertige ein Versuchsprotokoll an.

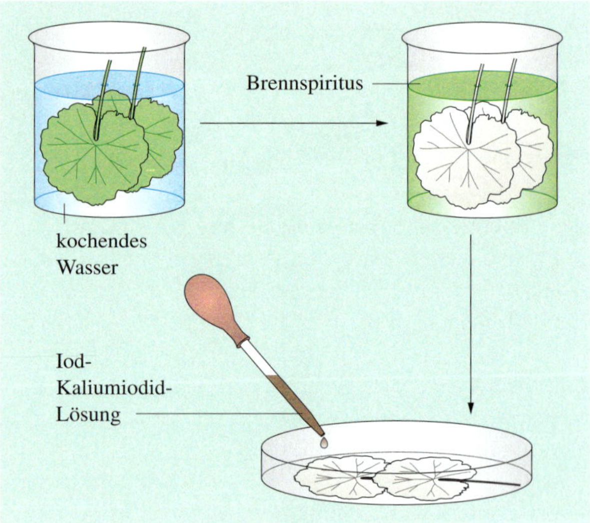

2 Untersuchung zur Stärkebildung durch Licht

Bedeutung der Lichtenergie für grüne Pflanzen

Prinzip der Fotosynthese Wenn du ein grünes Blatt einer Pflanze unter dem Mikroskop untersuchst, wirst du feststellen, dass viele Zellen zahlreiche Chloroplasten besitzen. ↑4 und ↑S.30 Diese Organellen enthalten einen grünen Farbstoff, das Chlorophyll. Mit seiner Hilfe kann die Pflanze, ähnlich wie eine Solarzelle, Lichtenergie aufnehmen. Diese wird dazu genutzt, um aus Kohlenstoffdioxid und Wasser energiereichen Traubenzucker (Glucose) herzustellen. Als Abfallprodukt entsteht dabei Sauerstoff. Die Lichtenergie wird also in der Glucose als chemische Energie gebunden. Da der Vorgang ohne Licht nicht ablaufen kann, bezeichnet man ihn als Fotosynthese (griech. *photos*: des Lichtes, *synthes*: Zusammensetzung). ↑3 Glucose kann von Pflanzen zum Aufbau von Stärke genutzt werden, die als Speicherstoff dient. ↑5 Aus Mineralstoffen und chemischen Verbindungen, die beim Abbau von Glucose entstehen, kann die Pflanze aber auch alle anderen Stoffe aufbauen, die sie benötigt, zum Beispiel Proteine und Fette.

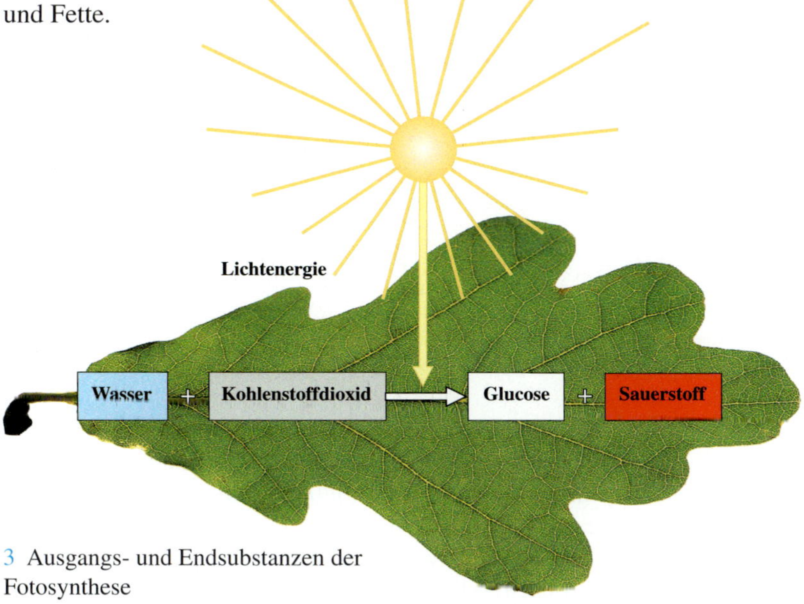

3 Ausgangs- und Endsubstanzen der Fotosynthese

Pflanzen sind Produzenten Durch die Fotosynthese sind die Pflanzen dazu in der Lage, Lichtenergie in chemische Energie umzuwandeln. Jedes Lebewesen benötigt chemische Energie, die dem Körper durch „Verbrennen" energiereicher Stoffe zu Verfügung gestellt wird. Pflanzen können diese Energieträger selbst herstellen: Sie sind selbsternährend (autotroph) und werden daher auch Produzenten genannt. Menschen und Tiere müssen die energiereichen Stoffe mit der Nahrung aufnehmen, sie sind fremdernährend (heterotroph). Man bezeichnet sie auch als Konsumenten.

Kurz und knapp **In den Chloroplasten findet die Fotosynthese statt. Aus Kohlenstoffdioxid und Wasser wird dabei mithilfe der Sonnenenergie Glucose und Sauerstoff gebildet. Aus der Glucose kann die Pflanze alle anderen Stoffe aufbauen, die sie zum Wachsen und Überleben benötigt. Pflanzen sind Produzenten, weil sie ihre Nahrung selbst bilden.**

Basiskonzept

Stoff- und Energieumwandlung
Mithilfe der Lichtenergie der Sonne werden bei der Fotosynthese energiereiche Stoffe aus energiearmen Ausgangsstoffen gebildet. Lichtenergie wird also in chemische Energie umgewandelt. Alle Lebewesen müssen Stoffe und Energie umwandeln, um die Lebensvorgänge aufrechtzuerhalten.

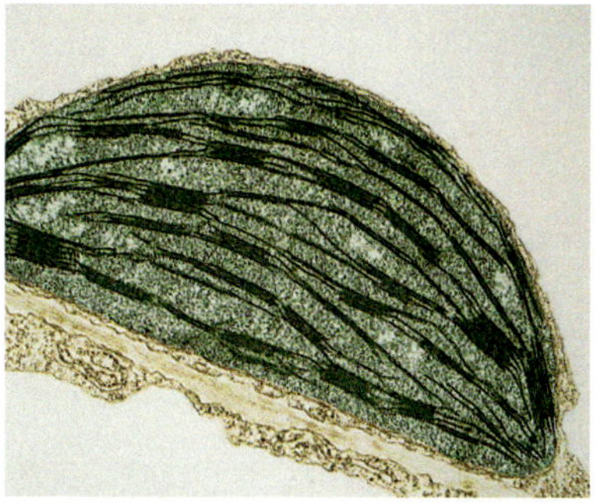

4 Chloroplast

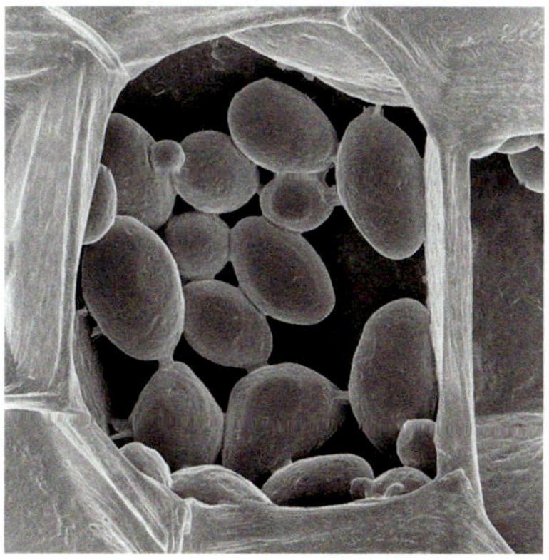

5 Kartoffelzelle mit Stärkekörnern

Bau und Funktion des Laubblattes

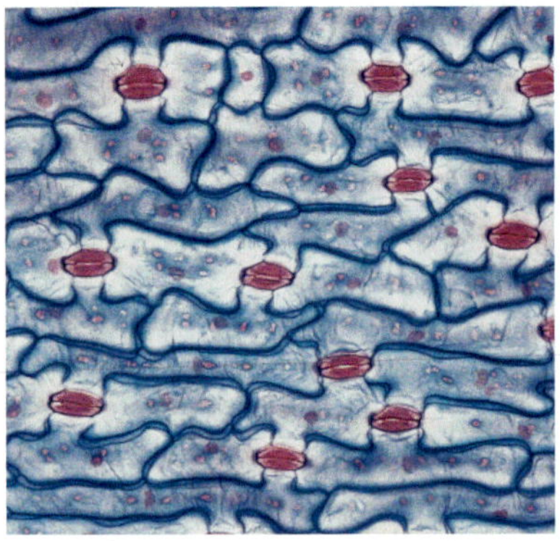

1 Aufsicht auf die untere Epidermis einer Tulpe (rot: Spaltöffnungen)

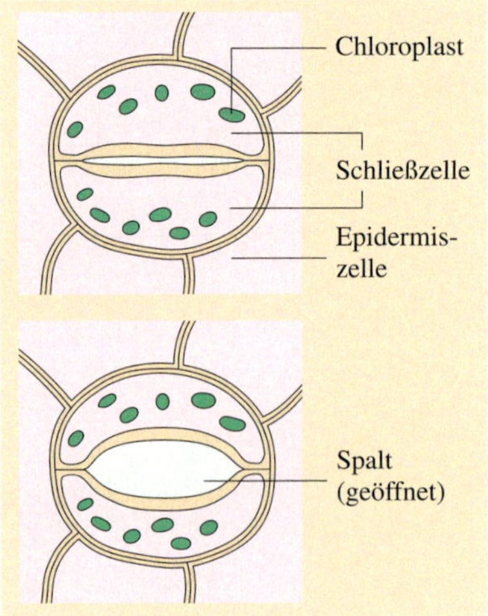

2 Aufsicht auf eine Spaltöffnung (Schema)

Die grünen Laubblätter von Pflanzen sind die Orte der Fotosynthese. Im Folgenden wird der Aufbau eines Laubblattes beschrieben.

Epidermis Das Laubblatt ist durch die Epidermis nach außen begrenzt. Die Epidermiszellen sind lückenlos ineinander verzahnt und von einer wachsartigen Schutzschicht, der Cuticula, bedeckt. ↑1 Beides verhindert, dass Stoffe unkontrolliert aus dem Blatt heraus- oder in dieses hineingelangen. In der unteren Epidermis befinden sich Spaltöffnungen. Sie bestehen aus zwei bohnenförmigen Schließzellen, die einen Spalt bilden, der geöffnet und geschlossen werden kann. ↑2 Dadurch wird ein kontrollierter Stoffaustausch mit der Umgebung ermöglicht.

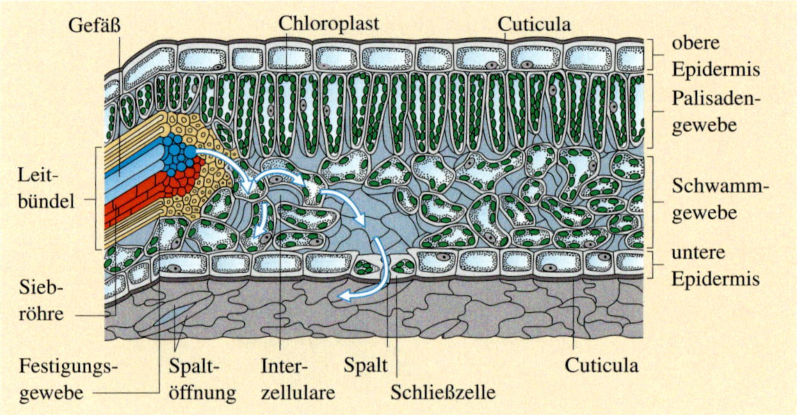

3 Schematischer Blattquerschnitt (blaue Pfeile zeigen den Weg des Wassers)

Palisaden- und Schwammgewebe Die Zellen des Palisadengewebes enthalten besonders viele Chloroplasten. Die dichte Anordnung der Zellen und ihre Lage nahe der Blattoberseite ermöglichen eine intensive Nutzung des Sonnenlichts bei der Fotosynthese.
Die chloroplastenhaltigen Zellen des Schwammgewebes sind unregelmäßig geformt. Dadurch entstehen Hohlräume, die Interzellularen. Das für die Fotosynthese benötigte Kohlenstoffdioxid gelangt durch die Spaltöffnungen in das Blatt und durch die Interzellularen leicht zu den einzelnen Zellen. Sauerstoff verlässt auf umgekehrtem Weg das Blatt.

Leitbündel Sie sind in das Palisaden- und Schwammgewebe eingebettet und von außen als Blattadern zu erkennen. Innerhalb der Leitbündel gibt es zwei Sorten von Leitungsbahnen: Gefäße dienen dem Transport von Wasser, Siebröhren dem Transport der im Blatt aufgebauten Nährstoffe. Durch die Spaltöffnungen gibt die Pflanze Wasser in Form von Wasserdampf an die Umgebungsluft ab. Dadurch entsteht in den Gefäßen, die die gesamte Pflanze röhrenförmig durchziehen, ein Unterdruck. So können Wasser und Mineralstoffe transportiert werden.

Kurz und knapp **Das Laubblatt besteht aus Epidermis, Palisadengewebe, Schwammgewebe und Leitbündeln. Es ist der Ort der Fotosynthese und für den Wasser- und Nährstofftransport von Bedeutung.**

Herstellen und Mikroskopieren von Blattschnitten

Die folgenden Anleitungen helfen dir dabei, den Aufbau eines Blattes selbst zu erforschen.

Flächenschnitt eines Blattes

1 Material: Bleistift, einseitig abgeklebte Rasierklinge, Pinzette, Objektträger, Deckgläschen, Pipette, Präpariernadel, Mikroskop, Wasser, Blätter von Christrose, Pfingstrose, Linde oder Buche

2 Durchführung:
Gib mit der Pipette einen Tropfen Wasser auf einen Objektträger.
Wickle ein Blatt der Pflanze mit der Blattoberseite nach innen um einen Bleistift. ↑4
Schneide die nun außen liegende Blattunterseite mit der Rasierklinge etwas schräg dünn ein. Fasse die Schnittkante mit der Pinzette und reiße ein kleines Stück Gewebe ab.
Gib das Gewebestück in den Wassertropfen auf dem Objektträger.
Setze das Deckgläschen auf einer Seite auf dem Objektträger auf und lass es mithilfe der Präpariernadel auf das Präparat sinken.
Nun kannst du das Präparat unter dem Mikroskop betrachten.
Fertige auf dieselbe Weise ein Präparat der Blattoberseite an und mikroskopiere es.

3 Auswertung: Zeichne jeweils einen kleinen charakteristischen Ausschnitt der Präparate. Beschrifte deine Zeichnungen. Abbildung 3 hilft dir.

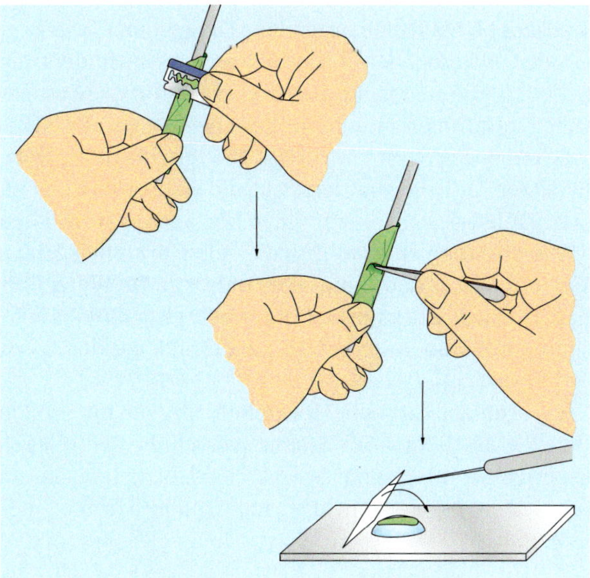

4 Präparation des Flächenschnitts eines Blattes

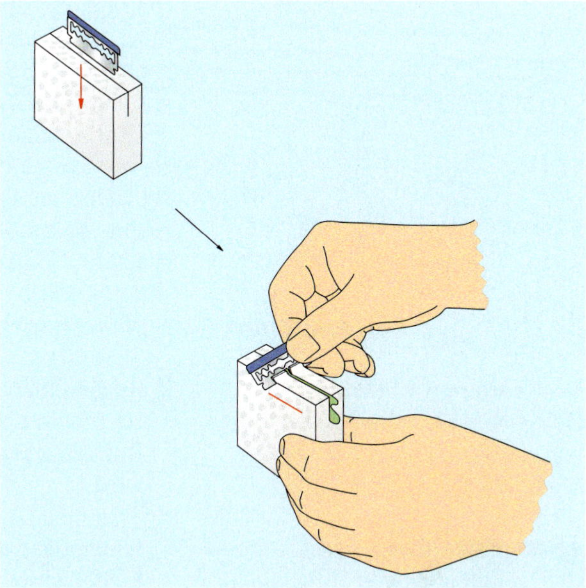

5 Präparation des Querschnitts eines Blattes

Querschnitt eines Blattes

1 Material: einseitig abgeklebte Rasierklinge, Pinzette, Objektträger, Deckgläschen, Pipette, Polystyrolblock, Mikroskop, Wasser, Blätter von Christrose, Pfingstrose, Linde oder Buche

2 Durchführung:
Gib mit der Pipette einen Tropfen Wasser auf einen Objektträger.
Schneide den Polystyrolblock ein und klemme zwischen die Schnittflächen ein Blattstück. ↑5
Presse die Schnittflächen mit Daumen und Zeigefinger zusammen.
Erzeuge mithilfe der Rasierklinge zunächst eine glatte Oberfläche.
Setze die Rasierklinge auf der Oberfläche des Polystyrolblocks an. Ziehe die Klinge langsam schräg nach oben. Du erhältst einen Schnitt, der immer dünner wird.
Gib das Gewebestück mit der Pinzette in den Wassertropfen auf dem Objektträger.
Setze das Deckgläschen auf einer Seite auf dem Objektträger auf und lass es mithilfe der Präpariernadel auf das Präparat sinken. ↑4
Betrachte das Präparat unter dem Mikroskop. Wähle dafür die dünnen Bereiche des Schnittes.

3 Auswertung: Zeichne den Blattquerschnitt, am besten 3 bis 5 Zellen pro Gewebe. Bei der Beschriftung der Zeichnung hilft dir Abbildung 3.

Holz, ein nachwachsender Rohstoff

032-1

Holz besteht überwiegend aus Cellulose (eine charakteristische Verknüpfung sehr vieler Glucose-Moleküle) und findet vielfältige Verwendung. Papier jeglicher Art, Baumaterial, Einstreu, Brennstoff und Möbel werden aus dem Holz der Wälder der Erde hergestellt. Holz ist ein nachwachsender Rohstoff, doch braucht es Zeit, bis ein Baum groß genug ist, um gefällt zu werden. Hochwertiges Eichenholz liefern nur Eichen, die mindestens 200 Jahre alt sind. Gutes Birkenholz liefern schon 40-jährige Birken. In einem Wald können pro Jahr über 10 Tonnen Biomasse, bestehend aus Wurzeln, Blättern, Zweigen und Holz, pro Hektar neu gebildet werden.

Beobachten Untersuchen Experimentieren

Verwendung von Holz
Holz findet vielfache Verwendung. Als elastisches und doch stabiles Material ist es hoch geschätzt.

1 Werte Abbildung 1 aus. Notiere Eigenschaften von Holz, die für die jeweiligen Verwendungen ausschlaggebend sind.

2 Recherchiere, wie Papier hergestellt wird und welcher Teil des Rohstoffs Holz dafür genutzt wird.

3 Erstelle eine Liste aller Berufsfelder, die mit Holz zu tun haben. Finde heraus, in welchen Berufsfeldern welches Holz bevorzugt verwendet wird.

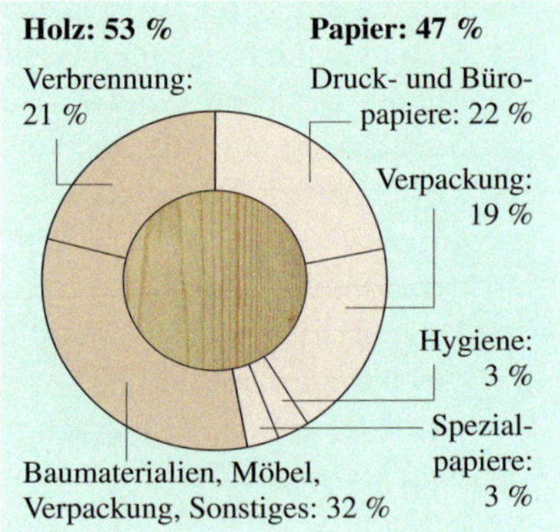

1 Holzverwendung in Deutschland

Schon gewusst?

Für ein einziges Kriegsschiff wurde im 18. Jahrhundert das Holz von mehreren Tausend über 150 Jahre alten Eichen verwendet. Dafür musste ein Waldgebiet von einer Fläche von 0,5 km² abgeholzt werden. (Quelle: Allianz Umweltstiftung: Tropenwald)

2 Kriegsschiff des 18. Jahrhunderts

Aufbau eines Baumstamms Stamm und Äste eines Baumes bestehen aus Holz, aber auch die Sprossachsen von Sträuchern und manchen Blumen, zum Beispiel der Rose, verholzen. Der Aufbau eines Baumstamms folgt meistens einem sehr ähnlichen Schema. ↑3 Nach außen hin ist ein Baum mit einer Borke (oft fälschlich als Rinde bezeichnet) abgegrenzt. Die Borke besteht aus toten oder absterbenden Zellen. Direkt darunter liegt die Rinde mit lebenden Zellen, die den Transport von Nährstoffen übernehmen. Viele dieser Zellen zusammen bilden die Leitungsbahnen für Nährstoffe (Siebröhren), die längs des Stamms von den Blättern bis in die Wurzeln verlaufen. ↑S.30 Unter der Rinde befindet sich die Wachstumsschicht, die aus teilungsfähigen Zellen besteht. Nach innen hin werden Holzzellen gebildet, die für die Wasserleitung zuständig sind. Viele Holzzellen bilden im Verbund das Gefäßsystem, das den Baum ebenfalls von der Wurzel bis in die Blätter durchzieht. Nach außen bildet die Wachstumsschicht Rindenzellen, die nach einigen Jahren absterben und zur Borke werden.

Jahresringbildung Im Frühjahr werden Holzzellen mit einem großen Durchmesser gebildet. Sie erscheinen im Stammquerschnitt hell. Gegen Ende der Vegetationsperiode entstehen nur noch kleine Holzzellen, die im Querschnitt dunkel aussehen. So entsteht das ringförmige Muster eines Baumstamms.

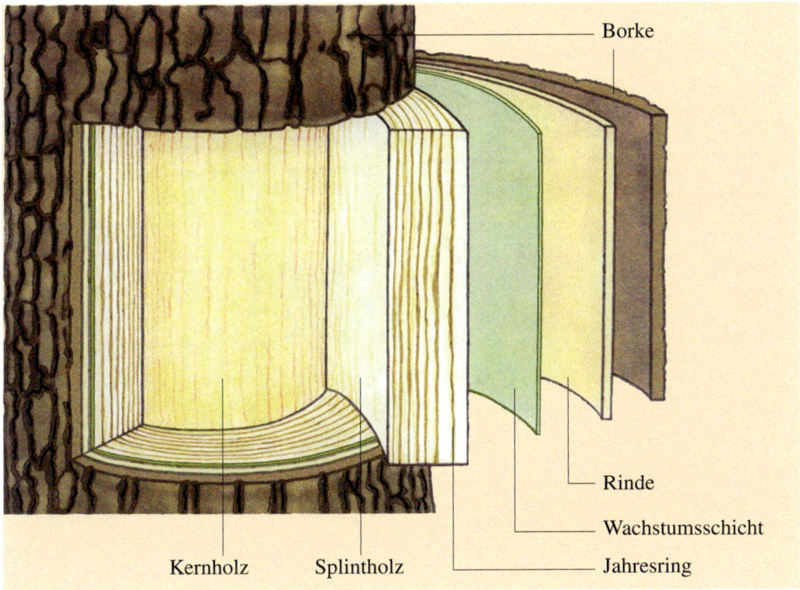

3 Aufbau eines Baumstamms

Splintholz und Kernholz Das direkt an die Wachstumsschicht grenzende Holzgewebe enthält wasserleitende Zellen sowie lebende Zellen, die das Holzgewebe mit wichtigen Stoffen versorgen. Dieses Gewebe bildet das Weichholz, auch Splintholz genannt. Die tiefer im Stamm liegenden Holzzellen haben ihre Wassertransportfunktion eingebüßt. Sie sind mit Gerbstoffen und Harzen ausgefüllt, die einen Bakterien- oder Pilzbefall verhindern und zur Festigung des Holzes beitragen. Dieser Bereich eines Stammes wird Hartholz oder Kernholz genannt. Im Stammquerschnitt erkennt man das Kernholz an seiner dunklen Färbung. Das Kernholz ist der wirtschaftlich wertvollste Bereich des Stammes.

Kurz und knapp **Bei Holz handelt es sich um das ursprüngliche Wasserleitungsgewebe eines Baumes. Es wird von einer Wachstumsschicht nach innen hin gebildet. Nach außen scheidet die Wachstumsschicht Rindenzellen ab, die Leitungsbahnen für Nährstoffe bilden. Die älteren, abgestorbenen Rindenzellen bilden die Borke.**

Basiskonzept

Struktur und Funktion
Im Holz übernehmen Gefäße die Wasserleitungsfunktion. An ihnen ist der enge Zusammenhang von Struktur und Funktion, der bei allen Lebewesen zu finden ist, gut erkennbar: Gefäße entstehen aus großen Zellen mit verstärkter Zellwand. Diese sterben ab und sind dann innen hohl. Die an die oberen und unteren Nachbarzellen angrenzenden Querwände werden aufgelöst. So entstehen Röhren, die den Stamm durchziehen.

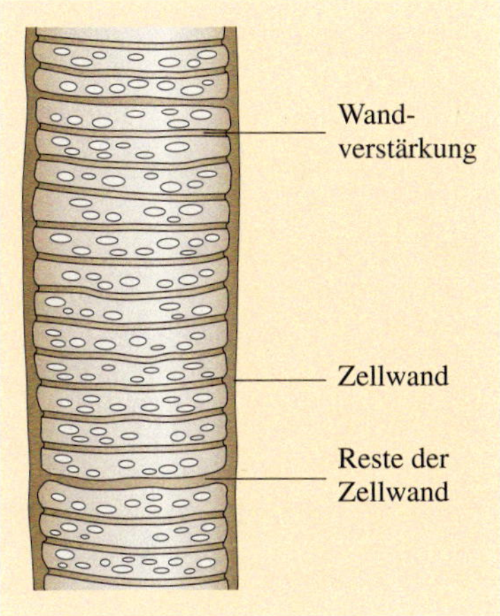

4 Gefäß des Holzgewebes

Arbeitsaufträge

1 Je älter ein Baum, desto dicker sein Stamm.
a Beschreibe das Dickenwachstum eines Baumstamms. ↑3
b Fertige drei Skizzen an, die verdeutlichen, wie der Baum von Jahr zu Jahr dicker wird.
c Erkläre, warum man an den Jahresringen das Alter eines Baumes ablesen kann.
d Finde heraus, wie groß die Zunahme des Stammumfangs einer Eiche und einer Fichte jährlich ist.

2 Erläutere, welche Funktion außer der Wasserleitung das Holz für einen Baum hat.

3 Stelle eine Vermutung an, welche Funktion die Borke übernimmt.

4 Im Einstieg auf Seite 28 werden Biomasse-Kraftwerke erwähnt. Überlege dir Argumente, die für, und solche, die gegen Biomasse-Kraftwerke sprechen. Berücksichtige dabei, wofür sie eine Alternative darstellen und woher die Biomasse kommt, die verbrannt wird.

Recycling – Aufbereitung und Wiederverwertung im Wald

In den Städten und Dörfern kommt die Müllabfuhr und holt die Abfälle ab, die in jedem Haushalt anfallen. Auch Gartenabfälle und viele Tausend ausgedienter Weihnachtsbäume werden an den Straßenrand gelegt und entsprechend entsorgt. Im Wald fällt jeden Herbst eine Menge Laub. Hin und wieder stürzt ein alterschwacher Baum um oder ein Tier verendet. Wer holt im Wald den Müll ab? Was passiert mit all den Blättern im Herbst?

1 Abholung von Weihnachtsbäumen

Beobachten Untersuchen Experimentieren

Aus Laub wird Boden
Die oberste Schicht auf dem Waldboden besteht aus abgefallenen Blättern. Diese Schicht müsste jedes Jahr höher werden, würde sie nicht zersetzt. Was im Boden passiert, könnt ihr herausfinden, indem ihr die Bodenschichten genauer untersucht.
Holt einen Schuhkarton voll Waldboden ins Klassenzimmer. Ihr braucht die obersten 10 cm Boden mit der darauf liegenden Laubschicht.

a Sucht in der Laubstreu und im Boden nach unterschiedlich stark zersetzten Blättern. Klebt einige davon so auf ein Blatt Papier, dass der Ablauf vom unversehrten Blatt zum zersetzten Material erkennbar wird. Notiert, welche Blattteile zuerst zerfallen und welche bis zum Schluss übrig bleiben.

b Untersucht Laubstreu und Boden mit dem Stereomikroskop. Bestimmt die Tiere, die ihr findet.

Organismengruppe	Anzahl in 1 m² der obersten 10 cm Boden
Bakterien	Billionen
Einzeller	Billionen
Fadenwürmer	1 000 000
Bärtierchen	100 000
Milben	100 000
Springschwänze	50 000
Enchyträen	10 000
Tausendfüßer	300
Käfer und -larven	100
Fliegenlarven	100
Regenwürmer	80
Spinnen	50
Asseln	50
Schnecken	50

2 Häufigkeit von Bodenlebewesen

Vom Leben im Boden

In einem Laubwald fallen jedes Jahr viele Tonnen Laub, aber auch tote Tiere und tierische Ausscheidungen auf den Boden. All diese Reste nennt man organisches Material. Sie werden im Lauf der Zeit zu Humus abgebaut. So nennt man die krümelige, dunkle oberste Bodenschicht.

Boden lebt Unter einem Quadratmeter Waldboden findet man mehr Lebewesen, als es Menschen auf der Welt gibt. ↑2 Viele Hundert Milliarden Bakterien, Einzeller, Pilze, Würmer und Gliedertiere sorgen dafür, dass totes organisches Material zersetzt wird. Vollständig erhaltene Blätter werden zunächst von größeren Tieren wie Schnecken und Tausendfüßern angenagt und zerkleinert. Ihr Kot, der noch viel organische Substanz enthält, ist ein idealer Nährboden für Bakterien und Pilze. Diese Mikroorganismen bauen das organische Material vollständig zu Kohlenstoffdioxid, Wasser und Mineralstoffen ab: Schließlich ist Humus entstanden. ↑3 Die Mineralstoffe können von den Pflanzen aufgenommen werden. Sie werden für das Wachstum benötigt.

Angepasstheit der Bodenorganismen Die unterschiedlichen Gruppen der Bodenlebewesen verfügen über einen an ihre jeweilige Lebensweise angepassten Körperbau und über spezialisierte Mundwerkzeuge. Die meisten Organismen der Laubstreu sind durch ihre unauffällige Färbung zudem hervorragend getarnt. Durch ihre meist abgeplatteten Körper können sie sich gut in den Lücken der Laubstreu und des Bodens fortbewegen.

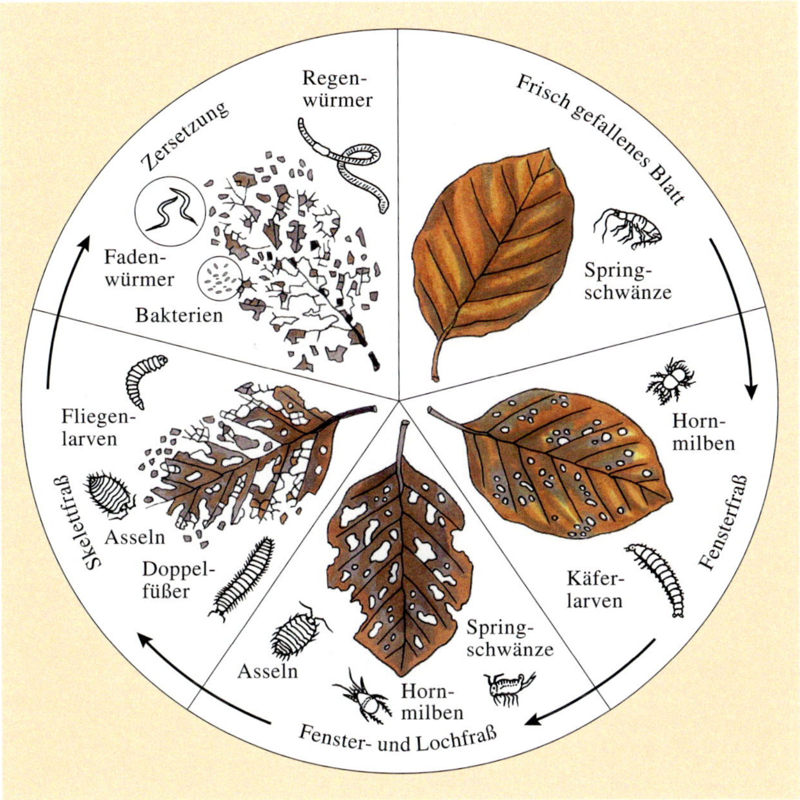

3 Ein Blatt wird zersetzt.

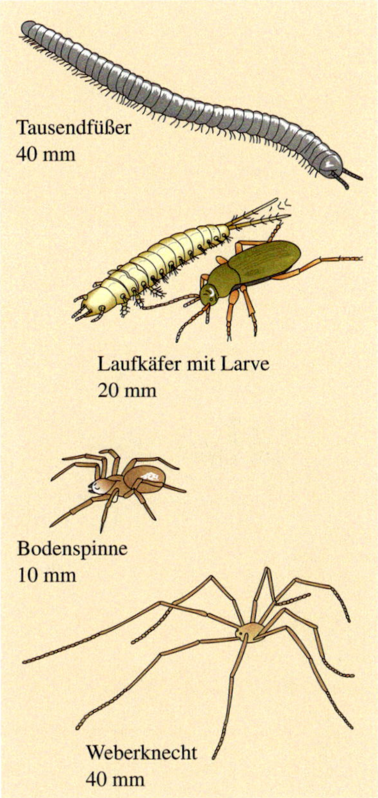

4 Einige räuberisch lebende Tiere der Laubstreu

Kurz und knapp **Im Waldboden fressen und verdauen viele verschiedene Bodenlebewesen abgestorbenes Pflanzenmaterial und Tierreste. Nur Bakterien und Pilze können das organische Material vollständig zu Kohlenstoffdioxid, Wasser und Mineralstoffen abbauen, die wiederum den Pflanzen als Nahrung dienen.**

Arbeitsaufträge

1 In vielen Gemeinden wird im Herbst das Laub von den Grünflächen entfernt. Erläutere, welche Auswirkungen das auf den Boden hat.

2 Nicht alle Bodenorganismen ernähren sich von totem Pflanzenmaterial.

a Gib Beispiele für andere Ernährungsweisen an. ↑4

b Erstelle ein einfaches Nahrungsnetz für den Lebensraum Waldboden.

3 Erläutere, wieso die Laubzersetzung als Kreislauf dargestellt werden kann. ↑3

4 Bestimmte Bodenorganismen werden von den Ökologen „Mineralisierer" genannt. Erkläre, wie es zu dieser Namensgebung kommt.

5 Erkläre, warum Humus das Pflanzenwachstum fördert.

Totholz lebt!

1 Buche mit Zunderschwamm und Bohrlöchern von Zwerghirschkäfer, einige von Spechten aufgemeißelt

2 Zerfallener Baumstumpf

Im Wald fallen nicht nur Blätter von den Bäumen und müssen entsorgt werden. Auch Äste, ganze Stämme und Wurzelwerke sterben ab und müssen zersetzt werden. Stelle dir einen Baum vor, der bei einem Sturm umgestürzt ist und unter natürlichen Bedingungen verrottet. Dabei lassen sich drei Phasen unterscheiden: die Besiedelung, die Zersetzung und die Bodenbildung.

Phasen der Totholzverrottung Einige Lebewesen können sich direkt von Holz ernähren und dringen als sogenannte Pionierarten in das frische Totholz ein. Zu diesen Pionierarten gehören neben Pilzen wie dem Zunderschwamm zum Beispiel Borkenkäfer, Prachtkäfer und Holzwespen. Durch ihre Bohr- und Fraßgänge können weitere Insekten und Mikroorganismen in das Holz gelangen. ↑1 Rinde, Zweige und Äste fallen ab. Zu Beginn der Zersetzungsphase sind noch Pionierarten zu finden, daneben weitere Tierarten, wie zum Beispiel der Zwerghirschkäfer und seine Larven. Sie ernähren sich von dem Kot und dem Bohrmehl der Pionierarten. Dabei wird der Baum noch weiter zersetzt. Nun siedeln auch viele Pilze und Milliarden von Bakterien auf dem Holz. Der Baumstamm zerfällt. ↑2 Jetzt besteht der ehemalige Baumstamm fast ausschließlich aus Bohrmehl und Kot der bisherigen Besiedler. Hier leben nun vor allem Springschwänze, Fliegenlarven, Milben, Asseln und Fadenwürmer, die du schon von der Laubzersetzung kennst. ↑S.35 Diese ernähren sich von den Pilzen und Bakterien, aber es gibt auch räuberische und parasitische Arten. Die Mineralisierer sorgen für den vollständigen Abbau des Materials zu Kohlenstoffdioxid, Wasser und Mineralstoffen. Damit ist der Stoffkreislauf wieder geschlossen.

Kurz und knapp **Wie das Laub wird auch Holz im Wald „recyceld“, also dem Stoffkreislauf zugeführt. Totholz braucht länger als Laub, um zersetzt zu werden. Vor der Bodenbildung erfolgen die Besiedlung und die Zersetzung durch Pionierarten wie den Borkenkäfer. Zersetzer wie Käferlarven bauen das Holz weiter ab und Mineralisierer schließen dann den Stoffkreislauf.**

Beobachten Untersuchen Experimentieren

Totholzgarten in der Schule

Wenn der Platz dafür vorhanden ist, kann man auch im Schulgarten Totholzforschung betreiben. Man muss nur etwas Holz dort lagern und beobachten. Da Holz nur langsam zersetzt wird, kommt es vor allem auf die Dokumentation eurer Beobachtungen an.

1 Entwerft eine Protokollvorlage, den auch nachfolgende Klassen nutzen können.

2 Fertigt Zeichnungen und Fotos an.

3 Dokumentiert den Zersetzungsprozess:
- Was zersetzt sich wie schnell?
- Welche Tiere siedeln sich an?
- Welche Tiere kennst du schon, welche Tiere sind neu?

3 Zwerghirschkäfer

Pilze – wichtige Holzzersetzer

Pilze sind die wichtigsten Akteure bei der Holzzersetzung. Einige Arten wie der Hallimasch oder der Zunderschwamm sind auf verrottenden Baumstämmen zu finden.

Warum Pilze keine Pflanzen sind Das erkennst du unter anderem daran, dass sie nicht grün sind, also keine Chloroplasten besitzen. Sie können daher keine Fotosynthese betreiben. Pilze sind also nicht autotroph, wie es die Pflanzen sind, sondern heterotroph. ↑S.29 Sie leben von den energiereichen Stoffen, die Pflanzen produzieren, oder auch von tierischem Material. Pilze besitzen Zellwände, die ganz anders zusammengesetzt sind als die Zellwände von Pflanzen. Aufgrund dieser Eigenschaften bilden die Pilze eine eigene Lebensform.

Bau der Pilze Pilze bilden schnell wachsende lange weiße Fäden (Hyphen) aus, die man bei keiner Pflanze findet. Die Gesamtheit der Hyphen nennt man Mycel. Das Mycel kann Pflanzenmaterial durchwachsen und dabei zersetzen. Es wächst bei den Waldpilzen unterirdisch oder in Holzkörpern. Das, was man vom Pilz sieht, ist nur ein Bruchteil des ganzen Lebewesens, nämlich sein oberirdischer Fruchtkörper. ↑5 Darin reifen Abertausende mikroskopisch kleiner Sporen heran. Diese fallen heraus und unter geeigneten Bedingungen entwickeln sich aus ihnen neue Mycelien, die vom Mittelpunkt in alle Richtungen wachsen. Der Fruchtkörper eines Pilzes besteht aus einem dichten Geflecht von Hyphen. Die äußere Form kann ganz unterschiedlich sein, die bekannte Hutform ist dabei nur eine Möglichkeit. Einige Pilze haben schüsselförmige, andere keulenartige oder korallenförmige Fruchtkörper. In vielen Fällen hängen die Sporen an einem kleinen Stielchen, das senkrecht zur Wand einer Röhre (Röhrenpilze) oder Lamelle (Lamellenpilze) angeordnet ist, sodass sie frei nach unten herausfallen können.

Kurz und knapp **Pilze sind eine eigene Lebensform, die ohne Licht auskommt. Zur Energiegewinnung zersetzen sie organisches Material, zum Beispiel Holz. Pilze bilden oberirdische Fruchtkörper aus, in denen Sporen heranreifen, durch die sie sich vermehren.**

4 Pilze auf einem umgestürzten Baumstamm

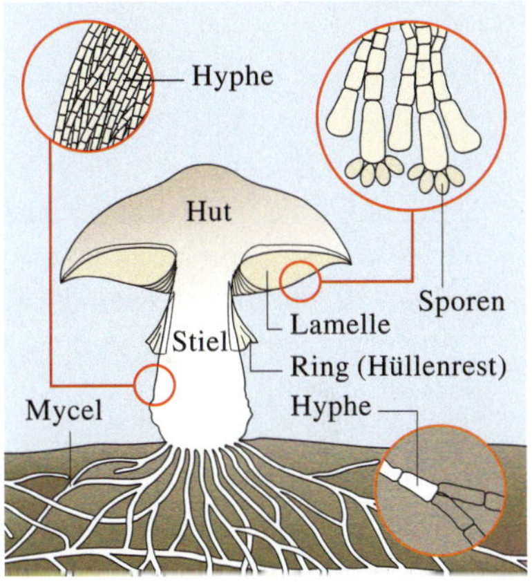

5 Bau eines Hutpilzes (Schema)

Arbeitsaufträge

1 Vereinzelt findet man Fruchtkörper von Pilzen derselben Art, die genau auf einer Kreislinie stehen. Viele Mythen ringen sich um diese „Feenkreise" oder „Hexenringe". ↑6 Erkläre, wie es zu diesem Phänomen kommt.

6 Hexenring

2 Schneide von einem reifen Hutpilz (z. B. einem Champignon) den Stiel sauber ab und lege den Hut für einen Tag auf weiße Pappe. Erkläre, was du beobachtest.

3 Vergleiche die Laubzersetzung und die Totholzzersetzung: Welche Lebewesen sind daran beteiligt? Welche Stadien werden durchlaufen?

Stoffkreisläufe – wie hängen Atmung und Fotosynthese zusammen?

Anne hat viele Grünpflanzen in ihrem Zimmer. Sie hat mal gelesen, dass Pflanzen die Luft verbessern. Seit gestern liegt Anne mit einer Erkältung im Bett. Ihre Mutter möchte die Pflanzen vorübergehend aus dem Zimmer entfernen. Sie sagt, sie nähmen ihr nachts den Sauerstoff zum Atmen weg.
Sind Pflanzen Luftverbesserer? Oder atmen sie selbst und verbrauchen Sauerstoff?

1

Beobachten Untersuchen Experimentieren

Zellatmung bei Tieren und Pflanzen

1 Auf den meisten Lebensmittelverpackungen stehen Angaben, wie viel Energie in Kilojoule wir daraus gewinnen können. Die meiste Energie liefern uns Kohlenhydrate. Sie bestehen aus aneinandergereihten Zuckerbausteinen, zum Beispiel aus Glucose. Bei der Verdauung werden die Kohlenhydrate in einzelne Glucosebausteine zerlegt. Glucose wird bei der Zellatmung, die in jeder Körperzelle abläuft, mithilfe von Sauerstoff schrittweise weiter abgebaut, indem Energie frei wird. Als Produkte entstehen dabei das in der Atemluft nachweisbare Kohlenstoffdioxid und Wasser.

a Stelle anhand des Textes eine Wortgleichung für die Zellatmung auf.

b Erkläre, woher der Sauerstoff kommt, den wir bei der Zellatmung benötigen.

c Vergleiche deine Wortgleichung mit der Fotosynthesegleichung von S. 29. Was stellst du fest?

2 Bei dem folgenden Versuch arbeitet ihr am besten zu zweit oder in Kleingruppen.
Material: keimende Erbsen oder frisch abgeschnittenes Gras, verschließbares Glas, 2 Glaszylinder, Frischhaltefolie, Glimmspan, Streichhölzer
Vorbereitung: Wenn ihr mit Erbsen arbeitet, müsst ihr diese 3 Tage vorher auf feuchtem Papier in einem geschlossenen Gefäß auslegen, damit sie keimen. Bereitet ein Versuchsprotokoll vor.
Durchführung: Gebt in einen Glaszylinder eine Handvoll Erbsen (oder frisch abgeschnittenes Gras). Verschließt danach den Zylinder luftdicht mit Folie und stellt ihn an einen warmen Ort im Dunkeln.
Bereitet außerdem ein Vergleichsgefäß ohne Samen oder mit durch Kochen abgetötetem Pflanzenmaterial in entsprechender Weise vor. Öffnet am nächsten Tag beide Gefäße und taucht sofort einen brennenden Span hinein.
Auswertung: Beschreibe deine Beobachtungen. Formuliere eine Erklärung. Begründe, warum das Pflanzenmaterial ins Dunkel gestellt werden muss. Notiere die Ergebnisse im Versuchsprotokoll.

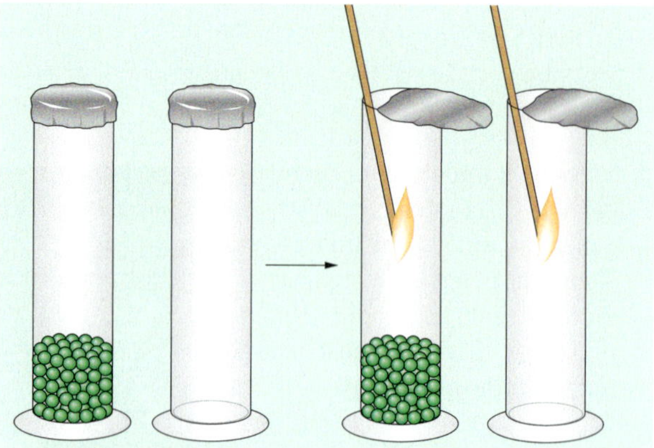

2 Versuchsdurchführung

Auch Pflanzen brauchen Sauerstoff

Zellatmung Unsere Atemluft enthält neben anderen die Gase Kohlenstoffdioxid (CO_2) und Sauerstoff (O_2). Diese sind für Pflanzen und Tiere von großer Bedeutung. Sowohl Pflanzen als auch Tiere bauen energiereiche Stoffe ab, um Energie zu gewinnen. Dabei wird Sauerstoff verbraucht, den beide der Umgebungsluft entnehmen. Als Abfallprodukt entsteht Kohlenstoffdioxid, das an die Umwelt abgegeben wird. Dieser Vorgang wird Zellatmung genannt.

Fotosynthese Pflanzen können aus energiearmen Stoffen energiereiche Stoffe aufbauen. Dafür benötigen sie das Kohlenstoffdioxid der Luft. Als Abfallprodukt entsteht bei der Fotosynthese Sauerstoff, der nach außen abgegeben wird. Er wird von Pflanzen und Tieren für die Zellatmung benötigt. ↑3

Basiskonzept

Stoff- und Energieumwandlung
Alle Tiere und Pflanzen bauen energiereiche Verbindungen bei der Zellatmung ab, um Energie für die Lebensvorgänge (z. B. Wachstum, Bewegung) zu erhalten.

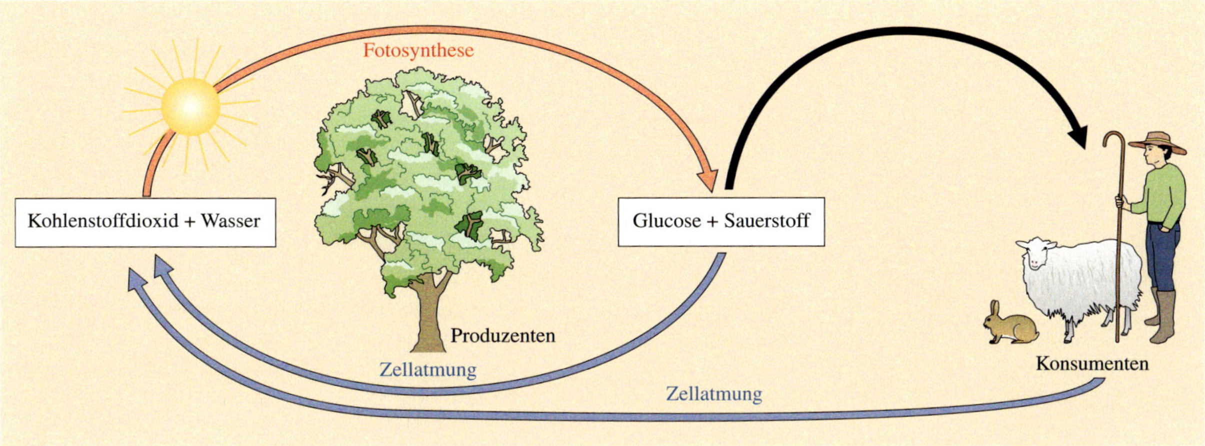

3 Zusammenhang zwischen Fotosynthese und Zellatmung

Bedeutung der Fotosynthese Ohne Fotosynthese gäbe es auf der Erde keinen Sauerstoff. In der Erdfrühzeit gab es eine Uratmosphäre ohne Sauerstoff. Erst durch die Entwicklung von Blaualgen und grünen Pflanzen, die Fotosynthese betrieben, kam Sauerstoff in die Atmosphäre. Dieser Prozess begann vor 3 Milliarden Jahren. Heute beträgt der Sauerstoffgehalt der Atmosphäre etwa 21 Prozent.
Bei der Fotosynthese wird die gesamte Biomasse auf der Erde erzeugt. Diese ist Lebensgrundlage für alle Tiere und den Menschen. Auch die fossilen Energieträger (Kohle, Erdöl und Erdgas) waren ursprünglich pflanzliche Biomasse. Sie sind im Lauf von Jahrmillionen unter Luftabschluss, hoher Temperatur und hohem Druck entstanden.

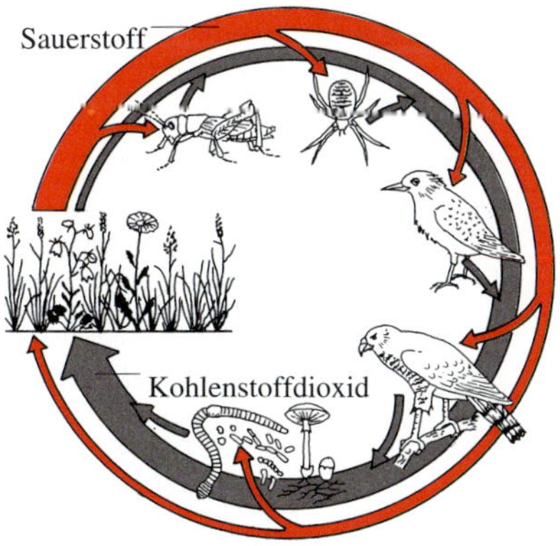

4 Kreislauf von Sauerstoff und Kohlenstoffdioxid

Kurz und knapp **Sauerstoff wird von Mensch, Tier und Pflanze für den Abbau energiereicher Stoffe benötigt. Bei diesem Vorgang, der Zellatmung, entsteht Kohlenstoffdioxid. Dieses nutzen Pflanzen für die Fotosynthese. Die Bedeutung der Fotosynthese für unsere Erde ist unermesslich groß: Durch sie wurde direkt oder indirekt die gesamte organische Substanz gebildet, die auf der Erde vorhanden ist.**

Stoffkreislauf und Energiefluss im Ökosystem

Produzenten: Die Energie kommt von der Sonne Jedes Tier im Wald hat ein anderes Nahrungsspektrum. Am Beginn jeder Nahrungskette steht aber immer eine Pflanze. Nur die Pflanzen als Produzenten können energiereiche Nährstoffe aus Sonnenenergie aufbauen. Tiere sind darauf angewiesen, energiereiche Nährstoffe mit der Nahrung aufzunehmen. Letztendlich sind also Tiere und Pflanzen von der Sonnenenergie abhängig.

Tiere sind Konsumenten Weil Tiere energiereiche Nährstoffe mit der Nahrung aufnehmen müssen, bezeichnet man sie als Konsumenten. Pflanzenfresser werden als Konsumenten 1. Ordnung bezeichnet. Fleischfresser, die sich von Pflanzenfressern ernähren, sind Konsumenten 2. Ordnung. Die Zuordnung zu den Ernährungsebenen ist nicht immer eindeutig: Manchmal können Tiere mehreren Ernährungsebenen zugeordnet werden. Das Eichhörnchen zum Beispiel frisst Samen und Nüsse. Damit ist es Konsument 1. Ordnung. Es ernährt sich aber auch von Eiern und Jungvögeln. Diesbezüglich ist es Konsument 2. und höherer Ordnung. Ein Konsument, der in seinem Ökosystem keine Fressfeinde hat, wird als Endkonsument bezeichnet, im Wald kann dies ein Uhu sein oder ein Fuchs.

Destruenten und Kreislauf der Stoffe Wenn Tiere und Pflanzen im Wald sterben, werden ihre Überreste von darauf spezialisierten anderen Tieren, Pilzen und Bakterien abgebaut. ↑S.34 Bei diesem Zersetzungsvorgang entstehen Kohlenstoffdioxid, Wasser und Mineralstoffe. Lebewesen, die tote organische Substanz abbauen, werden als Destruenten bezeichnet (lat. *destruens:* zerstörend). Da die Pflanzen das Kohlenstoffdioxid, das von den Konsumenten ausgeatmet und von den Destruenten freigesetzt wird, wieder nutzen, entsteht ein Kreislauf. ↑4

Energiefluss Den größten Anteil der Energie, den Tiere (zum Beispiel Konsumenten 1. Ordnung) mit der Nahrung aufnehmen, benötigen sie für Bewegung und Stoffwechselvorgänge. Nur etwa 10 Prozent der aufgenommenen Energie wird zur Aufbau der Körpersubstanz verwendet. Immer noch energiereiche Abfallprodukte wie Kot werden an die Destruenten abgegeben. Ein großer Teil der aufgenommenen Energie wird in Wärme umgewandelt und geht damit verloren. Dies setzt sich in jeder Ernährungsebene, also bei den Konsumenten 2., 3. Ordnung usw. fort. Wenn die Destruenten schließlich alle Reste zersetzt haben, ist die Energie, die ursprünglich von den Pflanzen aufgenommen und in den Nahrungsketten weitergegeben wurde, vollständig in Wärme umgewandelt worden. Man spricht deshalb auch von einer Einbahnstraße der Energie. ↑1

Nahrungspyramide Die vorherrschende Lebensform im Ökosystem Wald sind die Pflanzen. Sie sind am zahlreichsten und stellen den größten Teil Biomasse. ↑2 Pflanzenfresser, wie zum Beispiel Blattläuse, sind zwar klein, aber sehr häufig. Ihre Biomasse ist dennoch kleiner als die von Pflanzen. Von Fleischfressern wie dem Fuchs gibt es so wenige Individuen, dass ihre Biomasse kaum ins Gewicht fällt. Warum dies so ist, wird schlüssig, wenn man den Energiefluss berücksichtigt. ↑2

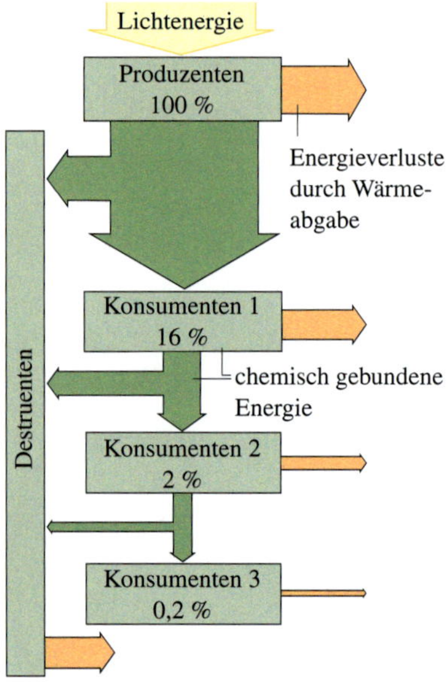

1 Energiefluss durch das Ökosystem

Art	Biomasse in g/ha
Buche	313 000 000
Erdmaus	4 600
Fuchs	150
Wolf	7

2 Biomasse im Wald

Von den aufgenommenen Nährstoffen wird nur wenig Energie für das Wachstum investiert. Darum nimmt die Biomasse von einer Ernährungsebene zur nächsten ab. Stapelt man die Ernährungsebenen übereinander, erhält man eine Nahrungspyramide. ↑3

Kurz und knapp **Pflanzen sind als Produzenten dazu in der Lage, energiereiche Nährstoffe aufzubauen. Tiere müssen als Konsumenten Nährstoffe mit der Nahrung aufnehmen. Destruenten mineralisieren tote organische Substanzen. Die Mineralstoffe können wieder von Pflanzen aufgenommen werden. So ermöglichen Destruenten den Kreislauf der Stoffe im Ökosystem.**

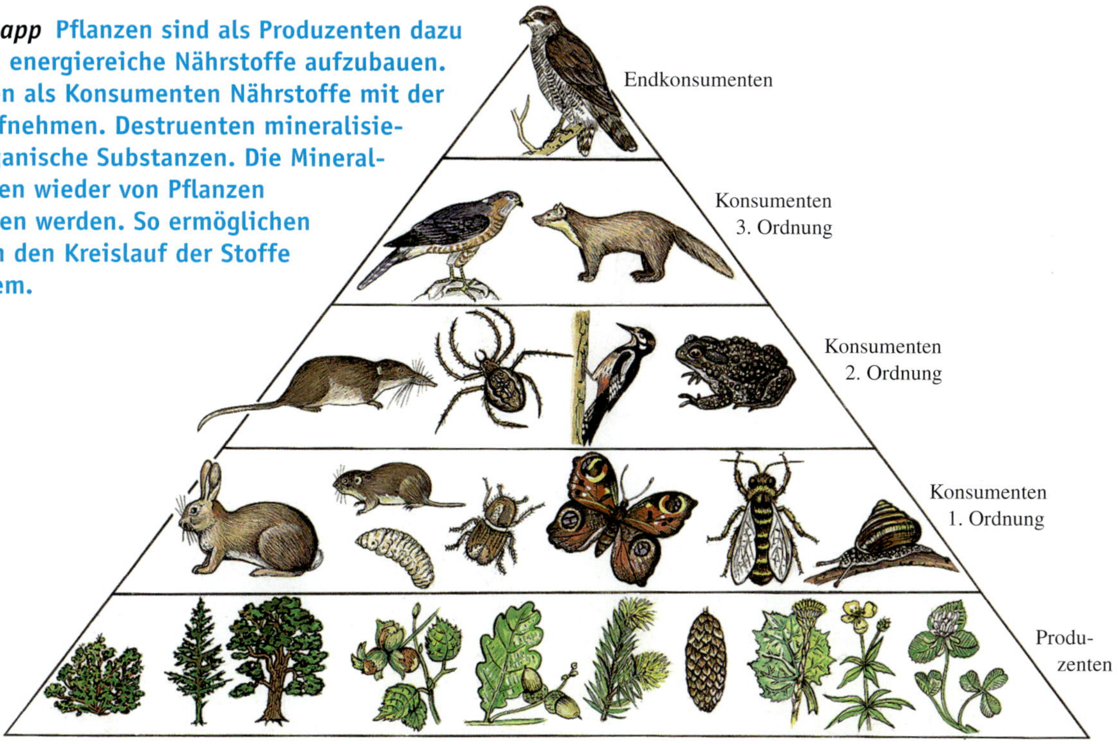

3 Nahrungspyramide in einem Wald

Arbeitsaufträge

1 Könnte man sagen, dass sich alle Tiere von Sonnenlicht ernähren? Diskutiere diese Aussage.

2 In Abbildung 4 ist ein Stoffkreislauf dargestellt. Übertrage sie als Skizze in dein Heft und beschrifte die Pfeile.

3 Betrachte die Nahrungspyramide. ↑3

a Erläutere, wie die Pyramidenform zustande kommt.

b Nenne Gemeinsamkeiten mit der Nahrungskette von S. 22. Welche Darstellung liefert mehr Informationen? Begründe.

c Überlege dir, wer in anderen Ökosystemen Endkonsument sein könnte (z. B. im Ozean, in der Serengeti, am Nordpol). Sind alle Endkonsumenten Fleischfresser? Begründe.

d Eine wichtige Gruppe im Stoffkreislauf ist nicht in der Pyramide dargestellt. Nenne sie und erläutere, wo du sie einordnen würdest. Überlege dir Gründe, warum diese Gruppe nicht dargestellt ist.

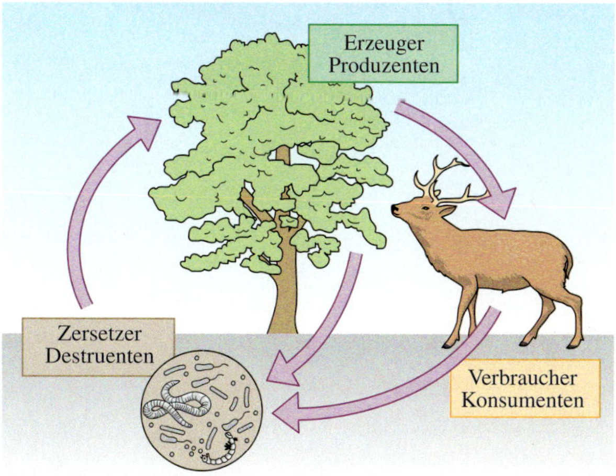

4 Stoffkreislauf in einem Ökosystem

1 Von außen sieht ein See oft unbelebt aus, doch Taucher können viele verschiedene Lebewesen erkennen. Welche Bedeutung haben die einzelnen Arten für das Ökosystem?

2 Ist jedes klare Gewässer auch sauber?

Gewässer sind Ökosysteme

Jedes Gewässer bildet ein Ökosystem, in dem vielfältige Beziehungen zwischen den Lebewesen bestehen und auf das verschiedene Umweltfaktoren Einfluss nehmen. In jedem Gewässerökosystem besteht ein empfindliches Gleichgewicht, das durch Eingriffe des Menschen gestört werden kann.

Aspekte

3 Warum können Teichbewohner den Winter in einem zugefrorenen Gewässer überleben?

4 Was bedeutet es, wenn ein Gewässer umgekippt ist?

5 Viele Seen sind ideal zum Baden. Oft darf man aber bestimmte Uferabschnitte nicht betreten. Welchen Grund gibt es dafür?

Gewässer sind Ökosysteme

Aquatische Ökosysteme können sehr unterschiedlich sein. Zu ihnen zählen Meere, Flüsse und Seen. Die NASA hat mit der Ecosphere ein aquatisches Modellökosystem geschaffen, das problemlos in einer Hand Platz hat und trotzdem alle Anforderungen an ein Ökosystem erfüllt.
Was sind die Kennzeichen eines Ökosystems?

1 Die Ecosphere – ein Ökosystem

Beobachten Untersuchen Experimentieren

044-1

Merkmale von Gewässerökosystemen
Ökosysteme sind gekennzeichnet durch die Wechselwirkungen zwischen Lebensräumen (Biotopen) und den in ihnen gegebenen abiotischen Faktoren sowie den dort vorkommenden Lebewesen (Biozönose).

2 Fluss

3 Gartenteich

4 Wattenmeer

5 Nordseeküste

1 Diskutiere, inwiefern folgende Eigenschaften auf alle abgebildeten Ökosysteme zutreffen: räumliche Begrenzung, Abhängigkeit von äußeren Umwelteinflüssen, Abhängigkeit von den Jahreszeiten, Vorkommen von angepassten Pflanzen und Tieren, Nahrungsbeziehungen zwischen den Lebewesen, Veränderung des Aufbaus mit der Zeit.

2 Wähle eines der hier dargestellten Ökosysteme. Gib dafür jeweils ein konkretes Beispiel zu den in Aufgabe 1 genannten Eigenschaften. Stimmt euch bei der Wahl des Ökosystems untereinander ab, damit in der Klasse jedes Ökosystem vertreten ist.

3 Präsentiert und diskutiert Gemeinsamkeiten und Unterschiede der Ökosysteme in der Klasse.

Kennzeichen eines Ökosystems

Systemgedanke Ein biologisches System besteht aus einzelnen Bestandteilen, zwischen denen es vielfältige Beziehungen und Wechselwirkungen gibt. Jeder einzelne Teil erfüllt im Gesamtgefüge wichtige Aufgaben: Sein Ausfall hätte eine Störung des Systems zur Folge. Ein System steht auch immer im Austausch mit der Umwelt, zum Beispiel auf stofflicher oder energetischer Ebene, und ist Veränderungen unterworfen.
In einem Ökosystem betrachten wir die abiotischen Umweltfaktoren, die die unbelebte Natur beschreiben, und die biotischen Umweltfaktoren, die auf die Wechselwirkungen der dort lebenden Organismen zurückzuführen sind. Aquatische Ökosysteme sind besonders durch die Eigenschaften des Wassers und an Wasser angepasste Lebewesen gekennzeichnet. Ökosysteme verfügen darüber hinaus über eine bestimmte räumliche und zeitliche Struktur und erhalten durch Selbstregulation eine gewisse Stabilität.

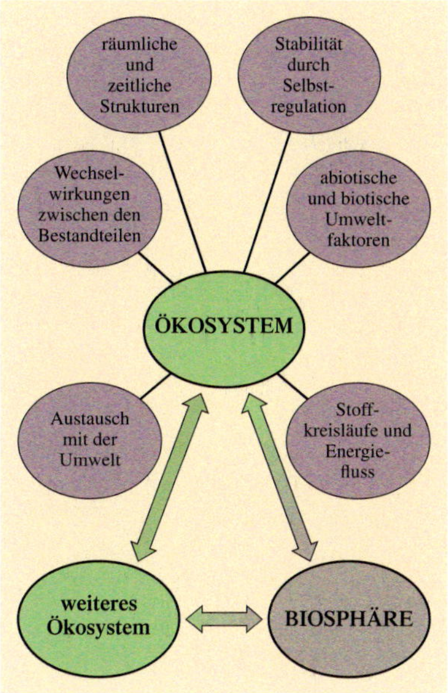

6 Schema eines Ökosystems

Modell eines Ökosystems Die von der NASA entwickelte Ecosphere ist ein Modell, das die oben genannten Eigenschaften verdeutlicht. Besonders schön lassen sich die Selbstregulation und die Wechselwirkungen zwischen den Elementen zeigen. Im Innern des abgeschlossenen Gefäßes befinden sich Algen, Garnelen, Meerwasser und Luft in einem ausgeglichenen Verhältnis, sodass dieses Miniaturaquarium nicht gepflegt werden muss. Allerdings benötigen die Algen Licht von außen, um zu wachsen und den Garnelen als Nahrungsgrundlage zu dienen. Die Stoffwechselprodukte der Garnelen fördern zudem das Wachstum der Algen. Der Kreislauf ist damit geschlossen. Dieses Modellökosystem kann etwa zwei Jahre lang aufrechterhalten werden.

Kurz und knapp **Ein System funktioniert durch die Wechselwirkungen der zum System gehörenden Bestandteile. Jeder Bestandteil hat eine bestimmte Funktion. Sie stabilisieren und regulieren sich gegenseitig. Trotzdem findet ein Austausch mit der Umgebung statt.**

Arbeitsaufträge

7 Teich im Winter

1 Nenne drei abiotische und drei biotische Faktoren in Gewässerökosystemen.
2 Nenne Gründe dafür, dass die Ecosphere meist nach zwei Jahren zerstört ist.
3 Erläutere die Auswirkungen von Temperaturschwankungen auf die Ecosphere.
4 Wende die in Abbildung 6 dargestellten Eigenschaften eines Ökosystems auf den Gartenteich an.
5 Bilde ein Begriffsnetz ↑S.126 mit folgenden Begriffen: Biosphäre, Ökosystem, abiotische Faktoren, Biotop, biotische Faktoren, Biozönose, Wechselwirkungen, See, Fische, Algen, Fischreiher, Wassertemperatur, Sauerstoffgehalt.

Der See als Lebensraum für Pflanzen und Tiere

Wie du bestimmt auch schon beobachtet hast, findet man an naturnahen Seen oft einen breiten Schilfgürtel. Im Wasser fallen die Seerosen mit ihren Schwimmblättern und großen Blüten auf. Sicher hast du auch schon Wasserläufer beobachtet und dich gefragt, warum sie auf dem Wasser gehen können.
Wie sind die Pflanzen und Tiere eines Sees an die Lebensbedingungen ihres Biotops angepasst?

1 See mit Schilf und Seerosen

2 Wasserläufer

Beobachten Untersuchen ***Experimentieren***

Angepasstheit von Wasserpflanzen
Um und in einem See lassen sich Bereiche finden, in denen jeweils typische Pflanzen vorkommen. Im sumpfigen Randgebiet können Bäume wie die Schwarz-Erle wachsen, in den flach abfallenden Randzonen findet man Schilf, Seggen und Rohrkolben. Untersuche Schilf im Vergleich zu einer Landpflanze, um die Angepasstheit an den Gewässerstandort zu erfassen.

Material: Skalpell, Rasierklingen, Lupe oder Stereomikroskop, Becherglas, Wasser
Durchführung:

a Versuche, einen Löwenzahn- und einen Schilfrohrstängel zu biegen. Beschreibe die Beschaffenheit der Stängel und ihre Stabilität.

b Fertige einen Querschnitt von einem Schilf- und einem Löwenzahnstängel an. Betrachte die Querschnitte mit der Lupe und zeichne sie.

c Prüfe das Verhalten der Stängel in Wasser, indem du sowohl das Schilfrohr als auch den Löwenzahnstängel am unteren Ende kreuzweise ca. 2 cm tief einschneidest und dann in ein Glas mit Wasser stellst.

Auswertung:

a Beschreibe die Lebensbedingungen für beide Pflanzen in ihren Lebensräumen. Erläutere dann die Beobachtungen der Versuche 1 bis 3.

b Schilf lässt sich aufgrund seiner Eigenschaften vielseitig verwenden. Recherchiere seine Verwendungsmöglichkeiten.

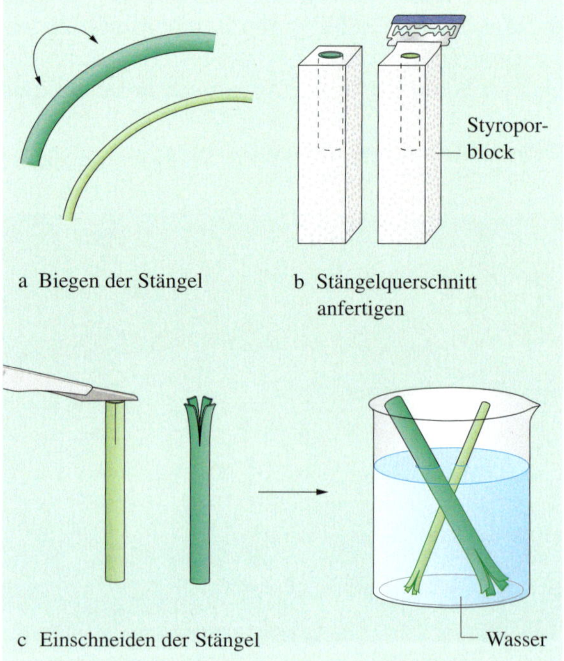

3 Versuchsdurchführung

Der See bietet Pflanzen einen Lebensraum

047-1

4 Die Schwarz-Erle kommt auf nassen oder zeitweilig überschwemmten Böden vor und wird bis zu 25 m hoch. Ihre Blätter sind verkehrt-eiförmig, 10 cm lang und etwa 7 cm breit. Sie ist einhäusig. Die Schwarz-Erle wird zur Befestigung von Uferzonen gepflanzt, da ihre Wurzeln die Abtragung des Bodens verhindern.

5 Die Weiße Seerose hat bis zu 12 cm große Blüten mit einer gelben Narbe. Ihre Blätter, die wie die Blüten auf der Wasseroberfläche schwimmen, werden bis zu 30 cm groß. Die Stängel werden bis zu 3 m lang. Die Weiße Seerose blüht von Juni bis September und zählt zu den bedrohten Arten. Daher ist sie auch geschützt.

6 Das Schilf ist unser größtes einheimisches Gras, das in bis zu 4 m hohen, stabilen Halmen wächst. Es verträgt Wassertiefen bis zu 2 m. Die Halme bieten Verstecke und Windschutz. Das Schilfröhricht ist als Eiablageplatz für Fische, Lurche, Insekten und Schnecken sowie als Brut- und Nistplatz für Vögel von großer Bedeutung.

7 Die Wasserpest ist eine untergetaucht lebende Pflanze. Die bis zu 3 m langen, biegsamen Stängel sind mit schmalen und zarten Blättern versehen. Die Wasserpest ist zweihäusig. Die weiblichen Blüten ragen mit drei weißen Kronblättern aus dem Wasser heraus. Ihre ursprüngliche Heimat ist Nordamerika.

Arbeitsaufträge

1 Stellt weitere „Steckbriefe" von Pflanzen in und an Gewässern zusammen und präsentiert sie der Klasse. Verdeutlicht dabei den Zusammenhang zwischen den Anpassungsmerkmalen und dem jeweiligen Standort. Wie kann jeder „seine" Pflanze interessant für andere machen und wie können abstrakte Dinge anschaulich werden? Überlegt, wie ihr eure Ergebnisse ordnen und zusammenstellen könnt, zum Beispiel in Mappen, auf Plakaten oder einer CD-ROM. Achtet auch auf Quellen- und Literaturangaben.

2 An einem Baggersee fehlen häufig Bruchwald-, Röhricht- und auch Schwimmblattzone. Überlege, warum das so ist. Beschreibe die Folgen für die Pflanzen- und Tiergesellschaft. Wie könnte man natürliche oder naturnahe Bedingungen herstellen?

Lebewesen im See und ihre ökologischen Nischen

Die ökologische Nische In den verschiedenen Zonen eines Sees leben häufig hochspezialisierte Tier- und Pflanzenarten. Aufgrund ihrer Angepasstheit an die jeweiligen Umweltfaktoren besetzt jede Tierart, genau wie jede Pflanzenart, eine ökologische Nische. Die ökologische Nische enthält alle Bedingungen, die für eine Pflanzen- oder Tierart von Bedeutung sind, nicht nur den Lebensraum. Sie ist also nicht als sein Aufenthaltsort zu verstehen, sondern kann eher als „Beruf" des jeweiligen Lebewesens beschrieben werden.

Karpfen

Wasserpest

Karpfen		Wasserpest
Stehende und langsam fließende Gewässer mit weichem Grund	Lebensraum	Lichtdurchflutete stehende und langsam fließende Gewässer mit weichem Grund
Erwachsene Tiere: Kleinlebewesen und Pflanzenteile im Boden Larven: Schwebeorganismen	Ernährung	Betreibt Fotosynthese, stellt keine besondere Ansprüche an die Nährstoffzusammensetzung
Legt zwischen Mai und Juli bis zu 300 000 Eier.	Vermehrung	In Europa ausschließlich durch das Abbrechen und Weiterwachsen der brüchigen Stängel; sehr schnelles Wachstum, kann Massenbestände ausbilden (Unterwasserwälder)
Fischreiher (vornehmlich Jungfische), Hecht oder andere Raubfische, Mensch	Natürliche Feinde	In unseren Breiten gibt es nicht ausreichend viele sich von der Wasserpest ernährende Pflanzenfresser, die die rasche Vermehrung aufhalten könnten.

Konkurrenz In einem Ökosystem können nur deshalb so viele Arten nebeneinander leben, weil sie verschiedene ökologische Nischen besetzen oder sich ihre ökologischen Nischen in mindestens einer Eigenschaft unterscheiden. So wird übermäßige Konkurrenz, etwa um Nahrung und Brutplätze, vermieden. Zwei Arten mit der gleichen ökologischen Nische können hingegen nicht in einem Lebensraum existieren, da die Konkurrenz zwischen ihnen zu groß ist. Die besser angepasste Art verdrängt die schwächere aus dem Lebensraum. Diese Verdrängung findet vor allem dann statt, wenn fremde Arten in heimische Gebiete eingeschleppt werden und dort keine natürlichen Feinde vorfinden. Sie können sich ungehindert verbreiten und heimische Arten verdrängen. So hat die aus Amerika stammende Wasserpest bereits große Bestände des heimischen Laichkrautes oder der Armleuchteralgen ersetzt.

049-1

Beobachten Untersuchen Experimentieren

Wasserbewohner und ihre Angepasstheiten

Neben zahlreichen Vögeln, Fischen und Amphibien, die in und an stehenden Gewässern leben, sind vor allem viele wirbellose Tiere an das Leben im Wasser angepasst. Finde heraus, wie verschiedene Wasserbewohner spezialisiert sind.

1 Beschreibe die ökologischen Nischen der in Abbildung 1 dargestellten Tierarten. Nutze Informationen aus Bestimmungsbüchern oder dem Internet. Gibt es Überschneidungen? Begründe jeweils deine Ansicht.

2 Beschreibe, wie die auf dieser Seite vorgestellten Tierarten an ihren Lebensraum angepasst sind. ↑1 bis 4 Erkläre jeweils den Zusammenhang von Struktur und Funktion.

3 Beschreibe und vergleiche die ökologischen Nischen von Wasserspinne und Kreuzspinne.

1 In Mitteleuropa gibt es etwa 20 verschiedene Arten von Wasserläufern, die bis zu 1 cm groß werden. Sie gehören zu den Landwanzen, leben aber alle auf der Wasseroberfläche. Ihre Beine besitzen eine feine Behaarung, die sie vor Benetzung mit Wasser schützt. So nutzen sie die Oberflächenspannung des Wassers, die durch ihr geringes Gewicht erhalten bleibt. Alle Arten leben räuberisch und überwintern als erwachsene Tiere.

2 Die Wasserspinne ist die einzige ganz unter Wasser lebende Spinnenart. Sie holt die zum Atmen benötigte Luft mit dem Hinterleib von der Wasseroberfläche. Durch die Behaarung bleibt die Luft als Glocke erhalten. Mithilfe von Netzen legt sich die Wasserspinne eine geräumige Unterwasserglocke an, die sie durch Abstreifen von Bläschen immer wieder nachfüllt. In solchen Glocken wachsen auch ihre Jungtiere heran.

3 Rückenschwimmer sind etwa 1,5 cm große Wasserwanzen. Wie der Name schon sagt, schwimmen sie mit dem Rücken nach unten und halten sich knapp unter der Wasseroberfläche auf. Jedes Hinterbein besitzt etwa 4 000 Haare, mit denen geringste Erschütterungen wahrgenommen werden können. So spüren Rückenschwimmer ihre Beute auf, die überwiegend aus Insekten besteht, die auf die Wasseroberfläche fallen.

4 Die Posthornschnecke erreicht mit ihrem Gehäuse einen Durchmesser von bis zu 3,5 cm. Obwohl sie mit Lungen atmet, lebt sie meist am Boden und ernährt sich dort von Pflanzen und verrottenden Pflanzenteilen. In einer Nacht kann sie mehrere bis zu 3 cm lange Laichballen ablegen, die 60 bis 70 Eier enthalten. Die Posthornschnecke wird auch gerne im Aquarium als „Scheibenputzer" gehalten.

Lebenszusammenhänge im See

Im Sommer 2001 machte eine ungewöhnliche Räuber-Beute-Beziehung in einem Rheydter Weiher Schlagzeilen: Der fast 2 m lange „Killerwels Kuno" soll badende Dackelwelpen gefressen haben! Ist dies überhaupt möglich? Wovon ernähren sich diese Raubfische normalerweise? Wie sehen die Nahrungsbeziehungen in einem „natürlichen" Ökosystem aus?

1 „Killerwels" Kuno im Museum in Rheydt

Beobachten Untersuchen Experimentieren

050-1

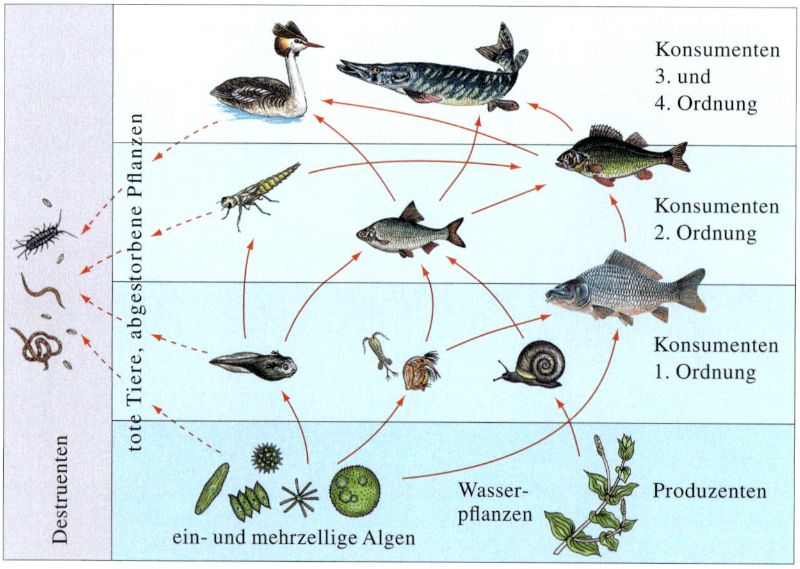

2 Ein Nahrungsnetz besteht aus vielen Nahrungsketten.

Nahrungsketten und Nahrungsnetze

Die Lebewesen in einem Ökosystem stehen miteinander in einer engen Beziehung. Du kannst diese Beziehungen selbst erarbeiten.

1 Erarbeite anhand der Abbildung 2 Definitionen der Begriffe Nahrungsnetz und Nahrungskette.
2 Suche eine Nahrungskette heraus und benenne die Arten.
3 Suche nach Lebewesen, die besonders vielseitige Beute bevorzugen, und erläutere ihre ökologische Bedeutung im Vergleich zu beutesteten Arten.
4 Welse fressen Fische und Krebse, größere Exemplare auch Vögel und Säuger. Ordne den Wels einer Ebene zu (Konsument 1., 2. oder 3. Ordnung).

Nahrungsbeziehungen

Jede Nahrungsbeziehung beginnt mit Pflanzen. Sie heißen Produzenten, da sie bei der Fotosynthese energiereiche Stoffe aufbauen. Tiere müssen energiereiche Stoffe mit der Nahrung aufnehmen und werden Konsumenten genannt. Man unterscheidet Pflanzenfresser (Konsumenten 1. Ordnung) und Fleischfresser (Konsumenten 2. und höherer Ordnung). Zersetzer (Destruenten) wie Bakterien schließen den Kreislauf. Sie zersetzen abgestorbene Lebewesen oder deren Teile zu Mineralstoffen.

Fressfeind-Beute-Beziehungen Wie man aus den Nahrungsbeziehungen erkennen kann, ernähren sich die Konsumenten höherer Ordnung von den Konsumenten darunterliegender Ordnungen. Es bestehen daher vielfältige Fressfeind-Beute-Beziehungen im See, etwa zwischen dem Hecht und seiner Beute, der Rotfeder oder zwischen dem Karpfen und den Flohkrebsen. In einem See ist weder Zu- noch Abwanderung der Beutetiere möglich. Wieso werden sie dann nicht vollständig gefressen? Ein stabiles Ökosystem zeichnet sich unter anderem dadurch aus, dass die Fressfeinde und Beutetiere sich wechselseitig in ihrer Anzahl regulieren. Man spricht von einem dynamischen Gleichgewicht, das sich für enge Fressfeind-Beute-Beziehungen mit beutesteten Raubfischen modellhaft darstellen lässt:

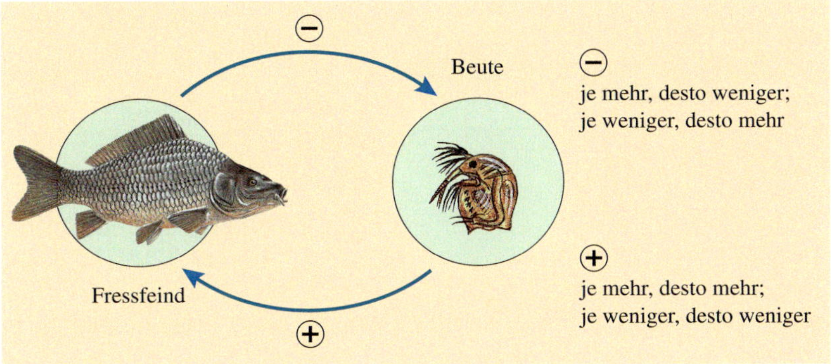

3 Modellvorstellung zum dynamischen Gleichgewicht

Eingriff des Menschen Auch in Nahrungsnetzen liegt ein ausbalanciertes System vor. Greift der Mensch aber durch die Fischerei in dieses System ein, indem er beispielsweise zu viele Karpfen aus einem natürlichen See fischt, dann gerät dieses Gleichgewicht ins Wanken. Das Ausmaß lässt sich anhand des Nahrungsnetzes ↑2 aufzeigen: Die Anzahl der Wasserflöhe würde stark ansteigen, weil ein Fressfeind wegfällt. Da die Rotfeder, die sich ebenfalls von Wasserflöhen ernährt, diese nun aufgrund ihrer Häufigkeit eher frisst als die Schnecken, vermehren sich die Schnecken ebenfalls. Der Fressfeind des Karpfens und der Rotfeder kann nur noch Rotfedern jagen. Daher verringert sich deren Anzahl. Am Ende könnte eine Schneckenplage entstehen. Das Gleichgewicht wäre gestört. Da der Mensch die Folgen seines Eingreifens oft gar nicht vollständig abschätzen kann, sollte er zu große Eingriffe in ein intaktes Ökosystem vermeiden.

Kurz und knapp **Fressfeinde und Beutetiere regulieren sich in ihrem Bestand. Aufgrund der Vernetzung zwischen den Lebewesen in einem Ökosystem können Eingriffe erhebliche Auswirkungen haben.**

Basiskonzept

Steuerung und Regelung
In einem Ökosystem regulieren sich die dort vertretenen Arten durch vielfältige Nahrungsbeziehungen gegenseitig in ihrer Anzahl. Wird eine Art verstärkt gefressen, so führt die daraus resultierende Futterverknappung zu einer Verringerung der Anzahl von Fressfeinden. So kann sich der Bestand der Beutetiere wieder erholen.

4 Kontrollierte Fischzucht – eine Alternative

Arbeitsaufträge

1 Beschreibe und erläutere das Modell zur Fressfeind-Beute-Beziehung. Beginne mit einem Sommer, in dem sich die Wasserflöhe stark vermehren.

2 Diskutiere, weshalb das Modell nicht so einfach auf Fressfeinde bzw. Beutetiere mit vielseitigen Nahrungsbeziehungen angewendet werden kann.

3 Diskutiere die Auswirkungen einer Überfischung des Hechts in einem See. Nimm dazu die Abbildungen 2 und 3 zu Hilfe.

4 Informiere dich darüber, welche Fische im Meer überfischt werden und welche Aktionen Naturschutzorganisationen dagegen veranstalten.

Ohne Licht geht nichts

Endlich Sommerferien! Lisa fliegt mit ihren Eltern für drei Wochen in den Süden. Als Schutz vor Einbrechern lässt die Familie im ganzen Haus die Rollläden herunter. Als sie wieder zu Hause ist, sieht Lisas Aquarium recht trostlos aus und riecht komisch – die Lampe ist wohl ausgeschaltet gewesen … Welche Bedeutung hat das Licht für die Lebensvorgänge in einem Ökosystem?

1 Aquarien müssen hell stehen oder benötigen künstliches Licht.

Beobachten Untersuchen Experimentieren

Untersuchungen zur Fotosynthese

Algen benötigen wie alle grünen Pflanzen Licht, um zu überleben, sie betreiben Fotosynthese. Mit folgenden Untersuchungen kannst du herausfinden, wo und unter welchen Bedingungen dieser Stoffwechselprozess stattfindet.

1 Ort der Fotosynthese

Material: Wasserpest, Objektträger, Deckgläschen, Pinzette, Pipette, Wasser, Mikroskop

Durchführung: Zupfe mit der Pinzette ein Blatt von der Wasserpest ab und lege es auf einen mit einem Wassertropfen versetzten Objektträger. Verschließe das Objekt möglichst luftblasenfrei mit dem Deckgläschen. Mikroskopiere das Präparat zunächst bei 100-facher, dann bei 400-facher Vergrößerung.

Auswertung: Fertige eine Zeichnung an und vergleiche sie mit der Abbildung der Zwiebelzelle, in der keine Fotosynthese stattfinden kann. ↑2

2 Bedingungen für die Fotosynthese

Beschreibe die folgenden Versuche (A und B) und interpretiere die Ergebnisse, indem du „Je-desto"-Sätze formulierst:

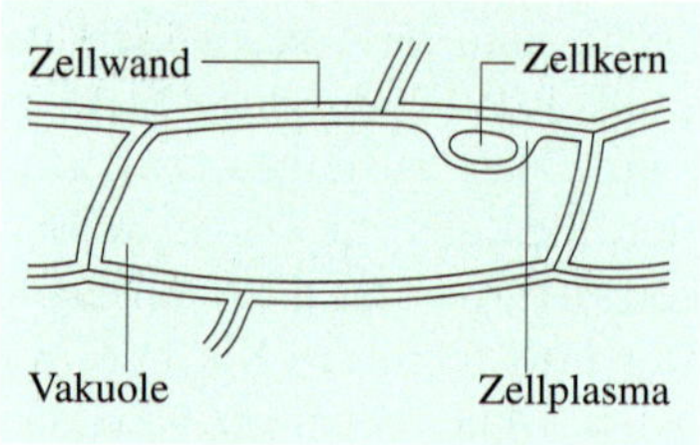

2 Zwiebelzelle

3 Versuch A

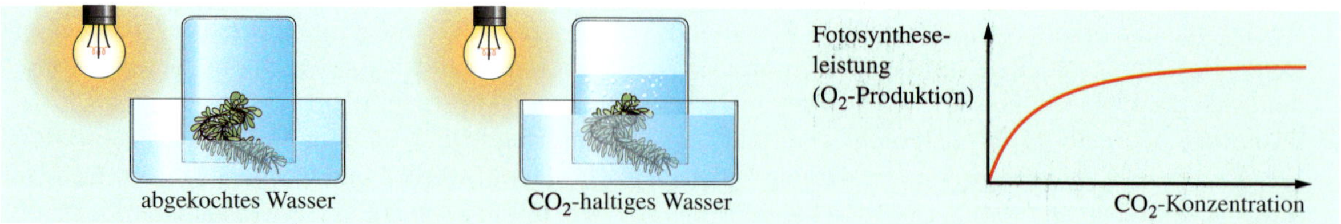

4 Versuch B

Fotosynthese als Prozess der Energieumwandlung In mikroskopischen Abbildungen von fotosynthetisch aktivem Gewebe kann man in den Zellen kleine grüne Organellen, die Chloroplasten, erkennen. Sie sind die Orte der Fotosynthese. ↑4 Der in ihnen enthaltene Farbstoff Chlorophyll ist in der Lage, Licht aufzufangen und einen Teil der Lichtenergie in chemische Energie umzuwandeln. Mithilfe dieser chemischen Energie werden in den Chloroplasten Kohlenstoffdioxid und Wasser zu energiereichem Traubenzucker (Glucose) und später zu weiteren organischen Stoffen umgewandelt. Bei diesem Vorgang entsteht auch Sauerstoff, der bei Wasserpflanzen in Form von sichtbaren Bläschen an die Umgebung abgegeben wird.

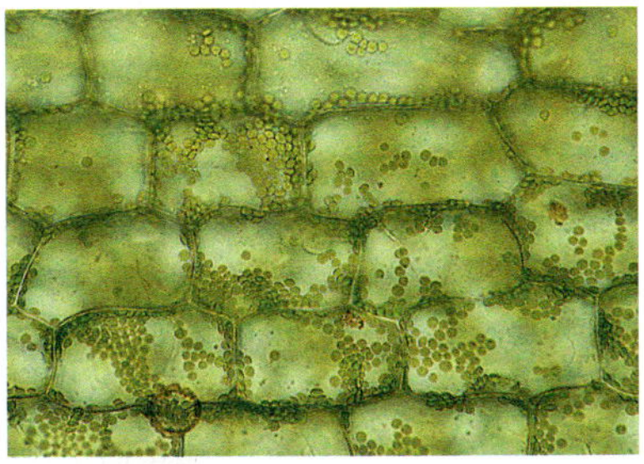

5 Wasserpest unter dem Lichtmikroskop

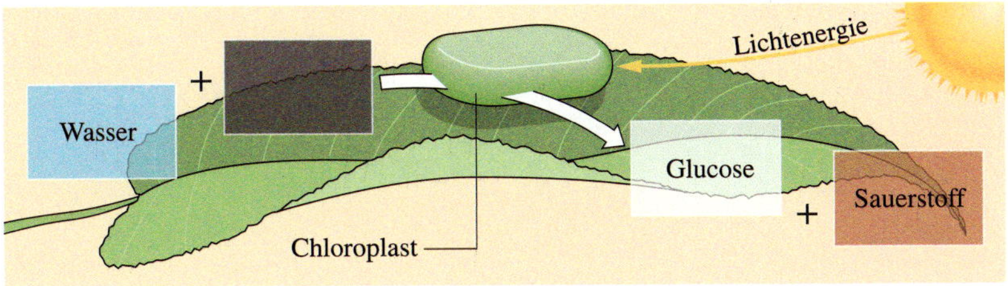

Bedeutung der Fotosynthese Die fotosynthetisch aktiven Pflanzen bilden als Primärproduzenten die Grundlage des Lebens in den verschiedenen Ökosystemen. Sie versorgen die tierischen Lebewesen nicht nur mit Sauerstoff, sondern auch mit energiereichen organischen Stoffen. Sie stehen daher am Anfang der Nahrungsbeziehungen. Die in den Nährstoffen gespeicherte Energie wird von den Konsumenten teilweise in eigene Biomasse umgewandelt und so im Verlauf der Nahrungskette immer weitergegeben.

6 Nahrungspyramide

Phytoplankton Manche Seen schimmern unter der Wasseroberfläche grünlich. Dies liegt an der großen Anzahl einzelliger Algen, die man auch als Phytoplankton bezeichnet. Diese mit bloßem Auge nicht zu erkennenden Einzeller sind die wichtigsten Primärproduzenten in Gewässern: In ihrer Gesamtheit leisten sie ebenso viel Stoffaufbau wie alle Landpflanzen zusammen.

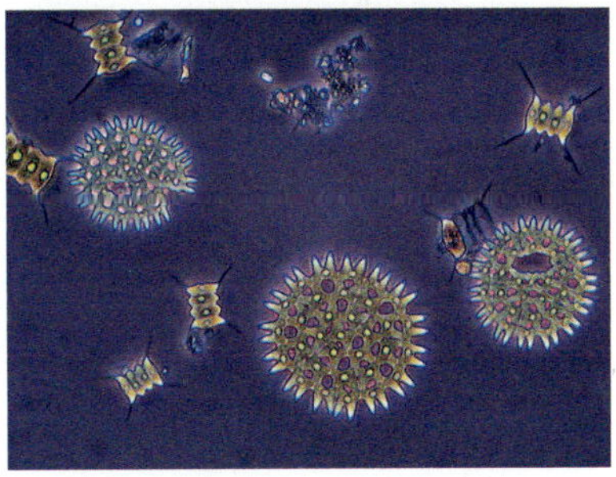

7 Phytoplankton

Kurz und knapp **Fotosynthese beschreibt die Umwandlung von Kohlenstoffdioxid und Wasser zu Traubenzucker und Sauerstoff unter der Einwirkung von Licht. Nur Zellen, die chlorophyllhaltige Chloroplasten besitzen, können Fotosynthese betreiben. In Gewässern ist das Phytoplankton der wichtigste Produzent.**

Arbeitsaufträge

1 Erkläre, weshalb man in größeren Tiefen von Gewässern keine Algen findet.

2 Beschreibe die Abbildung zur Nahrungspyramide mit eigenen Worten und erläutere sie. ↑6

3 Nenne weitere Nährstoffe, die in der Pflanze aus der Glucose gebildet werden können.

4 Man bezeichnet Produzenten als „autotroph“, was mit dem Begriff „sich selbst ernährend“ übersetzt werden kann. Erläutere diese Bezeichnung.

5 Plane einen Versuch, mit dem du beweisen kannst, dass das bei den Experimenten entstandene Gas Sauerstoff ist. *Tipp:* Sauerstoff bringt einen glimmenden Holzspan wieder zum Brennen.

Der Gasaustausch im See

1 Stoffkreislauf im Ökosystem See

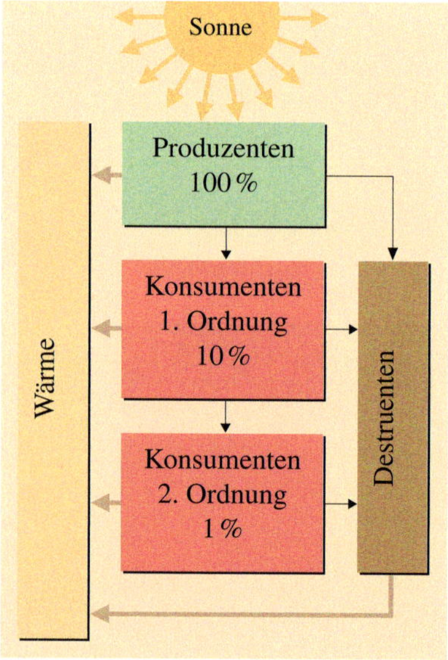

2 Energiefluss

Gasaustausch Alle Produzenten, Konsumenten und Destruenten nehmen gasförmige Stoffe auf und geben gasförmige Stoffe ab. Grünalgen und Wasserpflanzen nehmen in der Fotosynthese Kohlenstoffdioxid auf und bilden neben organischen Stoffen auch Sauerstoff, der sich im Wasser löst. Konsumenten und Destruenten nehmen hingegen Sauerstoff auf und geben Kohlenstoffdioxid ab, das von den Pflanzen wieder verwendet werden kann. Der Kreislauf ist somit geschlossen.

Zellatmung Mit Ausnahme einiger Bakterien benötigen alle Lebewesen Sauerstoff, um die in der Nahrung enthaltene Energie für sich verfügbar zu machen. Die energiereichen Nährstoffe werden in den Zellen kontrolliert verbrannt. Dazu wird wie bei jeder Verbrennung Sauerstoff benötigt. In spezialisierten, im Lichtmikroskop nicht zu erkennenden Zellorganellen, den Mitochondrien, wird die Energie aus der Nahrung so umgewandelt, dass sie als Grundlage für alle Lebensvorgänge dienen kann. Dadurch wird der Aufbau von eigener Biomasse ermöglicht, aber auch andere Lebensvorgänge wie Bewegung. Wie bei einem Kraftwerk wird auch bei der Energieumwandlung im Zuge der Zellatmung immer ein Teil der Energie in Form von Wärme an die Umgebung freigesetzt.

Arbeitsaufträge

1 Entwickle eine Definition des Begriffs Zellatmung.

2 Beschreibe den Zusammenhang zwischen der Atmung eines Menschen und der Zellatmung. Nimm dazu auch Abbildung 3 zu Hilfe.

3 Beschreibe Abbildung 2 mit eigenen Worten und erläutere sie. Stelle einen Zusammenhang mit der Nahrungspyramide her. ↑2 und ↑S.53

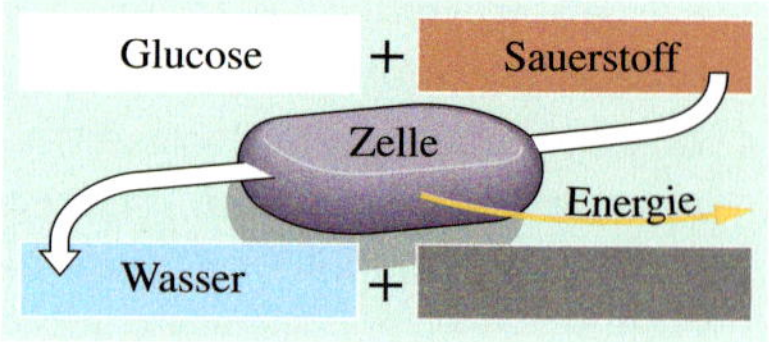

3 Zellatmung

Ein Ökosystem fürs Klassenzimmer – das Aquarium

Ein Aquarium ist ein künstlich gestaltetes Ökosystem. In eurer Klasse könnt ihr nach dem Vorbild in der Abbildung ein sich selbst erhaltendes Ökosystem schaffen und somit die Wechselwirkungen zwischen den Elementen des Systems experimentell erfassen.

1 Vorbereitung:

a Ihr benötigt: ein kleines Aquarium, Sand und Kies, planktonhaltiges Teichwasser, langsam wachsende Wasserpflanzen, einige Süßwasserschnecken und eine Glasplatte.

b Erkläre die Bedeutung der oben angegebenen Materialien. Warum werden nicht mehr Tiere, zum Beispiel Fische eingesetzt?

2 Einrichtung und Aufstellung des Aquariums:
Legt nun euer Klassenaquarium an und sucht einen geeigneten Ort. Welche Eigenschaften sollte er erfüllen?

3 Beobachtungen und Untersuchungen:

a Beobachtet das Aquarium einige Wochen lang und protokolliert eventuelle Veränderungen. Erklärt eure Beobachtungen.

b Angenommen, man verzichtet auf die Glasplatte und füllt regelmäßig Leitungswasser nach. Würde das Abnehmen der Glasplatte das System beeinflussen?

c Angenommen, in das Aquarium wird ein Guppy-Pärchen eingesetzt. Diese Fische ernähren sich sowohl vegetarisch als auch von Kleintieren, sind lebendgebärend und bevorzugen eine Wassertemperatur von 18 bis 23 °C. Inwiefern werden die Fische die Lebensgemeinschaft beeinflussen?

d Erstelle ein beschriftetes Pfeildiagramm, das grundlegende Wechselwirkungen in eurem Aquarium darstellt.

Auch im Aquarium findet man die vier typischen Grundkomponenten eines jeden Ökosystems:

Abiotische Umwelt: Hierzu gehören das Wasser, Mineralstoffe, O_2, CO_2, Strahlung in Form von Licht und Wärme sowie der Boden.

Produzenten (Erzeuger): Dies sind autotrophe Organismen, die Biomoleküle oder organische Moleküle aus anorganischen Teilchen aufbauen. In diese Gruppe gehören die fototrophen Pflanzen und Algen.

Konsumenten (Verbraucher): Sie ernähren sich heterotroph. Zu den Nutznießern der autotrophen Produktion gehören zunächst Algen und pflanzenfressende Tiere. Diese sogenannten Konsumenten 1. Ordnung werden von fleischfressenden Tieren verzehrt, den Konsumenten 2. Ordnung. Das letzte Glied einer Nahrungskette des Fressens und Gefressenwerdens wird als Endkonsument bezeichnet. Da sich nur wenige Tiere ausschließlich von einer einzigen Pflanzen- oder Tierart ernähren und kaum eine Tierart von nur einem Räuber bedroht ist, verzweigen sich Nahrungsketten im Ökosystem zum komplexen Nahrungsnetz.

Destruenten (Zersetzer): Abgestorbene Teile und Ausscheidungen von Tieren bilden den noch energiereichen Detritus. Diesen nutzen Destruenten. Dazu zählen Abfallfresser wie die Schlammröhrenwürmer Tubifex und Wasserasseln sowie Mineralisierer wie Pilze und Bakterien. Die Zersetzungsprodukte werden wieder zu Bestandteilen der abiotischen Umwelt.

Ein Ökosystem verändert sich – der Jahresverlauf

Im Verlauf des warmen Sommers hat sich das Wasser des Badesees schön aufgeheizt und man kann sich stundenlang im Wasser aufhalten. Doch taucht man in tieferes Wasser, wird es plötzlich viel kälter, die Wassertemperatur macht einen regelrechten Sprung nach unten. Warum wärmt sich nur das Oberflächenwasser auf? Welche Auswirkungen haben die Temperaturschwankungen im See für die Lebewesen?

1 Badespaß am See

Beobachten Untersuchen ***Experimentieren***

Lebensbedingungen im See
Für die Lebensvorgänge im See sind die Dichte des Wassers und das Lösevermögen von Gasen von großer Bedeutung. Untersuche die Abhängigkeit dieser beiden Größen von der Temperatur.

1 Dichteanomalie des Wassers
Die Dichte ist eine temperaturabhängige physikalische Stoffeigenschaft mit der Einheit g/cm³ bzw. g/l bei Flüssigkeiten.
Material: Eiswürfel, Wasser, Kerzenstummel, flüssiges Kerzenwachs, 1 Becherglas (100 ml), 1 Reagenzglas, Bunsenbrenner

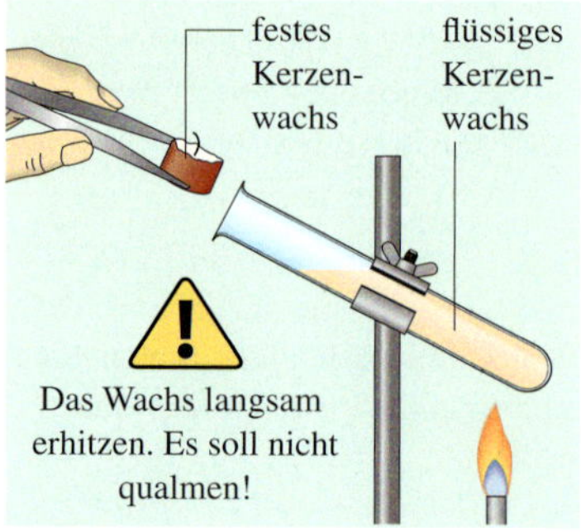

2 Durchführung von Versuch 1

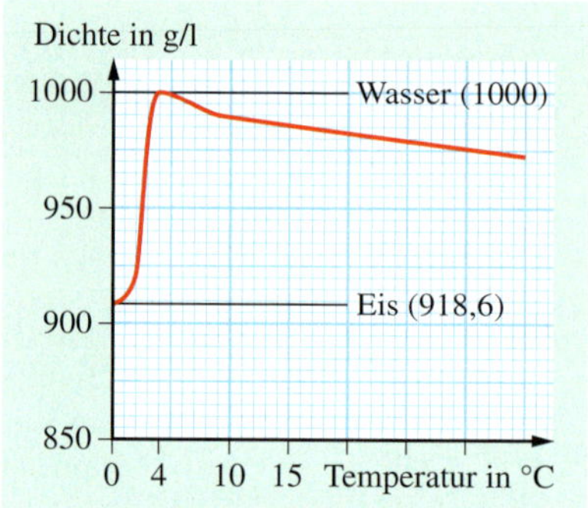

3 Dichteanomalie des Wassers

Durchführung:
a Schmilz in einem Reagenzglas so viel Kerzenwachs, dass es zu 2 Dritteln gefüllt ist. Gib in das flüssige Wachs ein Stück Kerzenstummel. Beobachte.
b Gib in ein Becherglas 60 ml Wasser und dann den Eiswürfel. Beobachte und vergleiche.

Auswertung:
a Erkläre, ausgehend von den Versuchsergebnissen, den Begriff „Dichteanomalie" des Wassers.
b Im flüssigen Zustand verhält sich Wasser „normal". Erläutere anhand der Abbildung 3 die Beobachtung beim Tauchen im See.

2 Löseverhalten von Gasen in Wasser
Material: Heizplatte, Stativmaterial, Thermometer, großes Becherglas, Trichter, Messzylinder, Sauerstofftablette (alternativ: Brausetablette)

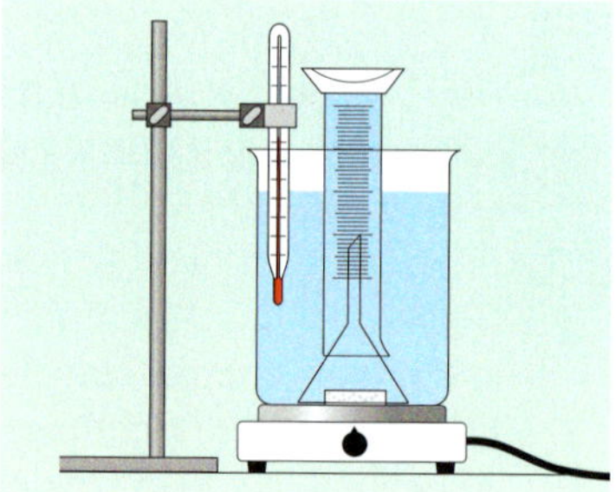

4 Versuchsaufbau zu Versuch 2

Durchführung:
a Baue den Versuch entsprechend der Abbildung auf. Gib die Tablette in das mit kaltem Wasser gefüllte Glas und warte, bis sie sich aufgelöst hat. Erhitze dann langsam. Beobachte.
b Wie verändert sich die Löslichkeit von den Gasen mit der Temperatur? Formuliere einen „Je-desto"-Satz.

Der See im Jahresverlauf

In unseren Breiten unterliegt das Wasser in stehenden Gewässern enormen jahreszeitlichen Temperaturschwankungen, weshalb sich auch die temperaturabhängigen Eigenschaften des Wassers im Jahresverlauf ändern und somit die abiotischen Faktoren für die Seebewohner.

Das Jahr Im Sommer erwärmt sich die Wasseroberfläche. Dadurch nimmt die Dichte des Wassers ab. Das darunterliegende Wasser bleibt aber kühl, denn durch die Dichteunterschiede bildet sich eine stabile Sprungschicht, die sogar bei starken Wasserbewegungen bestehen bleibt. Die Wassermassen vermischen sich nicht. Daher findet auch kein Gasaustausch zwischen Oberflächenwasser und Tiefenwasser statt. Am Ende des Sommers ist das Tiefenwasser deshalb sauerstoffarm und kohlenstoffdioxidreich. Zudem enthält es viele Mineralstoffe.
Im Herbst kühlt das Oberflächenwasser ab und die Dichte der Wassermassen gleicht sich an. Herbststürme können das einheitlich kühle Wasser vermischen (Vollzirkulation) und somit auch für eine gleichmäßige Verteilung von Sauerstoff, Kohlenstoffdioxid und Mineralstoffen sorgen.
Im Winter kühlt das Oberflächenwasser auf 0 °C ab. Aufgrund der Dichteanomalie gefriert der See von oben nach unten. Das unter der Eisschicht liegende Wasser hat eine gleichbleibende Temperatur von 4 °C, da die Eisschicht isolierend wirkt. Es bietet den Seebewohnern ein sicheres Winterquartier. Im Laufe des Winters nimmt allerdings der Sauerstoffgehalt des Wassers ab und der Kohlenstoffdioxidgehalt zu.
Im Frühjahr schmilzt das Eis. Das Oberflächenwasser erwärmt sich langsam und die Angleichung der Dichte führt wiederum zu einer Vollzirkulation des Wassers und somit zur lebensnotwendigen Verteilung der Gase und Mineralsalze.

Kurz und knapp **Die jahreszeitlichen Temperaturschwankungen führen im Sommer und Winter zur stabilen Schichtung des Wassers und damit zur Ungleichverteilung von Sauerstoff und Kohlenstoffdioxid sowie Mineralstoffen. Frühjahrs- und Herbstwinde gleichen diese wieder aus.**

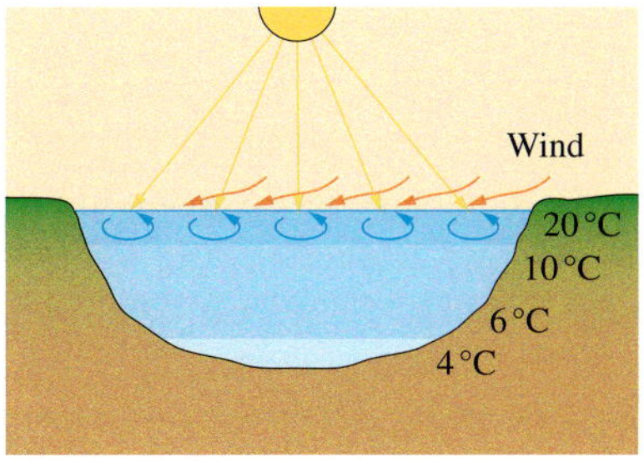

5 See im Sommer

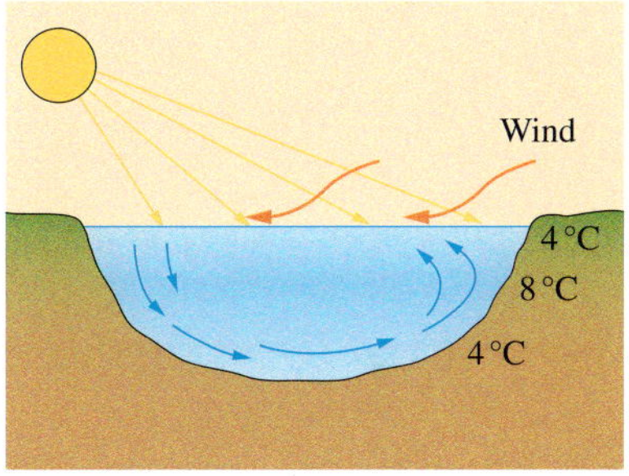

6 See im Herbst

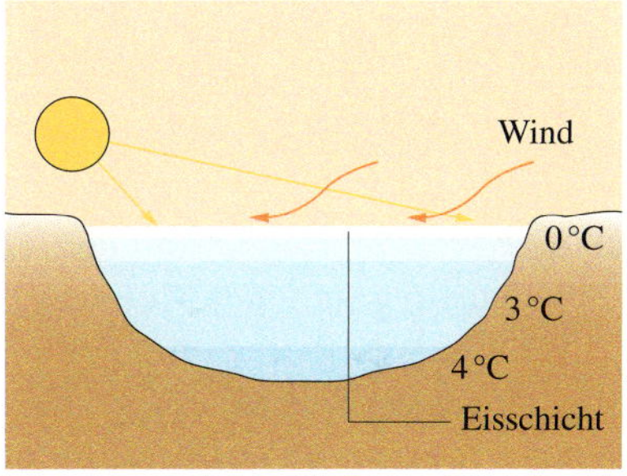

7 See im Winter

Arbeitsaufträge

1 In der Randspalte sind die Verhältnisse im See für drei Jahreszeiten dargestellt. ↑5 bis 7 Erstelle mithilfe des Textes eine Abbildung für das Frühjahr.

2 Die Verteilung von Sauerstoff und Kohlenstoffdioxid im Frühjahr zeigt Abbildung 8. Zeichne entsprechende Diagramme für die anderen Jahreszeiten.

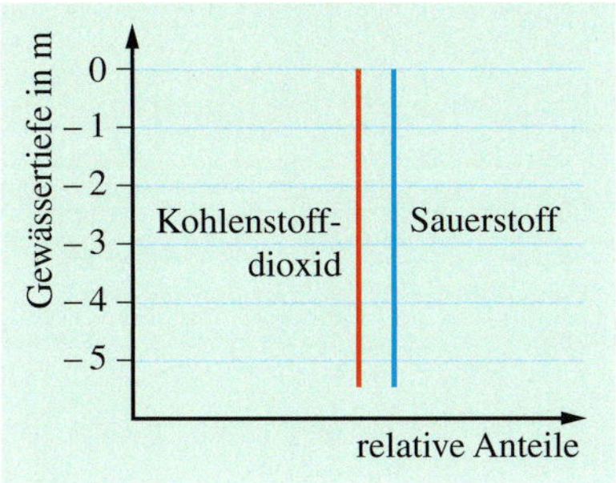

8

3 Beschreibe die Lebensvorgänge im See, die für die jeweiligen Verteilungen von Sauerstoff, Kohlenstoffdioxid und Mineralstoffen verantwortlich sind.

4 Führe folgenden Versuch durch: Vermische etwas Tinte mit Wasser und stelle farbige Eiswürfel her. Gib nun einen Eiswürfel in ein Glas mit Wasser und beobachte. Erkläre deine Beobachtungen. Welcher Vorgang wird hier modellhaft beschrieben?

Ein Ökosystem verändert seine Struktur

Bei einer Exkursion durch den Bruchwald im Schaalsee-Naturreservat werden die Schüler gebeten, Unterschiede zu einem Mischwald zu nennen. Den Schülern fallen der feuchte, torfige Boden und kleinere Wasserstellen mit Schilf und Wasserlinsen auf, zudem ist ein lautes Froschquaken zu vernehmen. Die Leiterin erklärt, dass „Bruch“ sumpfiges Gebiet bedeutet, und klärt die Schüler über die Entstehung eines Bruchwaldes auf ...

1 Erlenbruchwald

Beobachten Untersuchen Experimentieren

Ein See verlandet

1 Bringe die Abbildungen in die richtige Reihenfolge.

2 Vervollständige die Lückentexte A – D in deinem Heft und ordne sie den Abbildungen zu.

3 Eine weitere Möglichkeit der Verlandung stellt das Moor dar. Informiere dich über die Bedingungen, unter denen ein Moor entsteht, und vergleiche die Moorbildung mit der Bruchwaldbildung.

2

3

C

Der Untergrund aus Schilftorf eignet sich nun für die ersten Pflanzen des Bruchwaldes. ... Torf bildet sich aus und Erlen siedeln sich an. Der Erlen-Eschenwald bietet schließlich das Endstadium, der See ist verlandet.

4

D

Das hohe Nährstoffangebot führt zu stärkerem ..., weshalb mehr ... den See bevölkern. Der See enthält mehr Biomasse, die nicht mehr vollständig abgebaut werden kann und sich ... ansammelt. Nach einigen Jahren können ... im gesamten See wachsen. Ihre tote Biomasse erhöht ebenfalls das Sediment, zudem wird der See ... (eutroph).

A

Der See wird immer ... und der ... ragt weiter in den See hinein. Abgestorbene Pflanzenreste tragen zu einer weiteren ... bei.

B

Der nährstoffarme (oligotrophe) See wird durch den Eintrag von Pflanzenresten (Laub) und Tierkadavern, die von ... abgebaut werden, immer nährstoffreicher.

5

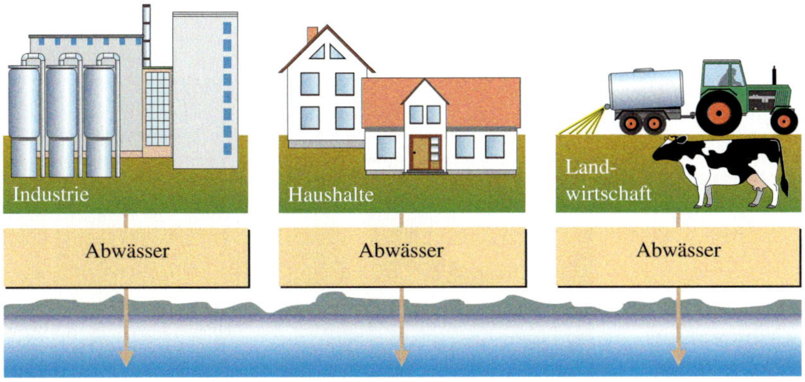

6 Ursachen der künstlichen Eutrophierung

Eutrophierung durch menschliche Aktivitäten Der starke Nährstoff- und Mineralsalzeintrag durch Abwässer und Düngemittel kann den natürlichen Verlandungsprozess so beschleunigen, dass der See aus dem Gleichgewicht gerät und das ganze Ökosystem zusammenbricht.
Es kommt zu einer Algenblüte, einem extremen Algenwachstum, das durch die große Menge an Mineralsalzen, insbesondere Phosphat, bedingt ist. Das Licht kann die Tauchblattpflanzen nicht mehr erreichen, sie sterben ab. Der Sauerstoffgehalt sinkt dramatisch, da zum einen weniger Fotosynthese betrieben wird und zum anderen die Destruenten für den Abbau der großen Mengen organischen Materials viel Sauerstoff benötigen. Bei Sauerstoffmangel ersticken viele Tiere: Die tote Biomasse nimmt weiter zu und Fäulnisbakterien, die keinen Sauerstoff benötigen, übernehmen den Abbau. Sie produzieren allerdings giftige Faulgase. Die wenigen noch vorhandenen Lebewesen sterben ebenfalls ab, das Gewässer ist „umgekippt“. Da die Bedingungen im umgekippten See lebensfeindlich sind, erscheint er wegen der fehlenden Bewohner klar und sauber, stinkt aber wegen der Faulgase.

7 Ein See kippt um.

Kurz und knapp **Die Zunahme des Nährstoffgehalts in Gewässern bezeichnet man als Eutrophierung. Als natürlicher Vorgang führt sie zur Verlandung stehender Gewässer, da mehr organische Stoffe produziert werden, als von den Destruenten abgebaut werden können. Durch Umweltverschmutzung wird der Vorgang stark beschleunigt, sodass der See völlig aus dem Gleichgewicht geraten kann und schließlich „umkippt“.**

Arbeitsaufträge

1 Begründe, weshalb die Eutrophierung ein natürlicher Vorgang ist. Erkläre mit eigenen Worten die Wandlung eines Sees zum Wald.

2 Erkläre, warum in flachen Baggerseen und Weihern die Eutrophierung viel schneller voranschreitet als in tiefen Seen.

3 Erkläre, warum lange und heiße Sommer die Eutrophierung beschleunigen.

4 Informiere dich über die „Teenager“-Moorleiche „Moora“ aus Nienburg. Bereite ein Referat vor.

5 Erkläre die Karikatur zum umgekippten See. ↑7

6 Mit welchen Maßnahmen kann jeder Einzelne zum Gewässerschutz beitragen? Frage auch deine Eltern und Nachbarn.

7 Welche Folgen hat die Eutrophierung eines Gewässers für den Menschen? Denke an die Nutzungsmöglichkeiten von Stillgewässern in deiner Umgebung.

Methode

Gewässeruntersuchung

Um ein möglichst vollständiges Bild eines Gewässers zu gewinnen, werden Gewässeruntersuchungen durchgeführt und dokumentiert. So kann der jeweilige Zustand des Gewässers beurteilt oder eine Entwicklung beobachtet werden.

1 Artenliste

Zunächst werden alle Pflanzen und Tiere bestimmt, die dort in der Umgebung vorkommen. Das Ergebnis ist eine Artenliste, die mit anderen Gewässern oder Angaben aus der Literatur verglichen werden kann. So könnt ihr „euer" Gewässer einordnen.

Material: Bestimmungsliteratur, Schnappdeckelgläser, Lupen, Becherlupen, Digitalkamera, Zeichenmaterial, Kompass

Hilfreich ist es, sich in Gruppen aufzuteilen, einen Umgebungsplan zu zeichnen und für alle verfügbar zu machen. Notiert dann jeweils Artbezeichnung und Fundort der Pflanzen und Tiere auf dem Plan.

Name: Jan Köster
Klasse: 7a   Datum: 9. 5. 2007

Tiere	Fundort
Krebse:	
Bachflohkrebs	Uferzone
Wasserassel	Uferzone
Insekten:	
Libelle: Mosaikjungfer	Schilfgürtel
Florfliege	Ufergestrüpp
Amphibien:	
Teichfrosch	Schilfgürtel
Pflanzen:	
Schilfrohr	Schilfgürtel
Wasserlinse	Wasseroberfläche, Uferbereich

1 Beispiel einer Artenliste

Sichttiefe	Trübungsgrad des Wassers
0,5 m bis 1,5 m	stark getrübt
1,5 m bis 3,0 m	mittel bis schwach getrübt
3,0 m bis 6,0 m	fast klar bis klar

2 Bestimmung der Sichttiefe

2 Sichttiefe

Um den Zustand eines Gewässers einschätzen zu können, wird die Sichttiefe bestimmt. Sie gibt Auskunft über den Grad des Bewuchses mit Algen und schwankt jahreszeitlich bedingt.

Material: Schnur (etwa 10 m), Metallteller oder weißer Plastikteller mit Gewichten

Wähle sinnvolle Maßeinheiten und knüpfe in den entsprechenden Abständen Knoten in die Schnur. Befestige die Scheibe an der Schnur und lass sie von einem Steg oder Boot aus ins Wasser ab. Bestimme die Wassertiefe, in der du die Scheibe gerade noch erkennen kannst.

3 Sauerstoff- und Temperaturmessung

Miss die Temperatur mit einem Thermometer in verschiedenen Zonen und verschiedenen Tiefen. Überlege, wie du das Thermometer in entsprechende Tiefen bringen und die Temperatur dort messen kannst.

Material: Thermometer und Set oder Gerät zur Sauerstoffmessung

Bestimme den Sauerstoffgehalt des Wassers aus unterschiedlichen Tiefen. Verfahre nach Anleitung des vorhandenen Sets oder Geräts. Wie stehen Temperatur und Sauerstoffgehalt miteinander in Beziehung? Begründe deine Vermutung.

4 Mikroskopische Untersuchungen von Kleinstlebewesen

Gebraucht werden Wasserproben von unterschiedlichen Stellen, beispielsweise von Uferschlammbereichen oder Freiwasserbereichen verschiedener Tiefen. Notiere die Herkunft der Wasserprobe im Protokoll.

3 Beobachtung mit dem Mikroskop

Material: kleine Gefäße mit Deckel, Planktonnetze oder Teesiebe, Mikroskop, Objektträger, Deckgläschen, Watte, Pipette, Fließtücher oder Taschentücher

Stelle ein mikroskopisches Präparat her. Lege ein wenig zerzupfte Watte auf den Objektträger, um die Bewegung der Tiere zu verlangsamen. Vergleiche deine Funde mit den Organismen in der Abbildung 4.

5 Gesamtauswertung

Haltet eure Ergebnisse in einem ausführlichen Protokoll fest. Die Protokolle können bebildert und zu einer Wandzeitung zusammengestellt werden.

Zu einer Gesamtauswertung könnt ihr ein vorläufiges Nahrungsnetz erstellen. Ihr könnt eure Untersuchungen auch zu anderen Jahreszeiten wiederholen und die Ergebnisse miteinander vergleichen.

4 Häufige Klein- und Kleinstlebewesen stehender Gewässer

Gewässer in Gefahr – Schutzmaßnahmen 062-1

„Für die flüssigen und festen Abgänge ist der Rhein eben doch der beste Beseitiger." Dieser Meinung waren Gutachter der Chemiefabrik Sandoz bei Basel im Juli 1885 und genehmigten die Zufuhr von Chemikalien in den Rhein. Auch andere Firmen entsorgten über diesen Weg ihre Abfälle und belasteten die Gewässer dadurch erheblich. Erst ein schwerer Chemieunfall 1986 im Chemiewerk der Firma Sandoz, der das Leben im Rhein auf einer Strecke von 100 Kilometern auslöschte, führte zu einem Umdenken in Politik und Wirtschaft.

1 Die Sandoz-Katastrophe

2 Springender Lachs

Schon gewusst? 062-2

Die biologische Reinigung von Wasser kann auch von Schilfbeeten geleistet werden. Solche Pflanzenkläranlagen müssen kaum gewartet werden und sind eine gute Alternative für abgelegene Bauernhöfe.

Gewässerschutz Bis heute wurde viel unternommen, um unsere Gewässerökosysteme zu renaturieren und zu stabilisieren. Es gelten strenge Regelungen für die Einfuhr von Schadstoffen in Flüsse und Seen und man achtet auf naturnahe Bepflanzung. Uferbefestigungen und Begradigungen aus Beton wurden entfernt und Kläranlagen in der Nähe von Industrie und Landwirtschaft gebaut. Die Wasserqualität soll so weit verbessert werden, dass früher heimische Arten wie der Lachs zurückkehren können. Das Projekt „Lachs 2000" hat sich dieses ehrgeizige Ziel gesetzt und kann bereits Erfolge aufweisen.
Stillgewässer, die kurz vor dem Umkippen stehen, werden mit teuren Maßnahmen wie der Belüftung der Tiefenzone und dem Ausgraben des Sediments saniert.

Abwasserreinigung Die Reinigung der Abwässer dient dem Schutz unserer Gewässer, denn unsere Flüsse und Seen würden trotz ihrer Fähigkeit zur Selbstreinigung unter der Belastung mit Industrie- und Haushaltsabwässern zusammenbrechen. Alleine die Haushalte in Hannover produzieren täglich 180 Millionen Liter Schmutzwasser!

Kläranlage Eine Kläranlage ist in mindestens zwei Stufen gegliedert. Die erste Stufe umfasst die mechanische Reinigung. Ein Rechen hält zunächst die gröbsten Verunreinigungen zurück. Im sich anschließenden Sandfang wird das Wasser mit geringer Geschwindigkeit geführt, sodass sich Sand und Kies absetzen können. Gleichzeitig werden Fette und Öle von der Oberfläche abgeschöpft. Im Vorklärbecken setzt sich schließlich organischer Schlamm ab, der direkt zu den Faultürmen geleitet wird.
Im Belebtschlammbecken beginnt die zweite Stufe, die biologische Reinigung. Hier wird die Selbstreinigungskraft der Gewässer nachgeahmt: Mikroorganismen bauen organische Stoffe mithilfe von Sauerstoff ab. Im Nachklärbecken setzt sich der Belebtschlamm ab, der ebenfalls in die Faultürme transportiert wird. Der Schlamm wird in den Faultürmen weiterverarbeitet und als Energieträger oder Düngemittel genutzt. Das gereinigte Wasser gelangt entweder in Flüsse und Seen oder, vor allem in industriereichen Gegenden, in die sich anschließende dritte Stufe, die chemische Reinigung. Hier werden umweltgefährdende Stoffe abgefangen.

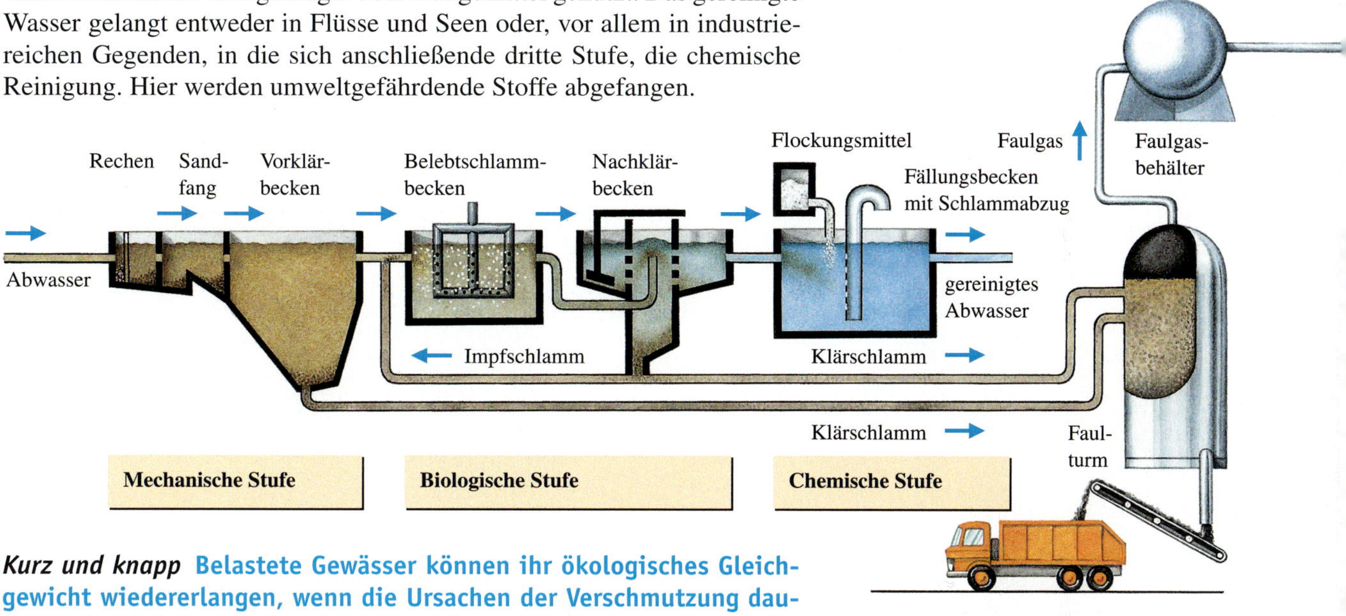

3 Schema einer Kläranlage

Kurz und knapp **Belastete Gewässer können ihr ökologisches Gleichgewicht wiedererlangen, wenn die Ursachen der Verschmutzung dauerhaft beseitigt werden und durch geeignete Maßnahmen der natürliche Zustand wiederhergestellt wird.**

Arbeitsaufträge

1 Erkläre die Wirkungen der im Text genannten Gewässerschutzmaßnahmen auf das Ökosystem.

2 Was will man durch das Belüften und Ausgraben von Gewässern erreichen?

3 Informiere dich im Internet genauer über die Vorgänge in einer Kläranlage und bereite ein Referat dazu vor. *Tipp:* Einige Klärwerke bieten auf ihrer Homepage virtuelle Rundgänge. 063-1

4 Projekt: Informiere dich über Wasserschutzgebiete in deiner Umgebung. Folgende Anhaltspunkte sind denkbar: Wodurch wurden die Gewässer gefährdet? Gibt es dort bedrohte Tier- und Pflanzenarten, die nun erhalten werden? Vielleicht kannst du ja auch aktiv an einem Schutzprojekt mitarbeiten.

4 Blick auf eine Kläranlage

5 Viele Gewässer werden von Menschen als Erholungsgebiete genutzt. Stelle Verhaltensregeln auf, die dem Schutz dieser Gewässer und ihrer Pflanzen- und Tierwelt dienen.

Aspekte

1 Ökosysteme auf der ganzen Erde werden durch menschliche Aktivitäten tief greifend verändert. Werden die Regenwälder und die in ihnen lebenden Tierarten bald ganz verschwunden sein?

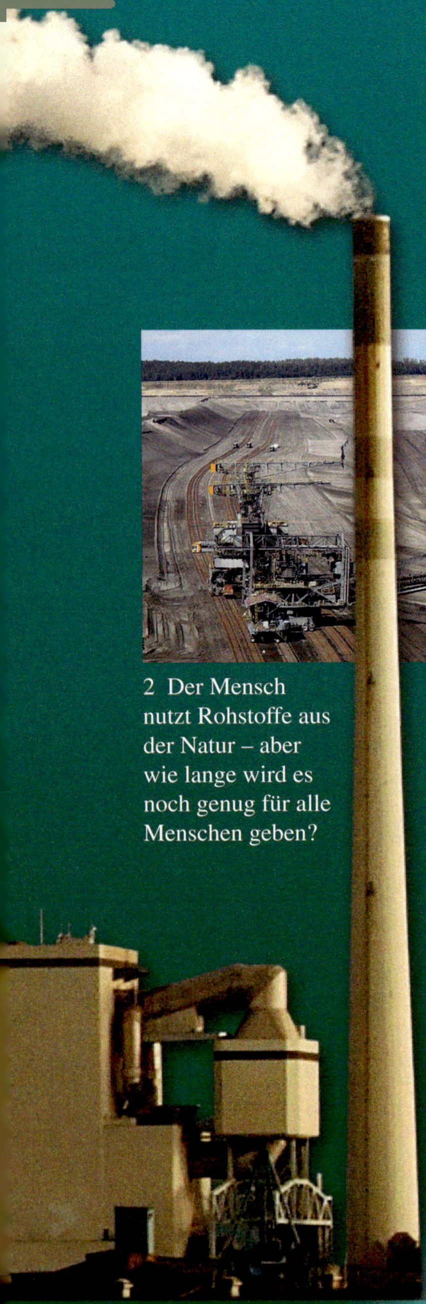

2 Der Mensch nutzt Rohstoffe aus der Natur – aber wie lange wird es noch genug für alle Menschen geben?

Der Mensch verändert die Biosphäre ...

3 Der Mensch verschmutzt Wasser und Luft. Welche Folgen ergeben sich daraus?

4 Verändert der Mensch das Klima?

5 In zoologischen Gärten werden selten gewordene Arten wie diese Amurleoparden gezüchtet. Können Arten so vor dem Aussterben gerettet werden?

6 Ehemalige Braunkohlentagebaureviere werden rekultiviert. „Werden dadurch neue Lebensräume geschaffen?“, fragen sich Schülerinnen und Schüler während einer Exkursion in einer Bergbau-Folgelandschaft.

... und übernimmt Verantwortung für sie

7 Kann die Schaffung von Naturschutzgebieten das Artensterben stoppen? Welche Lebensräume sollten unter Schutz gestellt werden?

8 Der Mensch ist Konsument und die Natur ist seine Lebensgrundlage. In Deutschland wird mehr als die Hälfte der Landesfläche landwirtschaftlich genutzt. Wird die Natur vom Menschen übernutzt?

Der Mensch ist Teil der Natur. Ohne die Natur kann der Mensch nicht leben. Alle Lebewesen haben eine Bedeutung für den Menschen, ob als Nahrungsmittel, als Vorbild für technische Anwendungen oder als Lieferanten für medizinische Wirkstoffe. Obwohl die natürlichen Ressourcen unsere Lebensgrundlage sind, belasten wir Luft, Wasser und Boden mit Schadstoffen und nehmen Tieren und Pflanzen den Lebensraum. Nur ein nachhaltiger Umgang mit der Natur kann gewährleisten, dass die natürlichen Lebensgrundlagen bewahrt werden.

Treibhauseffekt und Klimawandel

Seit wenigen Jahren kommen bestimmte Zugvogelarten zwei bis elf Tage früher aus ihren Winterquartieren zurück. Dies wird für Arten, die später zurückkehren, zum Problem, weil dann alle Nistplätze besetzt sind oder das Nahrungsangebot nicht mehr ausreicht. Wissenschaftler bringen dieses Phänomen mit dem Klimawandel in Verbindung.
Was ist der Klimawandel? Welche Folgen hat er für die Natur?

1 Störche im Schnee

Beobachten Untersuchen Experimentieren

Die Erde erwärmt sich
Seit Jahrtausenden schwankt die Temperatur der Erde. Eiszeiten wurden von warmen Zeiten abgelöst und umgekehrt. In den letzten Jahren beobachten Wissenschaftler eine viel stärker als früher ansteigende Temperaturkurve. Sie behaupten, dass die Ursache im Verhalten der Menschen zu suchen sei.

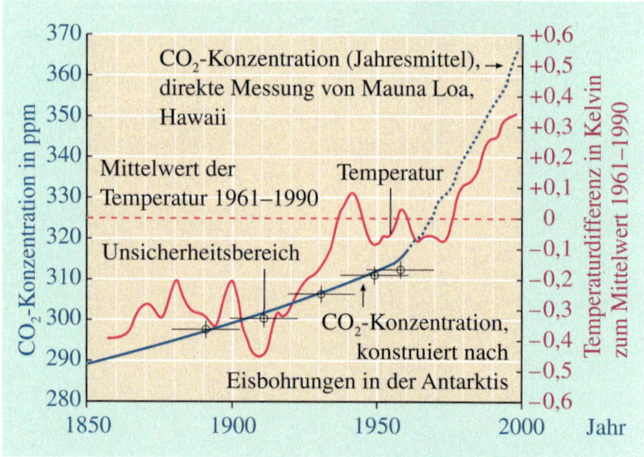

2 Veränderung der Kohlenstoffdioxidkonzentration in der Atmosphäre sowie Temperaturveränderung

1 Beschreibe anhand der Abbildung 2 die Entwicklung der Kohlenstoffdioxidkonzentration in der Atmosphäre. Beschreibe dann die Veränderung der Jahresmitteltemperatur. Erkläre den Zusammenhang.

2 Den Treibhauseffekt untersuchen

a Schneidet je ein kleines Loch in die Seitenwände von zwei gleich großen Schuhkartons und stellt sie in die Sonne. Ein Karton wird mit einer Glasscheibe zugedeckt, der andere bleibt offen. Messt eine halbe Stunde lang mit einer Temperatursonde durch die Öffnungen die Temperatur in beiden Kartons im Abstand von 5 Minuten. Haltet eure Ergebnisse in einer Tabelle fest.

b Wertet die Ergebnisse aus und versucht sie zu erklären.

c Erläutert, warum Pflanzen in Gewächshäusern herangezogen werden.

Natürlicher Treibhauseffekt und seine Verstärkung 066-1

In Treibhäusern durchdringt das Sonnenlicht die Glaswände, die rückgestrahlte Wärme staut sich unter dem Dach, es wird schwülwarm. Diese Verhältnisse lassen sich auch auf die Erde übertragen. Etwa 30 Prozent der Sonnenenergie werden durch Wolken, Partikel in der Atmosphäre und von der Erdoberfläche reflektiert. Die ver-

bleibenden 70 Prozent werden von der Atmosphäre und der Erdoberfläche in Form von Wärme gespeichert. Ein Teil davon gelangt vor allem nachts als Wärmestrahlung wieder in den Weltraum. Von den klimawirksamen Gasen wird die Strahlung zum Teil absorbiert und erdwärts reflektiert. ↑3 Ohne den natürlichen Treibhauseffekt läge die durchschnittliche Temperatur auf der Erde bei –20 °C.
Durch den zunehmenden Ausstoß an Kohlenstoffdioxid (CO_2) und anderen klimawirksamen Gasen ↑4 wird der natürliche Treibhauseffekt verstärkt: Die Erderwärmung nimmt zu. Im Weltklimabericht der Vereinten Nationen schätzten Wissenschaftler, dass es im Jahr 2100 auf der Erde zwischen 1,1 bis 6,4 °C wärmer sein wird als heute.

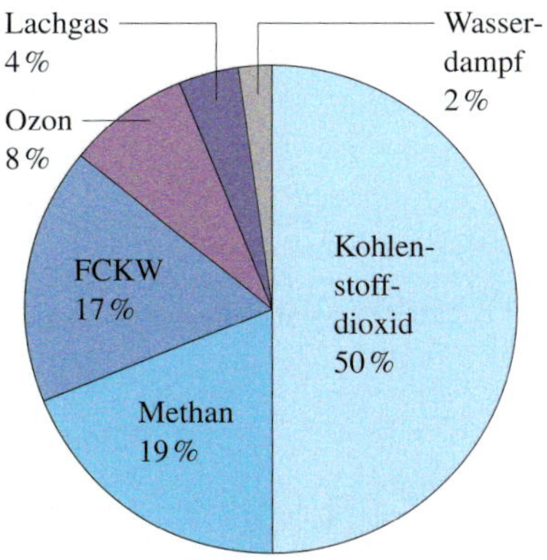

4 Anteil der am Treibhauseffekt beteiligten Gase in der Atmosphäre

Nachweis des Klimawandels Mithilfe von Eisbohrkernen kann die Temperatur über Hunderttausende von Jahren nachvollzogen werden. ↑5 Die Untersuchung der Gaseinschlüsse und der Dicke der Eisschichten zeigt, dass es in der Erdgeschichte viele Temperaturschwankungen gab, jedoch keinen so schnellen Temperaturanstieg wie in den letzten Jahren. Auch die Menge des Kohlenstoffdioxids in den einzelnen Schichten der Bohrkerne zeigt, dass der Anteil an Kohlenstoffdioxid in der Atmosphäre in den letzten Jahren rasant angestiegen ist.
Die Untersuchungen haben bestätigt, was viele Wissenschaftler vor ein paar Jahren noch für unsicher hielten: Der Mensch trägt durch den Ausstoß von Kohlenstoffdioxid zur Erwärmung der Erde bei.

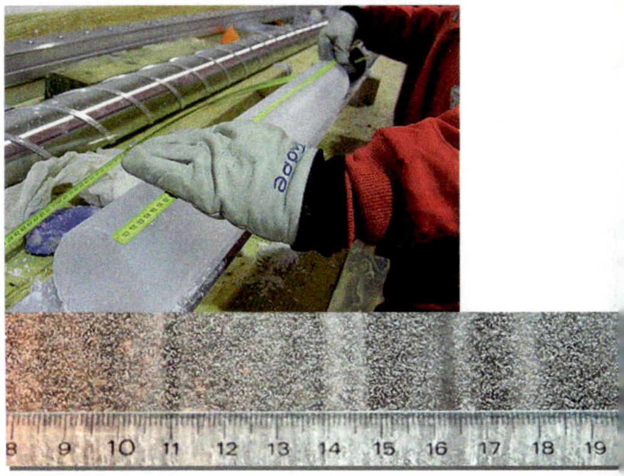

5 Eisbohrkern

Kurz und knapp **Der natürliche Treibhauseffekt sorgt für Temperaturen, die das Leben auf der Erde ermöglichen. Durch menschliche Aktivitäten nimmt die Konzentration von klimawirksamen Gasen und insbesondere von Kohlenstoffdioxid zu. Dadurch wird der Treibhauseffekt verstärkt und die Temperatur auf der Erde steigt an.**

Arbeitsaufträge

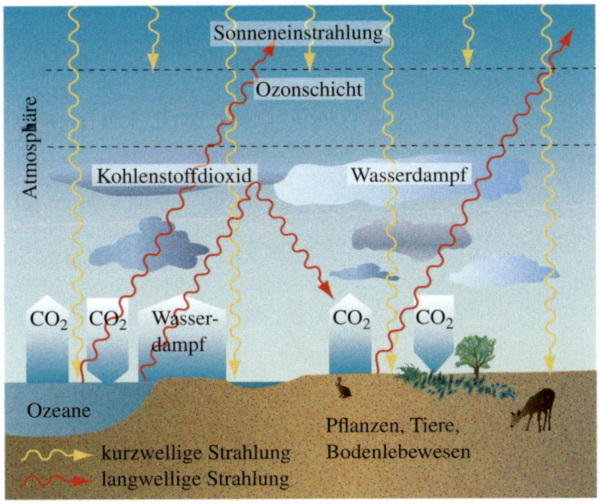

3 Natürlicher Treibhauseffekt

1 Auch die Erde funktioniert wie ein Treibhaus. Erläutere anhand von Abbildung 3 den „Treibhauseffekt" in einem kurzen Text. Verwende dazu folgende „Textbausteine": kurzwellige Strahlung, Reflexion der Strahlung, Umwandlung der kurzwelligen in langwellige Strahlung, Atmosphäre, CO_2 gelangt in Atmosphäre, Atmosphäre erwärmt sich.

2 Erkläre, auf welche Weise der natürliche Treibhauseffekt verstärkt wird.

3 Übertrage Abbildung 3 als Skizze in dein Heft und ergänze den vom Menschen verursachten zusätzlichen Treibhauseffekt.

Folgen des Klimawandels für die Natur

1 Flutkatastrophe

Folgen für den Menschen Die Temperaturerhöhung auf der Erde führt dazu, dass das Eis an den Polkappen (Eisschilde) und die Gletscher weltweit schmelzen und der Meeresspiegel steigt. Der Weltklimabericht spricht von einem Anstieg von 19 bis 59 cm bis zum Jahr 2100. Das heißt, dass Länder, deren Küsten knapp über Meeresspiegelhöhe liegen, wie Bangladesch oder Indien, stark von Überflutungen bedroht sind. Höhere Temperaturen können auch Meeresströmungen verändern. Und weil diese das Klima auf den Kontinenten bestimmen, sind die Auswirkungen auch andernorts zu spüren. Veränderte Wind-, Niederschlags- und Temperaturverhältnisse sind die Folge. Starke Stürme werden vermutlich häufiger, in anderen Regionen wird mit großer Trockenheit und Dürre gerechnet. Vor allem arme Länder sind betroffen: Sie liegen in Regionen, die besonders häufig von Naturkatastrophen heimgesucht werden. Zudem fehlt dort Geld für Schutzmaßnahmen wie Dämme. Ernteausfälle und der Wiederaufbau nach Zerstörungen können kaum bewältigt werden.

Folgen für die Ökosysteme Aufgrund der sich schnell verändernden Klimabedingungen wandeln sich die Lebensräume innerhalb kurzer Zeit, was dazu führt, dass sich wärmeliebende Tier- und Pflanzenarten in polnäheren Regionen ansiedeln und einheimischen Arten Konkurrenz machen. Nicht alle Arten können ausweichen oder sich schnell genug neue Lebensräume erschließen. Wissenschaftler rechnen daher mit einem rasanten Artensterben. Auf der anderen Seite hat das Aussterben einer Tier- oder Pflanzenart Folgen für das übrige Ökosystem. Verschwindet etwa die Blaubeere in den deutschen Mittelgebirgen, wird der Auerhahn in seinem Bestand bedroht, weil eine seiner wichtigen Nahrungsquellen fehlt.

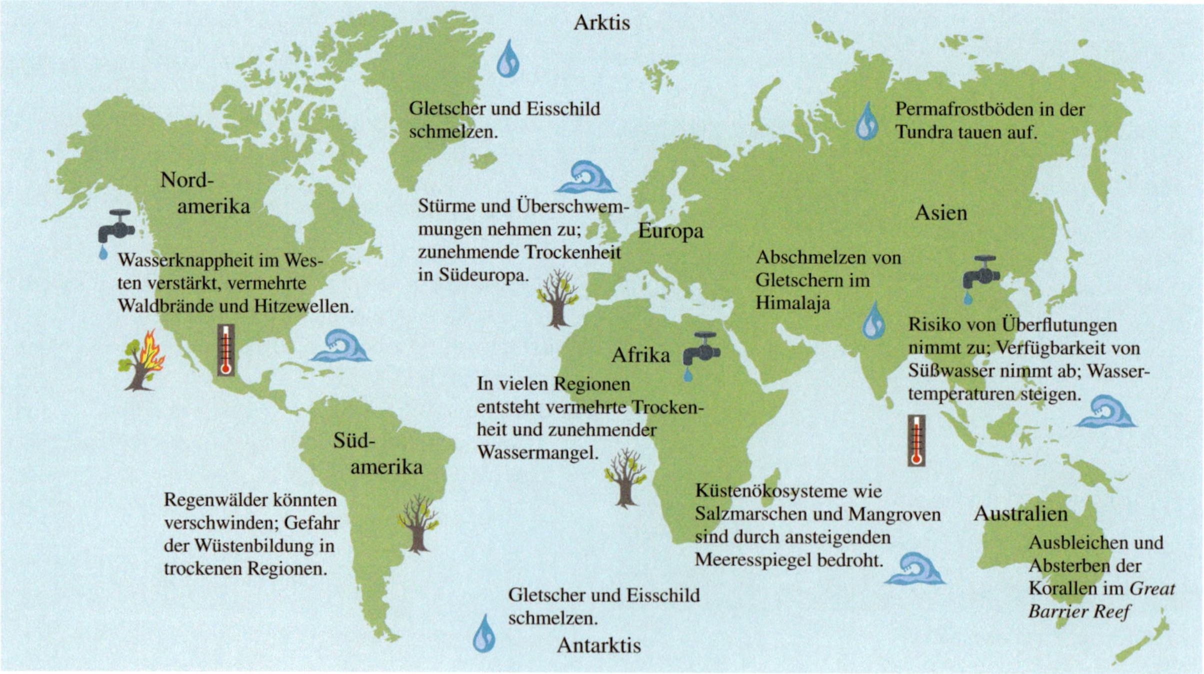

2 Einige der möglichen Folgen des Klimawandels

Wie wir den Klimawandel aufhalten könn(t)en Im Jahr 1997 fand in Kioto in Japan eine Konferenz statt, bei der alle Nationen der Welt teilnahmen und berieten, wie dem Klimawandel begegnet werden kann. Im Kioto-Protokoll verpflichten sich die unterzeichnenden Staaten, ihre CO_2-Emissionen, also den Ausstoß von Kohlenstoffdioxid, sowie den Ausstoß anderer klimawirksamer Gase bis zum Jahr 2012 um durchschnittlich 5,2 Prozent unter den Wert der CO_2-Emission von 1990 zu senken. Dabei müssen die reichen Länder, die meist auch Hauptverursacher sind, ihren Ausstoß stärker senken als Entwicklungsländer. Deutschland strebt eine Minderung von 21 Prozent an. Ob dies den Klimawandel aufhalten kann, ist fraglich. Dennoch ist es wichtig, CO_2-Emissionen – das heißt vor allem den Verbrauch von Energie aus Erdöl und Erdgas – einzusparen.

Kurz und knapp **Der bereits eingesetzte Klimawandel hat drastische Folgen für die Erde und deren Bewohner. Unter anderem wird mit Überschwemmungen, vermehrten Stürmen und Dürren gerechnet. Die Ökosysteme können sich nicht schnell genug an die Veränderungen anpassen. Daher werden vermutlich viele Arten aussterben.**

Arbeitsaufträge

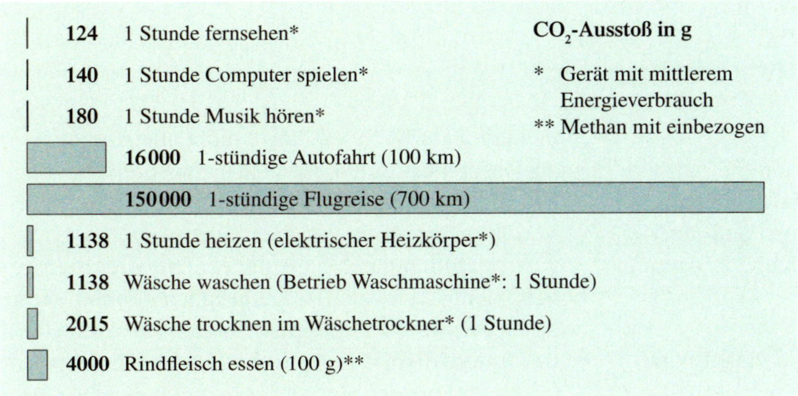

3 CO_2-Bilanz verschiedener Tätigkeiten

1 Erläutere anhand von Abbildung 2 die Folgen des Klimawandels in den verschiedenen Erdteilen. Beschreibe die Auswirkungen auf Ökosysteme und den Menschen.

2 Der Kuckuck als Langstreckenzieher könnte die Folgen des Klimawandels stark zu spüren bekommen. Im Gegensatz zu Kurzstreckenziehern, zu denen seine wichtigsten Wirtsvögel gehören, kann er nicht früher als sonst in sein Brutrevier zurückkehren. Erläutere die Folgen für den Kuckuck.

3 Eine CO_2-Bilanz stellt dar, wie viel CO_2 für die Herstellung eines Produkts oder bei einer Tätigkeit insgesamt entsteht. ↑3

a Ermittelt mithilfe der Abbildungen 3 und 4, welche eurer Aktivitäten einen hohen CO_2-Ausstoß verursachen. Entwickelt Ideen, wie ihr selbst CO_2 einsparen könnt. Diskutiert eure Ideen in der Klasse.

b In Abbildung 4 ist dem gesamten CO_2-Ausstoß von 11 Tonnen die verträgliche Menge von 2,5 Tonnen gegenübergestellt. Erkläre.

c Wie kann die Schule ihre CO_2-Bilanz verbessern? Überlegt euch in Gruppen verschiedene Projekte, stellt diese der Klasse vor und diskutiert über deren Wirksamkeit und Umsetzbarkeit.

4 Man kann zwischen wertenden (normativen) und sachlich beschreibenden (deskriptiven) Aussagen unterscheiden. Finde jeweils zwei Beispiele im Text auf dieser Seite.

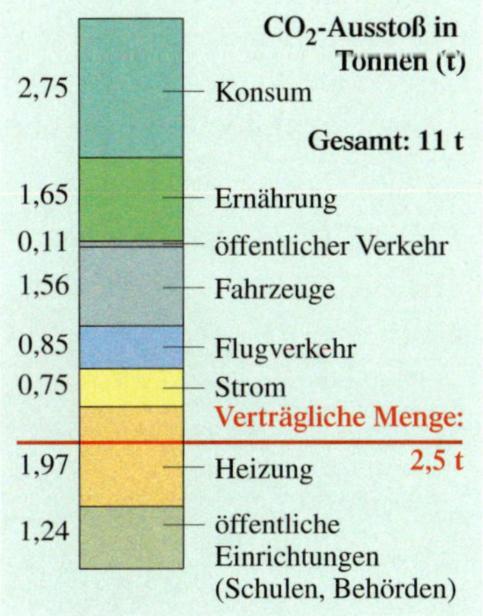

4 Durchschnittlicher CO_2-Ausstoß eines Bundesbürgers

Biodiversität – Schätze der Erde

Tom liest in der Zeitung: „Seeadlerpaar in NRW niedergelassen." Er denkt sich: „Seeadler finde ich ja sehr interessant, aber warum handelt es sich hier um eine Sensation?" Als Tom weiterforscht, lernt er, dass Seeadler vor 25 Jahren kurz vor dem Aussterben standen. Heute hat sich die Art aufgrund verschiedener Schutzmaßnahmen erholt. Über 300 Brutpaare leben wieder in Deutschland.
Warum sterben so viele Tier- und Pflanzenarten aus? Wie können Arten geschützt werden?

1 Seeadler

Beobachten Untersuchen Experimentieren

Biologische Vielfalt
Unter Biodiversität versteht man nicht nur die Artenvielfalt, das heißt die Anzahl verschiedener Arten, sondern ebenso die Vielfalt an Lebensräumen und die Vielfalt an verschiedenen Individuen innerhalb der Arten.

1 Werte die Abbildungen 2 und 3 aus.
2 Nenne mögliche Ursachen, warum so viele Pflanzen- und Tierarten auf der Welt vom Aussterben bedroht sind.
3 Bis heute wurden knapp 2 Millionen verschiedene Arten von Lebewesen beschrieben. Wissenschaftler meinen, dass wir noch längst nicht alle Arten entdeckt und bestimmt haben. Manche sprechen von 3,6, manche sogar von 112 Millionen Arten. Stelle Vermutungen an, in welchen Lebensräumen es wahrscheinlich noch viele unbekannte Tierarten geben könnte. Zu welchen Tiergruppen könnten diese Arten gehören? ↑2 Begründe deine Antworten.
4 Informiere dich, was die Rote Liste gefährdeter Arten ist und welche Gefährdungsstufen es gibt.
5 Diskutiere mit einem Partner: Kommt es auf eine Mückenart weniger an? Beziehe die Information auf Seite 71 mit ein.

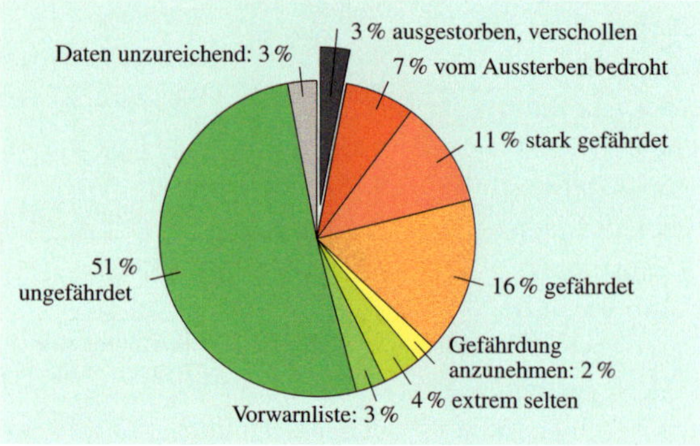

2 Gefährdungsstufen der Tier- und Pflanzenarten

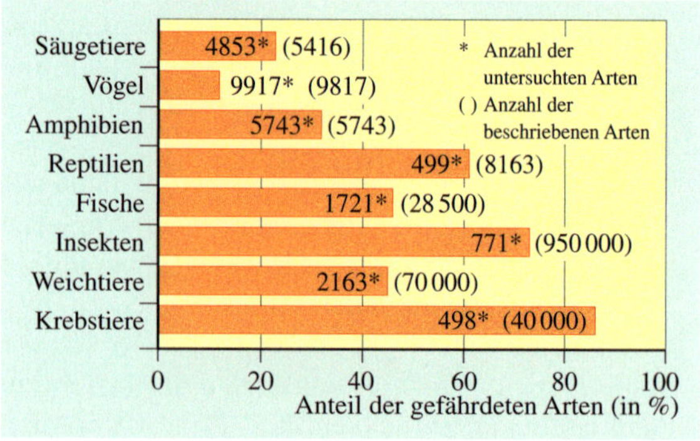

3 Anteile der gefährdeten Arten innerhalb verschiedener Tiergruppen

Bedrohung der Biodiversität

Ursache des Artensterbens Wenn eine Art ausstirbt, hat dies oft Auswirkungen auf das Ökosystem, in dem die Art gelebt hat. So fällt mit dem Aussterben einer bestimmten Pflanzenart die vielleicht einzige Nahrungsquelle für eine Schmetterlingsart weg, die wiederum Nahrung für eine Vogelart ist. Wenn sich keine neuen Nahrungsquellen auftun, ist diese Vogelart langfristig ebenfalls bedroht. Hauptursachen des Artensterbens sind neben der Zerteilung und vollständigen Zerstörung von Lebensräumen die Verschmutzung von Wasser, Boden und Luft, die Übernutzung von Lebensräumen, besonders der Meere, die Jagd, der Raubbau, der Klimawandel und das Einschleppen fremder Arten. So haben nach Neuseeland eingeführte Katzen die dort lebenden Bodenvögel wie den Kakapo, die natürlicherweise keine Fressfeinde kennen, fast zum Aussterben gebracht. ↑4

4 Der Kakapo, ein flugunfähiger Papagei in Neuseeland. Heute gibt es noch etwa 100 Individuen dieser Art.

Wert der Artenvielfalt Bei manchen Arten wie Nutztieren ist der wirtschaftliche Wert offensichtlich. ↑5 Aber auch Arten, die nicht genutzt werden und unscheinbar sind, haben selbstverständlich einen Wert, der sich aber nicht messen lässt. Der Schutz von Arten und Lebensräumen ist nicht zuletzt auch für das Überleben des Menschen unerlässlich.

5 Der Wert der Vielfalt

Kurz und knapp **Fast die Hälfte aller Arten ist gefährdet oder vom Aussterben bedroht. Da die Artenvielfalt einen großen Wert darstellt, müssen Maßnahmen zum Artenschutz verstärkt werden.**

Arbeitsaufträge

1 Erläutere mithilfe von Abbildung 5 die Bedeutung der Artenvielfalt für den Menschen. Schreibe zu jedem Aspekt einen Satz.

2 Ein Forscherteam hat ausgerechnet, dass die Bestäubungsleistungen der Honigbienen für die Landwirtschaft in den USA 2,5 Milliarden Euro Wert ist. Soll der Wert von Arten und Lebensräumen in Geld aufgerechnet werden? Diskutiert in der Klasse.

3 Erstelle eine Liste mit Maßnahmen, die notwendig sind, um die biologische Vielfalt zu erhalten.

4 Informiere dich über den GEO-Tag der Artenvielfalt und wo Aktionen in deiner Umgebung stattfinden. Vielleicht könnt ihr daran teilnehmen. Diskutiert, welches Gebiet sich gut eignen würde und warum.

BIOLOGIE erlebt

072-1

Zentren der Biodiversität

1 Das Wattenmeer mit seinen Inseln zählt zu den besonders artenreichen Lebensräumen in Deutschland.

2 Der Einsiedlerkrebs bewohnt leere Schneckenhäuser.

3 Zugvögel wie der Austernfischer finden im Watt einen „reich gedeckten Tisch“.

Einige Ökosysteme der Erde sind besonders artenreich. Diese Zentren der Biodiversität sind neben den tropischen Regenwäldern wie dem Amazonasgebiet die subtropischen Savannen Afrikas, aber auch Wattgebiete oder Korallenriffe und sogar Wüsten.
Besonders gefährdete artenreiche Gebiete werden Hotspots der Biodiversität genannt. In 34 bisher als Hotspots definierten Regionen, die nur 2 Prozent der Erdoberfläche ausmachen, leben etwa 50 Prozent aller Pflanzenarten und 77 Prozent aller Wirbeltierarten. Nur ein Drittel dieser Flächen ist bisher unter Schutz gestellt.

4 Korallenriffe werden hauptsächlich von Steinkorallen gebildet. Sie bieten einer Vielzahl von Pflanzen und Tieren Lebensraum, unter anderem Algen, Schwämmen, Stachelhäutern, Krebstieren und Fischen.

5 Tropischer Regenwald

Auf einem Hektar tropischen Regenwalds können mehrere Hundert Baumarten wachsen. Ein einziger Baum ist Lebensgrundlage für Dutzende von Aufsitzerpflanzen (Epiphyten) und Hunderte von Tierarten. Mehr als die Hälfte aller Tierarten leben in den tropischen Regenwäldern, die nur 7 Prozent der Landoberfläche ausmachen.

6 Hotspots der Biodiversität

Arbeitsaufträge

1 Vergleiche die Hotspots der Biodiversität in Abbildung 6. Stelle Vermutungen an, warum gerade hier eine so große Artenvielfalt herrscht.

2 Der Lebensraum Wattenmeer steht im Interessenstreit unterschiedlicher Nutzungsansprüche.

a Finde heraus, wie der Naturraum genutzt wird, und skizziere, welche Konflikte sich durch die unterschiedlichen Ansprüche ergeben.

b Schlage Maßnahmen zum Schutz des Wattenmeers vor und begründe sie.

7 Oft leben mehrere Tierarten in der Savanne zusammen.

Tropischer Regenwald – ein gefährdeter Lebensraum

Wälder gehören zu den Ökosystemen, die am stärksten durch den Menschen bedroht sind. In den tropischen Ländern gehen jährlich etwa 90 000 Quadratkilometer Wald verloren. Das heißt: In jeder Minute wird Tropenwald in der Größe von 4 ½ Fußballfeldern zerstört.

Beobachten **Untersuchen** *Experimentieren*

074-1

Tropische Regenwälder in Gefahr
In der Stadt bekommt Paula von einer Umweltschutzorganisation einen Handzettel, auf dem vor dem Kauf von Gartenmöbeln aus Tropenholz gewarnt wird, weil das Holz vieler Gartenmöbel aus den Regenwäldern stamme. Da Paulas Eltern planen, neue Gartenmöbel zu kaufen, möchte Paula wissen, warum dies so problematisch ist und wie man den Kauf von Holz aus dem Regenwald verhindern kann.

1 Begründe, warum sich viele Umweltschutzorganisationen gegen Holz aus dem Regenwald einsetzen. Fasse die Stichpunkte auf dem Flyer in eigenen Worten zusammen. ↑1

Ursachen für die Abholzung der Regenwälder
- Tropenholz ist sehr beliebt, weil es wetterbeständig ist.
- Wertvolle Bodenschätze (Gold, Eisen, andere Erze) befinden sich im Boden der Regenwälder.
- Gewinnung von Weidefläche für die Rinderzucht. Die große Nachfrage nach Fleisch erfordert mehr Flächen für Futteranbau, besonders Soja.
- Auch für Plantagen zur Rohstoffgewinnung von Papier und Biodiesel wird Regenwald abgeholzt.

Wenn das so weitergeht, gibt es bald keinen Regenwald mehr!

Aber: Der Regenwald ist lebensnotwendig für die ganze Erde und alle Menschen, weil er
- das Erdklima bestimmt
- das Treibgas CO_2 bindet
- unvergleichlich vielen Arten Lebensraum bietet

1

2 Informiere dich im Internet, welche Holzarten aus dem Regenwald stammen und warum sie so beliebt sind.

3 Finde heraus, welche Holzarten aus Europa eine Alternative zu den Tropenhölzern darstellen, wenn es um Wetterfestigkeit geht.

4 In Baumärkten gibt es sogenanntes FSC-Holz. Welche Bedingungen muss Holz mit diesem Siegel erfüllen?

FSC ©

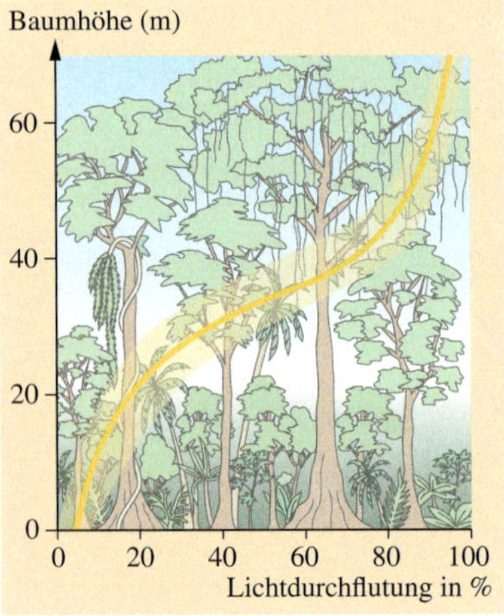

2 Stockwerkbau und Lichtverhältnisse im Regenwald

Besonderheiten des tropischen Regenwalds Der tropische Regenwald erstreckt sich zu beiden Seiten des Äquators rund um die Erde und bedeckt allein im Amazonasgebiet 3,6 Millionen Quadratkilometer, das entspricht etwa der Größe Indiens. Die hohen Niederschlagsmengen (bis zu 6 000 mm pro Jahr) und die ganzjährig hohen Temperaturen in der tropischen Klimazone bieten optimale Wachstumsbedingungen. Daher sind die tropischen Regenwälder die produktivsten Ökosysteme der Erde. Trotz des mineralstoffarmen Bodens – die Humusschicht ist nur 10 cm dick – wachsen hier auf einem Quadratkilometer allein bis zu 100 verschiedene Baumarten. Aufgrund der hohen Produktivität, ihres hohen Alters und der großen Anzahl verschiedener Kleinstlebensräume zählen tropische Regenwälder auch zu den artenreichsten Landlebensräumen.
Der Wald ist in mehrere Stockwerke gegliedert, wobei die höchsten Wipfel 70 m hoch werden können. ↑1 Das Blätterdach schließt sehr dicht und lässt nur wenig Licht auf den Boden. Viele Pflanzen wachsen daher als Aufsitzerpflanzen auf den Ästen der Bäume. Zahlreich sind auch Lianen, die im Boden wurzeln und sich empor zum Licht winden. Da kaum Regen auf den Boden gelangt und das wenige Regenwasser sofort von den Wurzeln aufgenommen wird, gibt es im Regenwald keine Gewässer am Boden. Allerdings bilden sich auf manchen Bäumen Minitümpel, die eigene Lebensräume darstellen. ↑2 und 3

Bedeutung des Regenwalds Die große Artenvielfalt im tropischen Regenwald – über die Hälfte aller beschriebenen Arten kommen hier vor – machen ihn zu einem äußerst wertvollen Ökosystem.
Die Verdunstungswolken, die über den Regenwäldern täglich aufsteigen und sich abregnen, enthalten riesige Mengen an Wasser. Sie schirmen einen großen Teil der Sonnenstrahlung ab und verhindern so stärkeres Aufheizen der Atmosphäre. Die Bäume des Regenwalds nehmen Kohlenstoffdioxid aus der Atmosphäre auf und speichern es in Form von Biomasse (Kohlenstoff). Beides wirkt sich positiv auf das Weltklima aus.

3 Pfeilgiftfrosch

Gefährdung des Regenwalds Waren ursprünglich 11 Prozent der Erdoberfläche von tropischem Regenwald bedeckt, sind es heute nur noch 5 Prozent. Hauptursachen sind der Holzeinschlag zur Gewinnung der begehrten Tropenhölzer, der Abbau von Rohstoffen wie Eisenerz und Gold sowie die Schaffung von Anbauflächen. Vielfach werden große Waldflächen abgebrannt. Allein durch Brandrodung werden pro Jahr 400 Millionen Tonnen des klimaschädlichen Gases Kohlenstoffdioxid freigesetzt. Auf ehemaligem Regenwaldgebiet entstehen dann vor allem Plantagen der Papier- und Zellstoffindustrie, Anbauflächen für Tierfutter, besonders Soja, Weideflächen für Rinder, Palmölplantagen und in letzter Zeit auch Plantagen zum Anbau von Pflanzen für Biokraftstoffe. Da der Boden im Regenwald nur eine sehr dünne Humusschicht besitzt, werden Mineralstoffe auf gerodeten Gebieten durch den Regen schnell ausgespült, sodass bald weiterer Regenwald für neue Plantagen abgeholzt werden muss. Eine Regeneration des komplexen Regenwaldökosystems ist auf den ausgelaugten Böden kaum möglich. Nur auf kleinen Flächen, wie sie von Ureinwohnern mitten im Wald genutzt werden, kann sich wieder Regenwald ausbilden.

4 Brandrodung im Regenwald

Kurz und knapp **Der tropische Regenwald beherbergt eine enorme Artenvielfalt und ist das produktivste Landökosystem. Er speichert große Mengen an Kohlenstoff und beeinflusst den globalen Wasserkreislauf. Damit trägt er ganz entscheidend zur Stabilisierung des Weltklimas bei.**

Arbeitsaufträge

1 Begründe, warum es sich beim Regenwald um ein so schützenswertes Ökosystem handelt.

2 Wähle eine Pflanzen- oder Tierart aus dem Regenwald und erörtere, wo sie im Regenwald zu finden ist und wie sie an den Lebensraum angepasst ist.

3 Nenne Möglichkeiten, wie die Samen der Aufsitzerpflanzen in höher gelegene Stockwerke des Waldes gelangen können.

4 Regenwaldbäume verlieren ihr Laub nicht auf einmal. Die Erneuerung der Laubblätter geschieht nach und nach über das ganze Jahr. Begründe.

5 Vergleiche den tropischen Regenwald und den sommergrünen Mischwald unter den Aspekten der Stockwerke und der abiotischen und biotischen Faktoren im Jahresverlauf. ↑S.14 und S.22–25

6 Finde heraus, wo Palmöl bzw. Produkte aus Palmöl Verwendung finden.

5 Die Bromelienkrabbe legt ihre Eier in Minitümpel von Aufsitzerpflanzen.

Auch einheimische Wälder sind bedroht

Waldschäden In Deutschland werden Wälder zwar zunehmend nachhaltig bewirtschaftet, doch sind die Bäume dennoch stark gefährdet. In Nordrhein-Westfalen, wo es immerhin 915 800 Hektar Waldflächen gibt – das entspricht einem Viertel der Landesfläche – sind 27 Prozent aller Bäume deutlich geschädigt.

Schadstufe 0	Schadstufe 1	Schadstufe 2	Schadstufe 3
ohne Schadmerkmale; Nadelverlust 0–10 %	schwach geschädigt; Nadelverlust 11–25 %	mittelstark geschädigt; Nadelverlust 26–60 %	stark geschädigt; Nadelverlust 61–99 %

1 Die verschiedenen Schadstufen bei der Fichte

Baumart	Bäume mit deutlichen Schäden (Schadstufen 2 und 3)
Fichte	21 %
Kiefer	20 %
Buche	25 %
Eiche	51 %

2 Waldschäden in Nordrhein-Westfalen 2008

3 Die Fichte ist ein Flachwurzler

Luftschadstoffe und saurer Regen In den 1980er Jahren sprach man erstmals vom „Waldsterben“. Auch wenn dieser Begriff heute nicht mehr verwendet wird, hat sich der Zustand des Waldes seitdem kaum verbessert. Zwar ist die direkte Schadwirkung durch den sogenannten sauren Regen auf Wälder nach neusten Forschungserkenntnissen umstritten, doch hat der niedrige pH-Wert des Regens indirekte Wirkung auf den Wald. Der saure Regen beeinflusst die Löslichkeit von Mineralstoffen im Boden, die für das Baumwachstum wichtig sind. Bäume können dann weniger Wasser und Mineralstoffe aufnehmen, was besonders bei heißen Sommern und langen Wintern zu Schäden führt. Heute werden die Schwefel- und Stickstoffoxide aus den Abgasen von Industrie, Kraftwerken und Autos, die den sauren Regen verursachen, weitgehend herausgefiltert. Die im Sommer häufig auftretenden hohen Ozonkonzentrationen beeinträchtigen jedoch ebenfalls den Wasserhaushalt der Bäume.

Stürme, Trockenheit und Schädlinge Anfang des Jahres 2007 fegte der Orkan Kyrill über Europa. Er zerstörte nicht nur Wälder, sondern kostete sogar Menschenleben. Neben dem Windbruch stellt besonders die Trockenheit der heißen Sommer eine Gefahr für den Wald dar. Durch Sturm, Trockenheit und Schadstoffe werden Bäume geschwächt, sodass sie sich schlecht gegen Schädlinge wehren können. So bedrohen die Miniermotte Kastanienbestände, der Fichtenborkenkäfer Fichten, der Frostspanner die Eichen und der Buchenspringrüssler die Buchen.

Anfälligkeit von Monokulturen Für die Holz- und Papierproduktion werden oft Reinbestände, also Monokulturen, angelegt. Das sind Wälder, die aus nur einer Baumart bestehen. ↑S.15 Meist pflanzt man Kiefern oder Fichten, die schnell und gerade wachsen und keine hohen Ansprüche an den Boden stellen. Allerdings sind Fichten- und Kiefernforste sehr anfällig für Sturmschäden, weil sie keinen Saum aufweisen. Schädlinge können sich hier aufgrund des gleichmäßigen Nahrungsangebots schnell ausbreiten. Zudem finden Fressfeinde der Schadinsekten in Monokulturen oft keinen Lebensraum.
Zur Schädlingsbekämpfung werden häufig noch Insektizide eingesetzt, die manchmal aber auch Nützlinge vernichten, zum Beispiel Insekten, die für die Bestäubung der Pflanzen der Krautschicht wichtig sind. Oft werden zur Bekämpfung auch Pheromonfallen verwendet: Sie enthalten Sexuallockstoffe bestimmter Insekten wie des Fichtenborkenkäfers. So können Schadinsekten artspezifisch bekämpft werden. ↑4

4 Pheromonfalle

Waldbrände Während im Regenwald Brände absichtlich gelegt werden, um Ackerland zu gewinnen, entstehen in Europa und Nordamerika viele Brände während der Trockenphasen oft unabsichtlich durch Lagerfeuer, heiße Motoren abgestellter Fahrzeuge, weggeworfene Zigarettenkippen oder Streichhölzer. Nur 5 Prozent der Brände haben natürliche Ursachen wie Blitzschlag. Waldbrände können aber auch, wenn sie auf eine bestimmte Fläche beschränkt sind, nützlich sein, da so Pilze und andere Schädlinge dezimiert werden.

Kurz und knapp **Unsere Wälder sind durch Luftschadstoffe, Trockenheit, Stürme und Schädlinge gefährdet. Häufig werden Monokulturen angepflanzt, die besonders anfällig für Schädlingsbefall und Sturmschäden sind.**

Schon gewusst?

Feuer kann für Pflanzen und Tiere auch nützlich sein. Manche Arten, wie der Mammutbaum in Kalifornien, öffnen erst bei Feuer ihre Zapfen. So können ihre Samen auf dem mineralstoffreichen Ascheboden keimen. Greifvögel warten manchmal vor einem brennenden Wald, um flüchtende Tiere als Beute zu schlagen. Einige Insekten wie der schwarze Kiefernprachtkäfer benötigen verbranntes Holz zur Vermehrung.

Arbeitsaufträge

1 Beschreibe die Merkmale der verschiedenen Schadstufen. ↑1 und 2
Sucht pro Schüler eine Fichte in eurer Schul- oder Wohnumgebung und schätzt ein, wie stark geschädigt der Baum ist. Tragt eure Ergebnisse zusammen. Was könnt ihr über die Schädigung der Bäume in eurer Umgebung aussagen?

2 Finde heraus, worin die Schadwirkung des Fichtenborkenkäfers besteht. ↑4

3 Erkläre, warum Monokulturen besonders anfällig für Schädlingsbefall sind.

5 Fichtenborkenkäfer und Fraßgänge

4 Erkläre, weshalb vor allem Fichtenreinbestände durch den Sturm Kyrill zerstört wurden.

5 Viele Waldflächen werden regelmäßig gekalkt. Die verwendeten Calciumverbindungen wie zum Beispiel Brandkalk (CaO) reagieren mit Wasser alkalisch. Erkläre die Bedeutung der Kalkung. Entwickle einen Versuch, mit dem du deine Annahme überprüfen könntest.

6 Erläutere, welchen Einfluss der Mensch auf den Wald hat.

7 Informiere dich über Tier- und Pflanzenarten, die wie der Mammutbaum Feuer für ihre Entwicklung benötigen. Beschreibe, auf welche Weise sie daran angepasst sind.

Nachhaltigkeit: mehr als Umweltschutz

Das Erdöl wird knapp, Meere und Luft sind verschmutzt und immer noch hungern Menschen auf der Welt.
Wie kann die Menschheit diese Probleme lösen?

1 Was ist das dringlichste Problem?

Beobachten Untersuchen Experimentieren

Agenda 21
Die Agenda 21 ist eine internationale Vereinbarung zwischen 179 Staaten, die 1992 auf der Konferenz der Vereinten Nationen in Rio de Janeiro verabschiedet wurde. In ihr sind die dringlichsten Probleme der Menschheit dargelegt und Lösungsmöglichkeiten im Sinne einer nachhaltigen Entwicklung aufgezeigt.

2

Die Zahl „21" steht für das 21. Jahrhundert. Es gilt nicht nur, die Erde so zu belassen, dass nachfolgende Generationen gut auf ihr leben können, sondern ebenso die Schätze der Erde gerechter zu verteilen, damit kein Mensch mehr hungern muss.

1 Welcher der in Abbildung 1 genannten Meinung stimmst du zu? Begründe deine Antwort.
2 Erstellt eine Liste von Problemen dieser Welt (zum Beispiel Klimawandel, Verschmutzung der Meere usw.) und ordnet diese den Feldern Wirtschaft, Soziales und Umwelt zu.
3 Diskutiert in der Klasse darüber, welches weltweit die dringlichsten Probleme sind.
4 Beschreibe die Karikatur ↑2 und formuliere, worauf der Zeichner hinausmöchte.
5 Unter dem Motto „Global denken – lokal handeln" versuchen viele Städte und Gemeinden, Gedanken einer nachhaltigen Entwicklung auf lokaler Ebene umzusetzen (lokale Agenda). Finde heraus, welche Projekte in Sachen lokale Agenda es in deiner Gemeinde/Stadt gibt.

Mensch, Umwelt und Wirtschaft im Blick

Nachhaltigkeit Das Leitprinzip Nachhaltigkeit kommt ursprünglich aus der Forstwirtschaft. Angesichts starker Abholzungen der Wälder und der Sorge darum, dass sich die Wälder nicht mehr erholen können, wurde folgender Grundsatz aufgestellt: Nutze immer nur so viel aus der Natur, wie nachwachsen kann, damit das Ökosystem erhalten bleibt, sich erholen kann und weiter genutzt werden kann. Angesichts der Ausbeutung und Zerstörung der Erde durch den Menschen gewinnt diese Regel aus dem 16. Jahrhundert heute eine besondere Bedeutung.

Die drei Säulen der Nachhaltigkeit Die Agenda 21 und das mit ihr verbundene Ziel einer gerechteren Welt setzen voraus, dass man Probleme immer aus drei Blickwinkeln betrachtet. ↑3 Am Beispiel der Überfischung der Meere lässt sich dies verdeutlichen: Sie ist ein großes Problem, weil viele Fischarten kurz vor dem Aussterben stehen und weil die Nahrungsketten – nicht nur im Ökosystem Meer – gestört werden (Umwelt). Wird Fischern, deren Erwerbs- und Nahrungsquelle oft nur die Fischerei ist, verboten zu fischen, führt dies zu Arbeitslosigkeit (Wirtschaft) und Armut (Soziales). Sozialverträglicher und wirtschaftlicher wäre es, umweltfreundlichere Fangmethoden (Schleppnetzverbot, um Beifang zu reduzieren) zu vereinbaren oder bestimmte Gebiete unter Schutz zu stellen. So wird nicht nur der Umweltaspekt berücksichtigt, sondern auch den Fischern geholfen, weil nur so ihre Lebensgrundlage langfristig gesichert wird.

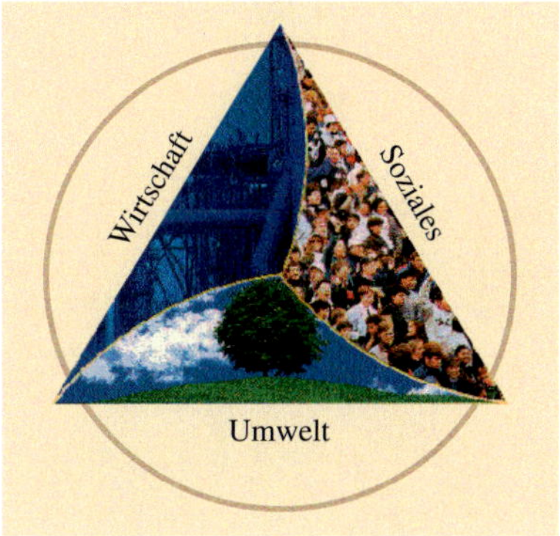

3 Nachhaltigkeitsdreieck

Ökologischer Fußabdruck Nicht nur zur Produktion von Nahrung wird eine bestimmte Fläche der Erde benötigt, sondern ebenso zur Herstellung von Kleidung, Möbeln, Elektrogeräten, vor allem in Form von Energie und Rohstoffen. Außerdem benötigt jeder Mensch Energie, ob zum Heizen oder als Strom zum Betreiben des Computers. Das Haus oder die Wohnung „verbraucht" ebenso eine Fläche auf der Erde. Der ökologische Fußabdruck bildet ab, wie viel Fläche ein Mensch zum Leben benötigt. Dabei werden nicht nur die Fläche zum Anbau seiner Nahrung und anderer Produkte oder die Art zu wohnen berücksichtigt, sondern ebenso, wie viel Naturfläche nötig ist, um das durch den Lebensstil (Benutzung des Autos und Hobbys) verursachte CO_2 wieder zu binden. Multipliziert man die so errechnete Fläche mit der Anzahl der Erdbewohner, sieht man, ob die Erdoberfläche reichen würde, wenn jeder so lebt. ↑5

4 Ökologischer Fußabdruck

Kurz und knapp **Nachhaltiges Handeln hat zum Ziel, dass alle jetzt und zukünftig lebenden Menschen gute Lebensbedingungen haben. Dabei müssen Umwelt, Soziales und Wirtschaft gleichermaßen berücksichtigt werden.**

079-1

Arbeitsaufträge

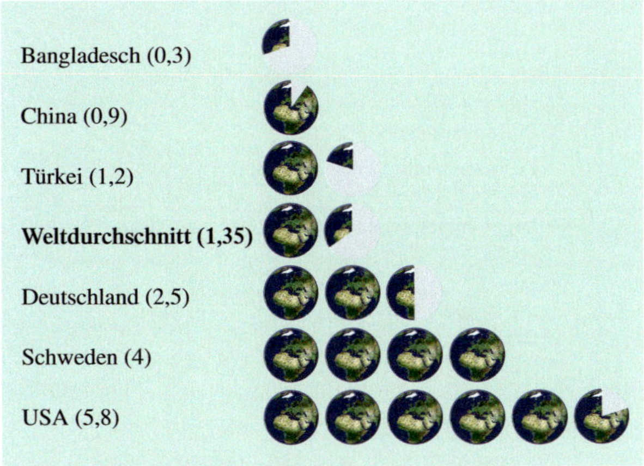

5 So viele Erden würde man brauchen, wenn jeder so wie die Menschen in den angegebenen Ländern leben würde.

1 Werte Abbildung 5 aus und begründe, warum Amerikaner und Europäer einen so großen ökologischen Fußabdruck, Chinesen und Menschen in Bangladesch aber nur einen kleinen haben. Erläutere, was es bedeutet, dass der Weltdurchschnitt bei 1,35 Erden liegt. Stelle Vermutungen an, welche Folgen es hat, wenn wir weiter so leben wie bisher.

2 Auf verschiedenen Internetseiten kann man seinen eigenen ökologischen Fußabdruck berechnen. Probiere es aus.

3 „Transfair" bezeichnet sich als Organisation, die nachhaltige Entwicklung fördert. Informiere dich im Internet über ihre Arbeit und Ziele. Begründe, warum die Organisation Nachhaltigkeit fördert.

Methode

Bewerten, abwägen und entscheiden: Mais im Tank

1

Am Beispiel des Biokraftstoffs wird aufgezeigt, wie du vorgehen kannst, um dir eine begründete Meinung zu bilden:

> Meinungen zum Thema Biosprit:
> „Die Benzinpreise steigen. Wir brauchen billige Kraftstoffe."
> „Biosprit schafft Arbeitsplätze – sowohl in der Landwirtschaft als auch in der Herstellung."
> „Tortillapreise in Mexiko steigen, weil die Produktion von Biosprit die Preise in die Höhe steigen lässt."
> „Arme Menschen müssen hungern, reiche Menschen können sich leisten, Lebensmittel zu tanken."
> „Weil Pflanzen CO_2 binden, wird mit der Nutzung von Biosprit kein zusätzliches CO_2 in die Luft gepumpt – Biosprit ist klimafreundlich."
> „Die Herstellung und der Transport von Biosprit kostet viel Energie."
> „Für den Anbau von Palmöl werden Regenwälder abgeholzt."
> „Von einer Tankfüllung aus Mais könnte ein erwachsener Mensch ein Jahr satt werden."
> „Biosprit reicht nicht aus, um den Energiebedarf zu decken."
> „Die Erdölvorräte werden immer knapper – wir müssen nach alternativen Energien suchen."

Lisa erzählt stolz, dass ihr Vater jetzt Biodiesel tanke und dies umweltfreundlicher als normaler Diesel sei. Ihre Freundin Paula sagt, dass Biosprit doch aus Mais gewonnen werde und dass deswegen Menschen in der Dritten Welt hungern müssten. Ist das Tanken von Biodiesel nun nachhaltig oder nicht?
Themen aus der Biologie werden in der Gesellschaft oft kontrovers diskutiert. Man sollte sich daher gut informieren, um sich eine eigene Meinung zu bilden und diese gut zu begründen.
Meist hat man immer schon eine spontane Meinung zu einem Thema und dann ist es schwierig, die Argumente, die gegen die eigene Meinung sprechen, zu finden. Daher ist es wichtig, verschiedene Quellen nach einem Thema zu befragen, um anschließend die Argumente gegeneinander abzuwägen. Auch wenn es nicht die eine richtige Meinung gibt, so sind doch manche Argumente und Positionen zu einem Thema überzeugender als andere.

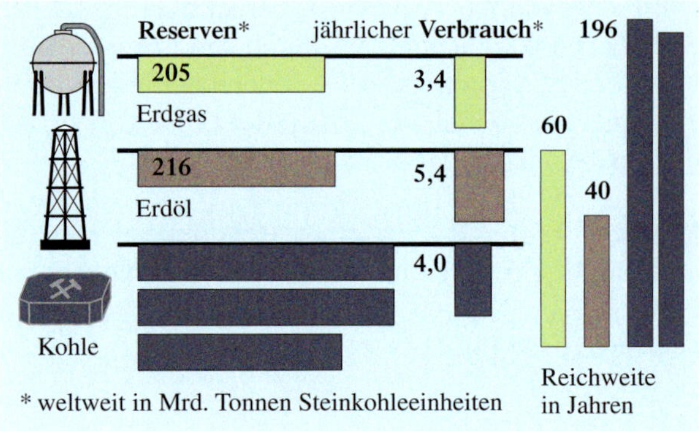

2 Erdöl, Erdgas und andere fossile Brennstoffe werden knapper.

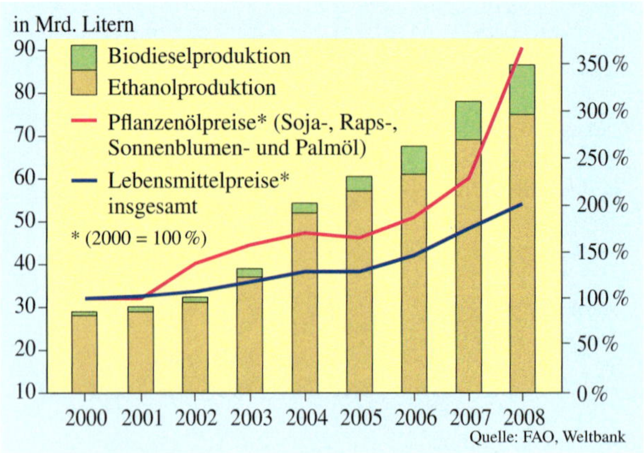

3 Kraftstoff aus Getreide führt zu steigenden Nahrungsmittelpreisen.

1 Argumente und Informationen sammeln:
Lies folgende Aussagen, interpretiere die Abbildungen 2–4 und recherchiere im Internet nach mehr Informationen, wenn dir etwas unklar ist.

2 Ordnen der Argumente in Pro und Kontra in einer Tabelle:

a Was spricht für die Nutzung von Biosprit (Pro), was spricht dagegen (Kontra)?

b Welche Aussagen enthalten reine Sachinformationen und wissenschaftliche Erkenntnisse, welche sind eher wertend?

c Markiere ökologische, ökonomische und soziale Argumente mit verschiedenen Farben.

Pro Biosprit	Kontra Biosprit
Die Erdölvorräte werden immer knapper: Wir müssen nach alternativen Energien suchen.	Für den Anbau von Palmöl werden Regenwälder abgeholzt.
…	…

3 Gewichten der Argumente:
Verteile insgesamt 5 Sterne für die deiner Meinung nach wichtigsten Argumente. Du kannst einem Argument auch mehrere, aber maximal drei Sterne geben.

4 Alternative Lösungen suchen:
Bei der Gewichtung der Argumente ist dir sicher aufgefallen, dass es zwei Hauptprobleme gibt. Bald wird es kein Erdöl mehr geben. Biosprit ist keine Alternative, um Erdöl zu ersetzen. Die Lösung ist also: Weniger Energie und Produkte aus Erdöl zu verbrauchen. Seit Kurzem scheint es aber verschiedene Alternativen zu geben. ↑Infotext Diese stecken zwar noch in den Anfängen, aber man verspricht sich viel von ihnen.

A) Die in Afrika wachsende Jatropha-Pflanze ist eine anspruchslose, nicht essbare Pflanze, die schnell nachwächst. Aufgrund ihrer Schädlings- und Krankheitsresistenz kann beim Anbau weitgehend auf giftige Schädlingsbekämpfungsmittel verzichtet werden. Außerdem macht sie unfruchtbare Böden wieder bebaubar. Ihr Öl hat einen hohen Energiegehalt und eignet sich gut für die Erzeugung von Biodiesel.

B) Eine andere mögliche Alternative zur Erzeugung von Biosprit sind in Zukunft vielleicht Algenfarmen. Diese sind platzsparend und „verbrauchen" außerdem kein Wasser, während in 1 Liter Biosprit aus Mais 3500 Liter Wasser „stecken".

C) Beim Abbau von Kompost, Gülle oder Klärschlamm entsteht als Nebenprodukt ein Faulgas, das sehr energiereich ist und ähnlich wie Erdgas zum Heizen oder zur Stromerzeugung verwendet werden kann.

5 Eine Bewertung formulieren und begründen:
Begründe, ob du dich für oder gegen den Einsatz von Biodiesel entscheiden würdest, und wäge Alternativen ab. Zeige auf, welche Argumente du zugrunde legst und warum diese Argumente für dich am wichtigsten sind. Sind alle drei Perspektiven der Nachhaltigkeit berücksichtigt? Verwendest du zur Bekräftigung deiner Position eher Sachinformationen oder eventuell wertende Aussagen? Erkenne mögliche Schwachpunkte und offene Fragen deiner Bewertung und relativiere diese. Finde Gegenargumente für die Argumente, die deiner Meinung widersprechen.

Arbeitsaufträge

1 Erläutere unter Einbezug deiner Kenntnisse zur Fotosynthese, warum es möglich ist, „Pflanzen zu tanken". ↑S.29

2 Erläutere, warum die Biospritproblematik eine Frage der Nachhaltigkeit ist. ↑S.76

3 Führt eine Podiumsdiskussion zum Thema Biosprit durch und verteidigt eure Meinung.

4 Bewertet folgenden Satz: Alle Schüler sollten zu Fuß oder mit dem Fahrrad zur Schule kommen. Welche Argumente sprechen dafür, welche dagegen?

Natur im Wandel

Der Siedlungsraum nimmt 10 Prozent der Fläche Mitteleuropas ein. In der Stadt sind nicht nur Menschen zu Hause. Viele Wildtiere und -pflanzen haben längst Einzug in Klein- und Großstädte gehalten. Einige finden in der Stadt sogar bessere Bedingungen als in der „wilden" Natur.
Welche Lebensräume und ökologischen Nischen schafft der Mensch?

1 Wildschweine in der Stadt

Beobachten **Untersuchen** *Experimentieren*

082-1

Pflanzen und Tiere in der Stadt
Obwohl die Stadt eigentlich das Gegenteil von „wilder" Natur ist, gibt es hier viele Lebensräume, die von verschiedenen Tier- und Pflanzenarten genutzt werden.

1 Listet auf, welche Lebensräume es in der Stadt gibt und welche Tiere dort vorkommen.
2 Schaut euch einen Stadtplan eurer Stadt an und findet Lebensräume in eurer Schulumgebung.
3 Informiere dich über die klimatischen Bedingungen in der Stadt und erörtere, inwiefern diese für manche Lebewesen vorteilhaft sind.
4 Erläutere, welche Umweltfaktoren in der Stadt negativ und welche positiv für Lebewesen sind.

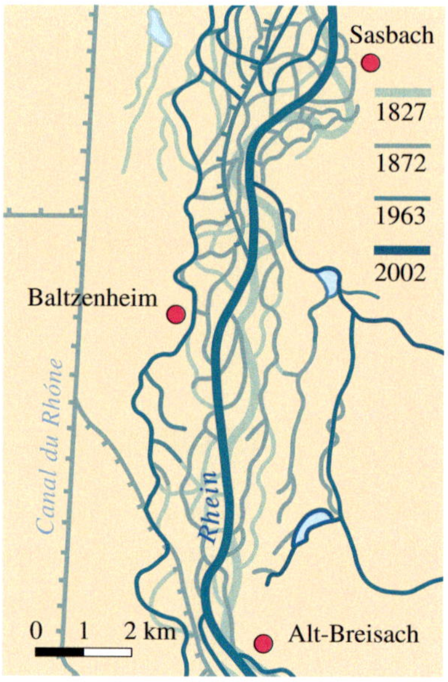

2 Begradigung des Oberrheins bei Karlsruhe

Der Mensch verändert die Natur

082-2

Nutzung von Ökosystemen Der Mensch nutzt Energievorräte aus der Natur: Für Nahrung, Treib- und Brennstoffe werden natürliche Ressourcen benötigt. Mit der Zeit wurden Methoden entwickelt, um die Ressourcen besser nutzen zu können. Wildtiere wurden zu Nutztieren, Wildpflanzen zu ertragreicheren Nutzpflanzen herangezüchtet, Wälder gerodet, Felder angelegt und mit Maschinen bewirtschaftet, Flüsse kanalisiert, Straßen und Siedlungen ausgebaut. Dies blieb und bleibt nicht ohne Folgen für die Natur: Die Verbrennung von fossilen Brennstoffen wie Kohle führt zur Luftverschmutzung und Klimaerwärmung, Meere werden „überfischt", natürliche Lebensräume werden eintöniger und Arten verschwinden. Straßen und Siedlungen unterbrechen die Wanderwege von Tieren.

Flussbegradigung Um sie für Frachtschiffe befahrbar zu machen, wurden viele Fließgewässer begradigt. Dabei werden die natürlichen Kurven (Mäander) begradigt, flache Stellen beseitigt und zu einer tiefen Rinne vereint. Nebenarme des Flusses verschwinden. Dadurch verringert sich nicht nur die Artendichte. Auch angrenzende Gebiete werden beeinflusst, denn dort sinkt der Grundwasserspiegel. So wurden die artenreichen Auwälder selten und mit ihnen verschwanden Arten wie Biber und Fischotter.

Kohleabbau Die Verwendung von Kohle als Energielieferant ist problematisch: Die Ressource ist begrenzt und mit ihrer Verbrennung wird Kohlenstoffdioxid und Schwefeldioxid freigesetzt, was zur Klimaerwärmung beiträgt und die Luft verschmutzt. Zur Steinkohleförderung gräbt man tiefe Tunnel in die Erde (unter Tage), während für die in höheren Erdschichten liegende Braunkohle riesige Flächen gebraucht werden. Oft werden nicht nur die Lebensräume auf dem Abbaugebiet zerstört, sondern ebenso angrenzende Ökosysteme, da der Grundwasserspiegel abgesenkt wird. Besonders Moore und Bruchwälder sind davon stark betroffen.

Rekultivierung Wenn die Kohle abgebaut ist, bleiben verwüstete Landschaften zurück. Die Bergbauunternehmen sind zur vollständigen Wiedernutzbarmachung dieser Gebiete verpflichtet. Auf Flächen, die später landwirtschaftlich genutzt werden, wird eine bis zu 2 m dicke Bodenschicht aufgeschüttet, andere Flächen werden aufgeforstet oder als Naherholungsgebiete (z. B. Baggerseen) genutzt. Oft sind die Böden stark mit Chemikalien verseucht oder sehr sauer. Dies hat Auswirkungen auf die Lebewesen, die diesen Lebensraum zurückerobern. So weisen Industriebrachen, stillgelegte Steinbrüche und Abraumhalden ein anderes Artenspektrum auf. Manchmal sind sie sogar artenreicher als der Lebensraum, der vor dem Abbau dort zu finden war.

Schon gewusst?

Rekultivierung heißt, dass der Nutzer der Fläche diese wieder von Asphalt und eingebrachten Schadstoffen (Entsiegelung) befreit und wieder begrünt. Bei der Renaturierung werden die Flächen nach einer naturnahen Wiederherstellung sich selbst überlassen. Zur Wiederbesiedlung ist allerdings erforderlich, dass in der Nähe des zerstörten Lebensraums genügend große Gebiete zum Weiter- und Überleben der Arten vorhanden sind.

3 Braunkohletagebau

4 Rekultiviertes Braunkohlegebiet

Arbeitsaufträge

1 Begründe, warum es in kurvenreichen, naturbelassenen Flüssen mehr Arten gibt als in begradigten Flüssen.

2 Bis der ursprüngliche Lebensraum wiederhergestellt ist, nachdem ein genutztes Gebiet wieder verlassen wird, können viele Jahrzehnte vergehen. Sammle Informationen im Internet und erläutere, warum ein Wald oder Moor besonders lange zur Regeneration brauchen.

3 Mit der Einführung von landwirtschaftlichen Maschinen sind viele Hecken verschwunden. Informiere dich, welche Folgen dies mit sich bringt.

4 Besucht mit der Klasse eine Brachfläche in eurer Stadt und untersucht dieses Gebiet hinsichtlich der dort vorkommenden Tier- und Pflanzenarten. Stellt eure Ergebnisse auf einer Wandzeitung dar.

Beobachten Untersuchen Experimentieren

1 Wildnis im Nationalpark Eifel?

Wildnis in Naturparks?

Mitte des 19. Jahrhunderts war die Eifel fast frei von Bäumen. Die ursprünglich dort wachsenden Buchenwälder wurden durch artenarmes Grasland und später durch schnell wachsende, eintönige Fichtenwälder ersetzt. Noch heute prägen diese Bäume das Bild des Nationalparks: 40 Prozent der Bäume sind Fichten. Der Nationalparks Eifel ist ein sogenannter Entwicklungsnationalpark. Das Ziel dieser Parks ist, dass innerhalb von 30 Jahren drei Viertel ihrer Fläche wieder in einen vom Menschen unbeeinflussten Zustand kommen. Schon jetzt leben viele Rehe, Hirsche, Fledermaus- und Spechtarten im Gebiet des Parks. Die Wildkatze hat hier sogar ihr größtes Vorkommen in Deutschland.

1 Was macht für dich „Wildnis" aus? Notiere drei Kriterien für „wilde Natur" und diskutiere mit deinem Nachbarn.

2 Diskutiere, ob es überhaupt möglich ist, einen vom Menschen unbeeinflussten Zustand in einem Naturschutzgebiet oder Nationalpark zu erreichen.

3 Finde heraus, warum in vielen Nationalparks Jagd auf Rehe und Hirsche gemacht wird. Beurteile diesen Eingriff in die Natur.

4 Begründe anhand des Auszugs aus dem Bundesnaturschutzgesetz, warum die Eifel ein Nationalpark werden konnte.

5 Suche dir einen Nationalpark in einem beliebigen Land aus und stelle ihn der Klasse vor.

6 Begründe, warum Schutzgebiete und Nationalparks möglichst großräumig sein sollten.

Auszug aus § 24
des Bundesnaturschutzgesetzes 2002:

(1) Nationalparke sind rechtsverbindlich festgesetzte einheitlich zu schützende Gebiete, die
1. großräumig und von besonderer Eigenart sind,
2. in einem überwiegenden Teil ihres Gebiets die Voraussetzungen eines Naturschutzgebiets erfüllen und
3. sich in einem überwiegenden Teil ihres Gebiets in einem vom Menschen nicht oder wenig beeinflussten Zustand befinden oder geeignet sind, sich in einen Zustand zu entwickeln oder in einen Zustand entwickelt zu werden, der einen möglichst ungestörten Ablauf der Naturvorgänge in ihrer natürlichen Dynamik gewährleistet.
(2) Nationalparke haben zum Ziel, im überwiegenden Teil ihres Gebiets den möglichst ungestörten Ablauf der Naturvorgänge in ihrer natürlichen Dynamik zu gewährleisten.

Die Natur bleibt nicht wie sie ist

Sukzession Lässt man der Natur ihren Lauf, bleibt ein Ökosystem selten so, wie es ist. Vielmehr folgen verschiedene Naturzustände aufeinander. So ändert sich die Artenzusammensetzung über Hunderte von Jahren. Eine solche Abfolge von Arten nach einem bestimmten Muster nennt man Sukzession. Schließlich ist ein Stadium erreicht, das aufgrund der vorhandenen Umweltfaktoren (Wasserverfügbarkeit, Temperatur, Bodenbeschaffenheit u. a.) natürlicherweise für längere Zeit existiert. Dieses Stadium wird als Klimaxgesellschaft bezeichnet. In Mitteleuropa ist dies der Wald. ↑5 Da die Umweltbedingungen nie konstant bleiben, gibt es aber auch keine endgültige unveränderbare Klimaxgesellschaft. Ein stabiles ökologisches Gleichgewicht gibt es nicht. Dennoch ist dies keine Begründung dafür, dass der Mensch mit der Natur machen kann, was er will. Natürlich ist auch der Mensch ein Lebewesen und damit ein biotischer Faktor. Aber dieses Lebewesen kann reflektieren und Verantwortung übernehmen.

Neozoen und Neophyten Tier- bzw. Pflanzenarten, die durch den Menschen versehentlich oder absichtlich in ein Gebiet gebracht werden, wo sie ursprünglich nicht heimisch sind, und die sich dort ansiedeln, nennt man Neozoen bzw. Neophyten. Sie können versehentlich im Wassertank von Schiffen oder Obstkisten eingeschleppt werden oder absichtlich, wie es bei vielen Zierpflanzen der Fall ist. Problematisch sind die Neubürger dann, wenn sie einheimische Arten verdrängen oder heimische Ökosysteme verändern, wirtschaftlichen Schaden anrichten, Krankheiten oder Parasiten einschleppen und wenn sie die Gesundheit des Menschen gefährden. Ein bekanntes Beispiel bei uns ist der Riesenbärenklau, der als Zierpflanze aus dem Kaukasus eingeführt wurde und sich sehr schnell in Deutschland verbreitet hat. Er kann so einheimische Pflanzen verdrängen und in ihrem Bestand bedrohen. Sein Gift, das bei Berührung der Pflanze auf die menschliche Haut gelangt, führt zu schmerzhaften Hautveränderungen, einer Verbrennung ähnlich. Ein anderes Beispiel ist die in Australien ausgesetzte Aga-Kröte, die ursprünglich aus Südamerika stammt. Diese sollte eigentlich auf Zuckerrohrplantagen der biologischen Bekämpfung eines Schädlings dienen, nimmt aber lieber andere, bedrohte Insekten zur Nahrung und gefährdet durch ihr Hautgift zudem Beutegreifer.

2 Riesen-Bärenklau

3 Aga-Kröte

085-1

4 Die Heide ist eine Kulturlandschaft.

Arbeitsaufträge

1 Beschreibe die Stadien der Sukzession. ↑5 Finde Gründe, warum Waldbäume wie die Buche andere Pflanzenarten verdrängen.

2 Stell dir vor, aus deinem Heimatort würden über Nacht einfach alle Menschen verschwinden. Überlege, in welcher Reihenfolge sich wohl Tiere und Pflanzen ansiedeln würden.

3 Die Heide ist eine Kulturlandschaft.

a Begründe, warum die Heide so bezeichnet wird.

b Begründe, warum sie trotzdem geschützt werden sollte. ↑5

4 Soll man Neozoen und Neophyten in Nationalparks oder Naturschutzgebieten ausrotten oder „der Natur ihren Lauf lassen"? Diskutiert Pro und Contra.

5 Sammle Informationen hinsichtlich Ursprungsland, Einführung und Folgen der Einführung verschiedener Neozoen. Präsentiere die Informationen der Klasse.

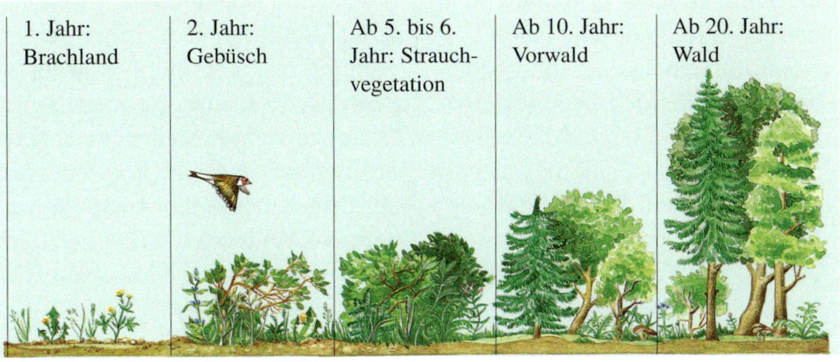

5 Stadien der Sukzession

Basiskonzepte

Basiskonzepte in der Biologie sind grundlegende Prinzipien, die allen Lebewesen gemeinsam sind. Das Verständnis der Basiskonzepte hilft dir dabei, Gelerntes auf neue Zusammenhänge anzuwenden. Einige der Basiskonzepte, die in diesem Kapitel über die Ökosysteme eine Rolle spielen, werden im Folgenden näher erläutert.

System

In dem Begriff Ökosystem steckt bereits das Wort System. Was ist ein System? Ein System ist ein gegen die Umgebung abgegrenztes, geordnetes Ganzes, das aus einzelnen Teilen besteht. Diese Teile stehen zueinander in Beziehung und beeinflussen sich gegenseitig. Ein System kann sich selbst regulieren.
Das Ökosystem besteht aus Lebensräumen mit ihren abiotischen Faktoren und aus Lebensgemeinschaften mit Tieren und Pflanzen. ↑S.11,45

Nicht alle Teile des Systems stehen gleichberechtigt nebeneinander, sondern man unterscheidet verschiedene Systemebenen oder Organisationsebenen. Alle untereinander gleichberechtigte Teile eines Systems bilden eine Systemebene. Eine solche Systemebene wären zum Beispiel alle Tiere einer Art in einem Ökosystem: So bilden alle Füchse in einem Wald eine Systemebene, genauso wie alle Eichhörnchen eine gleichberechtigte Systemebene (Populationen) bilden. Jeder einzelne Fuchs und jedes Eichhörnchen bildet wiederum ein eigenes untergeordnetes System. Sie bilden jeweils eine weitere, untergeordnete Systemebene (Organismen). Jeder Organismus ist ein System, das aus Organsystemen zusammengesetzt ist (z. B. Verdauungssystem, Blutkreislaufsystem), diese bestehen wieder aus Organen (z. B. Magen, Darm bzw. Herz, Blutgefäße). Organe bestehen aus Geweben und Gewebe aus Zellen. Die Zelle ist die kleinste lebende Einheit. Auch sie bildet ein eigenes System und besteht aus verschiedenen Teilen, den Zellorganellen wie Zellkern, Zellmembran oder Chloroplast.

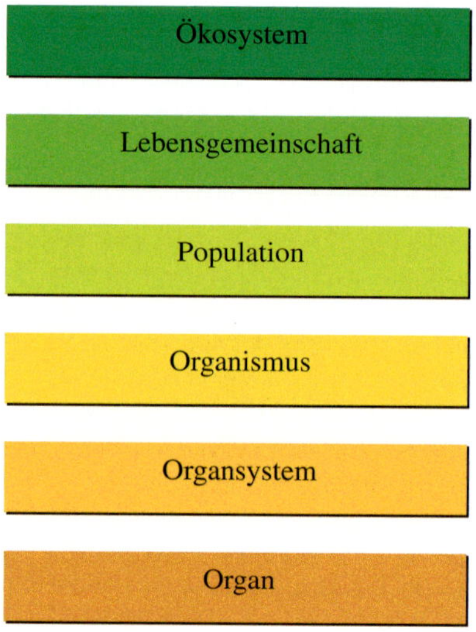

1 Systemebenen

Steuerung und Regelung

In einem Ökosystem besteht zum Beispiel ein Gleichgewicht zwischen den Populationen von Beutetieren und ihren Fressfeinden. Sie regulieren sich in ihrem Bestand gegenseitig. Genauso muss auch ein Gleichgewicht bestehen zwischen Stoffaufbau und -abbau. So dürfen auf Dauer nicht mehr Laubblätter auf den Waldboden fallen wie durch die Bodenlebewesen abgebaut werden können. ↑S.23,51

2 Nahrungsübergabe bei Ameisen

Information und Kommunikation

Zwischen den Teilen eines Systems gibt es einen Informationsaustausch. Alle Lebewesen sind auf Informationen aus ihrer Umwelt angewiesen, um zu überleben. Zum Beispiel müssen Tiere ihre Nahrung mithilfe ihrer Sinnesorgane finden, Pflanzenfresser zum Beispiel geeignete Nahrungspflanzen. Tiere, die andere Tiere fressen, müssen ihre Beute sehen und erkennen. Auch zwischen den Lebewesen innerhalb einer Art muss es einen Informationsaustausch geben. Ein Ameisenstaat kann nur funktionieren, weil die Tiere sich gegenseitig am Geruch erkennen sowie signalisieren, welche Funktion sie im Staat innehaben. ↑S.26

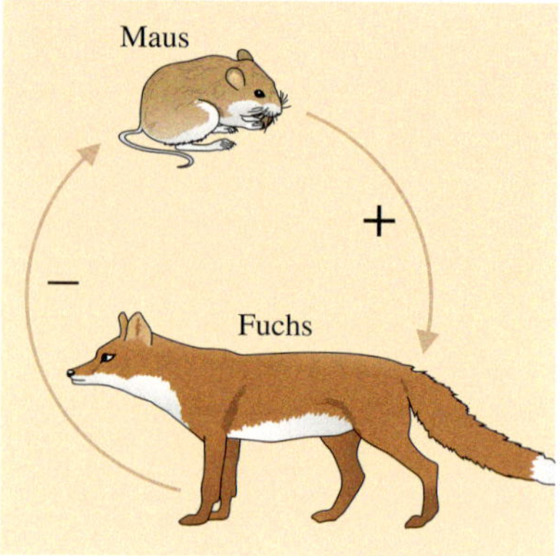

3 Fressfeind-Beute-Beziehung

Stoff- und Energieumwandlung
Alle Systeme und damit auch alle Lebewesen benötigen Energie. Sie erhalten diese auf verschiedene Art und Weise. Pflanzen können die Energie des Sonnenlichts nutzen, um energiereiche chemische Verbindungen herzustellen. Sie betreiben Fotosynthese. Tiere und Pilze nehmen energiereiche Verbindungen auf und wandeln sie bei der Zellatmung um, zum Beispiel in körpereigene Stoffe für das Wachstum oder in Bewegungsenergie. ↑S.29, 39, 53

Entwicklung
Ein Wald verändert sich innerhalb eines Jahres mit den Jahreszeiten (jahreszeitliche Entwicklung). ↑S.15
Ökosysteme verändern sich auch langfristig. Die Sukzession in einem Ökosystem ist eine solche Entwicklung, die über sehr lange Zeiträume erfolgt. ↑S.85
Auch Lebewesen entwickeln sich: Aus einer befruchteten Eizelle kann ein Organismus entstehen, der wächst und sich wiederum zu einem fortpflanzungsfähigen Lebewesen entwickelt. ↑S.26

6 Farne pflanzen sich mithilfe von Sporen fort

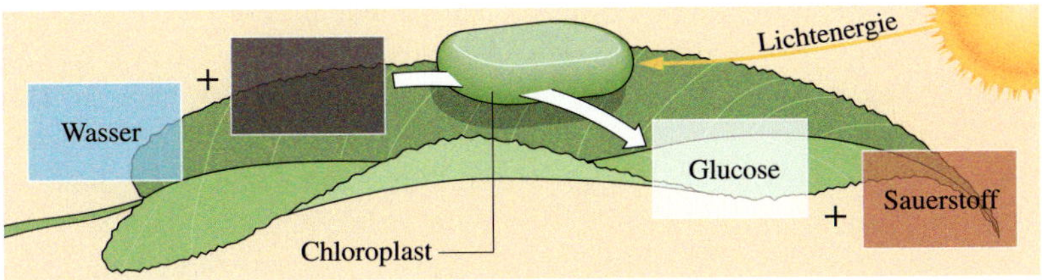

4 Fotosynthese

5 Sukzession

Fortpflanzung
Die Fähigkeit sich fortzupflanzen ist eine grundlegende Eigenschaft von Lebewesen. Nur so ist der Bestand einer Art gesichert. Die Fortpflanzung kann auf unterschiedliche Art und Weise erfolgen. Man unterscheidet ungeschlechtliche Fortpflanzung (z. B. über Sporen) und geschlechtliche Fortpflanzung, bei der weibliche und männliche Geschlechtszellen verschmelzen. Bei manchen Lebewesen wechseln sich beide Formen der Fortpflanzung ab. Sie haben einen Generationswechsel (z. B. Moose, Farne). ↑S.20

Arbeitsaufträge

1 Finde zu jeder Systemebene in Abbildung 1 ein Beispiel aus einem Gewässerökosystem.

2 Systeme gibt es auch außerhalb der Biologie. Nenne einige Beispiele. Begründe jeweils, warum es sich um Systeme handelt.

3 Erläutere, inwiefern der Stoffkreislauf im Wald einen Regelungsvorgang darstellt.

4 Beschreibe die Entwicklung einer Pflanze und eines Tieres.

Überblick

088-1

Der Wald als Ökosystem

Ökosysteme sind Einheiten aus Lebensräumen und Lebensgemeinschaften. Der Wald ist ein Beispiel für ein Ökosystem. In einem Ökosystem wirken abiotische Faktoren wie Licht, Temperatur und Windgeschwindigkeit auf Lebewesen ein. Tier- und Pflanzenarten sind jeweils an diese angepasst und besiedeln unterschiedliche Kleinlebensräume. Zwischen den Arten bestehen vielfältige Nahrungsbeziehungen, die man als Nahrungsketten oder Nahrungsnetze darstellen kann.
In einem naturnahen Ökosystem stehen Lebewesen in einem biologischen Gleichgewicht. Für viele Fragestellungen ist es sinnvoll, Arten nach ihrer Ernährungsweise zu Ernährungsebenen zusammenzufassen. Man unterscheidet dann nur noch Produzenten, Konsumenten und Destruenten.

Gewässer als Ökosysteme

Allgemein unterscheidet man stehende und fließende Gewässer, die jeweils charakteristische abiotische Faktoren besitzen, wie Fließgeschwindigkeit, Temperatur oder Sauerstoffgehalt. So bieten sie Pflanzen und Tieren ganz unterschiedliche Lebensräume. Im und um ein Gewässer findet eine Vielzahl von angepassten Arten ihre Heimat. Sie besetzen jeweils eine ökologische Nische. Die ökologische Nische einer Pflanzen- oder Tierart ist durch alle Bedingungen, die für diese Art von Bedeutung sind, gekennzeichnet.

Fotosynthese und Zellatmung

Grüne Pflanzen können mithilfe der Fotosynthese aus Kohlenstoffdioxid und Wasser energiereiche organische Stoffe herstellen. Dabei entsteht Sauerstoff. Fotosynthese findet hauptsächlich in den Chloroplasten der Laubblätter statt. Durch die Fotosynthese wird die gesamte Biomasse auf der Erde erzeugt. Der bei der Fotosynthese erzeugte Sauerstoff wird von Tieren und Pflanzen benötigt. Sie bauen bei der Zellatmung energiereiche Verbindungen mithilfe von Sauerstoff ab, dabei entsteht Kohlenstoffdioxid.

Stoffkreisläufe

In einem Ökosystem befinden sich Stoffe in einem ständigen Kreislauf. So wird tote organische Biomasse wie Laub im Wald von verschiedenen Lebewesen schrittweise abgebaut. Bakterien und Pilze können als Zersetzer (Destruenten) die Reste vollständig abbauen. Übrig bleiben Mineralstoffe, die für das Pflanzenwachstum benötigt werden.

Ökosysteme unterliegen Veränderungen

Durch die Nutzung von natürlichen Ressourcen, durch Landwirtschaft, Siedlungen oder Ausbau von Verkehrswegen verändert der Mensch die Natur. Ökosysteme verändern sich aber auch ohne Einfluss des Menschen. Die Artenzusammensetzung ändert sich nach und nach über Hunderte von Jahren. Dies nennt man Sukzession. Erst das Endstadium ist stabil. In Mitteleuropa ist dies der Wald.
Auch Gewässer verändern sich. Die Zunahme des Nährstoffgehalts in einem Gewässer bezeichnet man als Eutrophierung. Sie ist ein natürlicher Prozess, der in unseren Breiten den Bruchwald als Endstadium aufweist. Wird der Nährstoffgehalt durch vom Menschen verursachte Einflüsse zu schnell und stark erhöht, kann das Gewässer umkippen.

Klimawandel

Durch den vom Menschen verursachten zunehmenden Ausstoß von Kohlenstoffdioxid (CO_2) und anderen klimawirksamen Gasen wird der natürliche Treibhauseffekt verstärkt, wodurch sich langfristig die Atmosphäre zunehmend erwärmt. Dies hat drastische Folgen. Veränderte Wind-, Niederschlags- und Temperaturverhältnisse verändern Ökosysteme schneller, als sich die dort vorkommenden Arten anpassen können. Ein Beitrag jedes Einzelnen zur Senkung des CO_2-Ausstoßes ist daher dringend nötig.

Biologische Vielfalt und ihre Bedrohung

Die biologische Vielfalt stellt einen hohen Wert an sich dar, ist aber für den Menschen auch wirtschaftlich von großer Bedeutung. Tausende Tier- und Pflanzenarten sind weltweit vom Aussterben bedroht. Daher muss der Mensch Maßnahmen zu ihrem Schutz und zum Schutz ihrer Lebensräume ergreifen.
Tropische Regenwälder sind Beispiele für besonders artenreiche Ökosysteme. Der Regenwald hat außerdem eine große Bedeutung für das Weltklima. Regenwälder sind durch Abholzung zur Tropenholzgewinnung und zum Rohstoffabbau stark gefährdet.

Nachhaltigkeit

Die natürlichen Ressourcen der Erde werden mit der Zeit knapper und Lebensräume werden zerstört. Mit internationalen Vereinbarungen wird versucht, die Ausbeutung und Zerstörung der Erde zu verhindern. Das Leitprinzip Nachhaltigkeit berücksichtigt, dass nur so viel aus der Natur genutzt werden kann, wie nachwachsen und sich regenerieren kann.
Nachhaltiges Handeln hat zum Ziel, dass alle jetzt und künftig lebenden Menschen gute Lebensbedingungen haben. Dabei werden Umwelt, Wirtschaft und Soziales gleichermaßen berücksichtigt.

Alles klar?

1 Wälder sind artenreiche Ökosysteme:

a In der Abbildung 1 ist der typische Aufbau eines Laubmischwaldes dargestellt: Benenne die einzelnen Schichten und je zwei typische Vertreter dieser Schicht.

b Vergleiche einen Laubmischwald mit einem Nadelforst ↑2 und berücksichtige dabei verschiedene Gesichtspunkte. Stelle begründete Vermutungen an, welcher Waldtyp artenreicher ist.

c Nenne Faktoren, die über Vorkommen und Standort von Organismen innerhalb eines Ökosystems bestimmen. Wähle dazu zwei oder drei Organismen, die im Wald vorkommen.

1 Stockwerkbau eines Mischwaldes

2 Fichtenforst

2 Pilze sind keine Pflanzen. Sie bilden ein eigenes Reich. Begründe diese Zuordnung anhand geeigneter Merkmale. Beurteile die Rolle der Pilze innerhalb eines Ökosystems.

3

3 In Abbildung 3 ist ein Gewässerökosystem mit seinen Lebewesen (Karpfen, Kleinkrebse, Wasserpflanzen, Ente, Kaulquappe, Hecht, Plötze, Molch, Schlammröhrenwurm, Schecke) vereinfacht dargestellt.

a Erstelle aus einigen der abgebildeten Lebewesen eine Nahrungskette. Erweitere sie dann zu einem Nahrungsnetz.

b Erläutere die Begriffe Nahrungskette und Nahrungsnetz.

c Bezeichne die Lebewesen nach ihrer Funktion im Ökosystem (Produzenten, Konsumenten verschiedener Ordnung, Destruenten).

4 Übertrage die folgenden Begriffe auf Karten: Sonnenlicht, Wasser, Sauerstoff, Kohlenstoffdioxid, Pflanzen, Tiere, Konsumenten, Produzenten, biotische Faktoren, abiotische Faktoren, Räuber, Beute, Destruenten, Laub, Totholz, Aas; Konkurrenten.
Stelle dann mithilfe der Karten möglichst vielfältige Zusammenhänge in einem Ökosystem dar. Verknüpfe die Begriffe dazu mit beschrifteten Pfeilen.

5 Der vom Menschen verursachte zusätzliche Treibhauseffekt hat schwerwiegende Folgen für die Natur.

a Nenne einige Folgen, die der Treibhauseffekt auf die Tier- und Pflanzenwelt mitteleuropäischer Ökosysteme haben könnte.

b Erkläre den Zusammenhang zwischen Treibhauseffekt und der Vernichtung der tropischen Regenwälder.

6 Erläutere und bewerte anhand deiner Kenntnisse zur Nachhaltigkeit und zum Biodiesel das Plakat in Abbildung 4. Begründe, warum Brot für die Welt eine Kampagne zu diesem Thema macht.

4

Check up

1 Ökologie ist die Wissenschaft vom Haushalt der Natur, vom „Haus des Lebens“.

a Erkläre auf zwei verschiedene Weisen (z. B. mithilfe einer Abbildung, in einem schulnahen Lebensraum, mit einer Schemazeichung), was Ökologen untersuchen.

b Ökologen unterscheiden verschiedene Umweltfaktoren. Wähle ein heimisches Wildtier und benenne verschiedene biotische und abiotische Umweltfaktoren, die für sein Überleben wichtig sind.

c Erläutere anhand von Beispielen, was man unter Konkurrenz zwischen Lebewesen eines Ökosystems versteht.

d Durch ökologische Nischen wird Konkurrenz vermieden. Erkläre.

2 Nahrungsbeziehungen in einem Ökosystem lassen sich auf unterschiedliche Weise darstellen.

a Entscheide und begründe, ob sich die Nahrungsbeziehungen im Wald realistischer mit einer Nahrungskette oder einem Nahrungsnetz darstellen lassen.

b Bei der Nahrungspyramide fasst man Lebewesen zu Ernährungsebenen zusammen. Erkläre.

c Erkläre, warum die Ebenen in der Nahrungspyramide unterschiedlich groß sind.

d Stelle dir vor, in Nordrhein-Westfalen werden wieder Wölfe ansässig. Beschreibe und beurteile denkbare Folgen für das Ökosystem Wald.

3 Der durch den Menschen verstärkte Treibhauseffekt ist ein globales Problem.

a Stelle den Treibhauseffekt grafisch dar.

b Beschreibe die Unterschiede zwischen dem natürlichen und dem durch den Menschen verstärkten Treibhauseffekt.

c In der folgenden Abbildung sind zwei Experimente dargestellt. Führe sie als Gedankenexperimente durch und beschreibe die Ergebnisse. Beurteile, welches der beiden Experimente sich eignet, um die Meeresspiegelerhöhung durch die Klimaerwärmung zu erklären. Begründe.

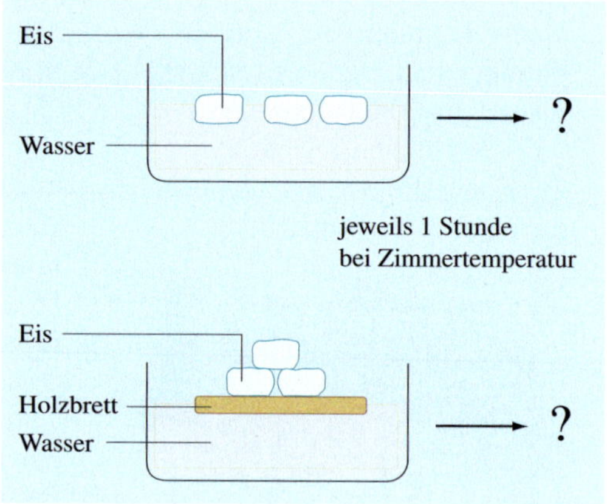

d Ordne den drei Perspektiven der Nachhaltigkeit jeweils zwei Probleme oder Folgen zu, die der Klimawandel mit sich bringt.

Die Farben zeigen dir, um welchen Aufgabentyp es sich handelt:
■ Sachverhalte wiedergeben ■ Dein Wissen anwenden ■ Komplexe Probleme lösen

Die Lösungen findest du im Anhang.

Schätze deine Kenntnisse und Fähigkeiten ein.

Aufgabe	Lerngebiet/Fähigkeit	Lösungshilfe	Auswertung
1	Ich kann erklären, was Ökologen untersuchen. Ich kann Beispiele von Umweltfaktoren nennen. Ich kann erläutern, was man unter ökologischer Nische und Konkurrenz versteht.	10–13, 24 f., 48	Ordne dazu deiner Lösung im Heft ein Smiley zu: ☺ Ich konnte die Aufgabe richtig lösen. 😐 Ich konnte die Aufgabe nicht komplett lösen. ☹ Ich konnte die Aufgabe nicht lösen.
2	Ich kenne die Darstellungsformen Nahrungsnetz, Nahrungskette und Nahrungspyramide und kann beurteilen, was die verschiedenen Darstellungsformen leisten. Ich kann Veränderungen für die Nahrungsbeziehungen in einem Ökosystem beurteilen.	22 f., 40 f., 50 f.	
3	Ich kann den Treibhauseffekt erklären und die Folgen des Klimawandels unter den Aspekten der Nachhaltigkeit erläutern.	66–69, 78 f.	

Gesundheit und Krankheit

Was ist Gesundheit eigentlich? Wenn es uns gut geht, denken wir selten darüber nach. Ist ein Schnupfen schon eine Krankheit? Wie wehrt sich der Körper gegen eine Erkältung und was kann ich tun, um gesund zu bleiben? Welche Rolle spielt dabei die Ernährung?

Aspekte

1 Wir sollen immer genug essen, damit wir „Power" für den Tag haben. Aber wovon darf ich viel und wovon nur wenig essen?

Nicht zu viel

Obwohl wir uns viele Gedanken über unsere Ernährung machen, sind wir oft unsicher, ob wir uns wirklich gesund ernähren oder auch zu viel essen. Die Werbung verunsichert uns zusätzlich mit ihren Versprechen.

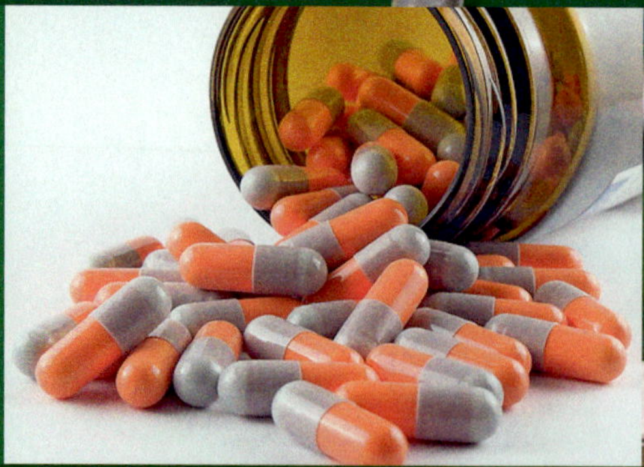

2 Mayonnaise – bitte light! Isst man hier wirklich unbeschwert und leicht?

3 Sind Vitaminpillen tatsächlich eine schnelle und einfache Alternative zu Obst und Gemüse?

und nicht zu wenig

4 Bestimmte Joghurts enthalten Bakterienkulturen, die einen positiven Einfluss auf unsere Gesundheit haben sollen. Können diese Versprechen gehalten werden?

5 Gute Fette – schlechte Fette: Fette sind für uns lebenswichtig. Auf die Art und die Menge des Fettes kommt es aber an.

Gesundheit und Krankheit

Gesundheit wird heute in einem engen Zusammenhang mit Ernährung gesehen. Aussagen wie die folgenden hört man ständig: „Du bist, was du isst!“, „Gute Verdauung ist die Grundlage für eine gute Gesundheit“, „Ein gutes Frühstück macht fit für den Tag“, „Karotten sind gut für die Augen“.
Welche Bedeutung hat die Ernährung für unsere Gesundheit? Was ist eigentlich Gesundheit?

1 Essen soll immer auch gesund sein: Vitamine im Burger.

Methode *Eine Umfrage planen und durchführen*

Mit Umfragen könnt ihr herausfinden, was eine bestimmte, vorher definierte Personengruppe (Zielgruppe) über ein Thema denkt. Führt eine Umfrage zum Thema „Was ist Gesundheit?“ durch. So könnt ihr vorgehen:

1 Erstellen eines Fragebogens
Grundlage für Meinungsumfragen sind meist vorher ausgearbeitete Fragebögen. Die Fragen können unterschiedlich formuliert sein:
- Alternativfragen, die nur zwei mögliche Antworten (z. B. „ja“ oder „nein“) vorsehen
- Multiple-Choice-Fragen, die den Befragten mehrere Antwortmöglichkeiten anbieten, aus denen sie eine oder mehrere auswählen können
- Skalierungen, bei denen die Befragten in einem vorgegebenen Bereich (z. B. zwischen „Gehört bei mir immer zu einer Mahlzeit“ und „Verzehre ich nie“) eine Position einnehmen und an einer entsprechenden Stelle ein Kreuz machen ↑2

2 Durchführung der Umfrage
Es wird zunächst eine Personengruppe definiert, die befragt werden soll (z. B. Schülerinnen zwischen 12 und 15 Jahren). Anschließend werden den Personen die Fragebögen ohne weitere Erklärung einzeln gegeben und die ausgefüllten Bögen gleich wieder eingesammelt.

3 Auswertung der Umfrageergebnisse
Die einzelnen Antworten werden gezählt und die Ergebnisse in einer Übersicht zusammengestellt. Anschließend können die Ergebnisse dargestellt werden (z. B. in einem Diagramm). ↑3

Geschlecht: *Alter:*

1. Fühlst du dich gerade gesund? ☐ *Ja* ☐ *Nein*

2. Gesund bedeutet für mich
- ☐ *gut drauf zu sein*
- ☐ *jeden Moment zu genießen*
- ☐ *keine körperliche Behinderung zu haben*
- ☐ *keine Krankheit zu haben*
- ☐ ....

3. Wie oft denkst du über deine Gesundheit nach?

Sehr oft	*oft*	*manchmal*	*selten*	*nie*
☐	☐	☐	☐	☐

2 Beispiele für Fragen zum Thema Gesundheit

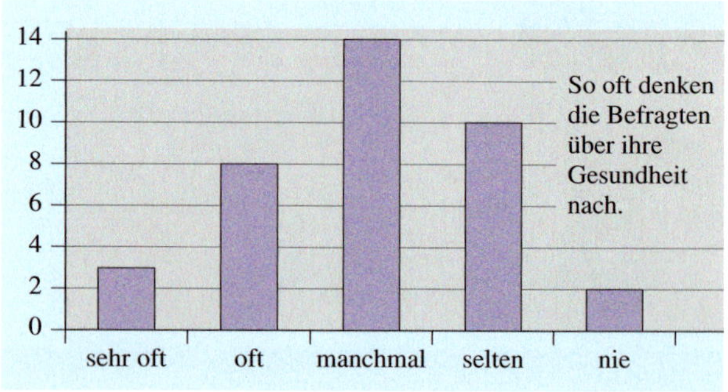

3 So kann die Auswertung einer Antwort aussehen.

Gesundheit und Wohlbefinden

Gesundheit Die Weltgesundheitsorganisation (WHO) definierte bereits 1946 den Begriff Gesundheit: „Health is a state of complete physical, mental and social well-being and not merely the absence of disease or infirmity" („Gesundheit ist ein Zustand vollkommenen körperlichen, geistigen und sozialen Wohlbefindens und nicht die bloße Abwesenheit von Krankheit oder Gebrechen.").

4

Ursachen von Krankheiten Krankheiten können vererbt worden sein oder psychische Ursachen haben. Wesentlich häufiger werden sie durch äußere Faktoren verursacht. Das können Krankheitserreger oder Umwelteinflüsse, oft aber auch falsche Ernährung oder Stress sein. Manche Risikofaktoren kann man selbst beeinflussen und dadurch verringern.

Steigerung des Wohlbefindens Wohlbefinden ist ein subjektiver Eindruck, der durch eine Vielzahl verschiedener Faktoren beeinflusst wird. Eine Steigerung des Wohlbefindens kann durch ein erhöhtes Selbstwertgefühl, Entspannungs- und Atemübungen, Abbau von Stress, Sport, aber auch durch gesunde Ernährung erreicht werden. Meist führt eine Kombination mehrerer Faktoren zur deutlichsten Steigerung.

Kurz und knapp **Gesundheit ist mehr als die Abwesenheit von Krankheit. Man kann das eigene Wohlbefinden durch verschiedene Maßnahmen selbst beeinflussen und das Krankheitsrisiko so verringern.**

Arbeitsaufträge

1 Erläutere die WHO-Definition von Gesundheit anhand von selbst gewählten Beispielen.

2 Erkläre die Begriffe „körperliches Wohlbefinden", „geistiges Wohlbefinden", „soziales Wohlbefinden".

„Light" leben – gesund leben?

Nähmen wir die Versprechen auf den Lebensmittelverpackungen ernst, sollten wir essen dürfen, was und so viel wir wollen – nur „light" muss es sein.
„Fettarm", „zuckerfrei", „reich an natürlichem Vitamin C", „stärkt die körpereigenen Abwehrkräfte", „unterstützt die Verdauung" … lauten die Angaben.
Dazu vielleicht noch eine Pille mit den passenden Vitaminen und schon fühlen wir uns rundherum wohl.
Das schöne leichte Leben also?

1

Beobachten Untersuchen Experimentieren

„Light"-Produkte untersuchen
Untersucht die Unterschiede zwischen „Normal-" und „Light"-Produkten und klärt, was an den Versprechen der Werbung dran ist.

1 Vergleiche verschiedene „Light-Produkte" miteinander. Gehe dazu in einen Supermarkt und sammle die Angaben aus den Nährwerttabellen der verschiedenen Produkte. Verwende dazu die folgende Tabelle:

2 Auch zuckerfreie Light-Produkte schmecken süß. Sie enthalten anstelle von Zucker Ersatzstoffe, zum Beispiel Zuckeraustauschstoffe oder Süßstoffe. Informiere dich über den Unterschied zwischen Süßstoffen und Zuckeraustauschstoffen. Nenne Beispiele für Produkte, die Sorbit (E 420), Mannit (E 421) oder Xylit (E 967) enthalten.

3 Befrage im Supermarkt Käufer von Light-Produkten nach deren Gründe für den Kauf. Fasse die genannten Gründe in Gruppen zusammen und stelle sie deinen Mitschülern vor. Diskutiert die Ergebnisse.

	light				*normal*			
	Kohlenhydrate	*Eiweiß*	*Fett*	*kcal/kJ*	*Kohlenhydrate*	*Eiweiß*	*Fett*	*kcal/kJ*
Cola								
Joghurt								
…								

Gesundheitsbewusste Ernährung

Vollwertige Ernährung Durch eine ausgewogene und vollwertige Ernährung wird der Körper mit allem versorgt, was zum gesunden Leben nötig ist: Ausreichend Energie durch verschiedene Kohlenhydrate und Fette, Baustoffe durch Eiweiße, Ballaststoffe, Vitamine, Spurenelemente und Flüssigkeit. Obst und Gemüse enthalten darüber hinaus weitere zum Teil noch unerforschte Inhaltsstoffe, die sekundären Pflanzenstoffe. Bei einer idealen vollwertigen Ernährung wird von allem ausreichend, aber nicht zu viel verzehrt.

Gesundheitliche Probleme aufgrund falscher Ernährung Bei vielen Stoffwechsel- oder Herz-Kreislauf-Erkrankungen gilt auch eine falsche Ernährung als Ursache: Fast Food im Stehen, Süßspeisen zwischendurch und Fertiggerichte aus der Mikrowelle. Manche Menschen nehmen mehr Kohlenhydrate und Fette auf, als der Körper benötigt, und lagern diese Überschüsse als Fett ein. Andere Stoffe, vor allem Ballaststoffe und Vitamine, werden dagegen nicht in ausreichender Menge aufgenommen. Solche Mangelerscheinungen können zu einem Absinken der Leistungsfähigkeit und ständiger Müdigkeit führen. Eine Schwächung der Abwehrkräfte kann zu häufigeren Erkrankungen führen.

„Light-Ernährung“ Die Ernährung mit Light-Produkten scheint verführerisch: Essen, so viel man mag! Allerdings enthalten Light-Produkte lebenswichtige Nährstoffe, zum Beispiel Fette, oft nicht in ausreichender Menge. Dem Körper wird nur das Gefühl gegeben, dass er versorgt wird. Mangelerscheinungen oder das Fehlen eines Sättigungsgefühls können die Folge sein. Da Fette zu den wichtigsten Geschmacksträgern zählen, werden fettarmen Lebensmitteln oft weitere Aromastoffe zugesetzt. Bislang sind noch nicht alle gesundheitlichen Auswirkungen der großen Menge an Süßstoffen, Ersatzstoffen, Aromastoffen usw. in Light-Produkten erforscht.

Kurz und knapp **Durch eine ausgewogene Ernährung erhält der Körper alle Stoffe, die für eine gesunde Lebensweise nötig sind. Eine Unter- oder Überversorgung wird vermieden.**

Schon gewusst?

Großbritannien kennzeichnet als eines der ersten Länder Lebensmittel mit einem Ampelsymbol. Der Verbraucher erkennt so sehr schnell, ob das Produkt übermäßig viel Fett, Zucker oder Salz enthält.

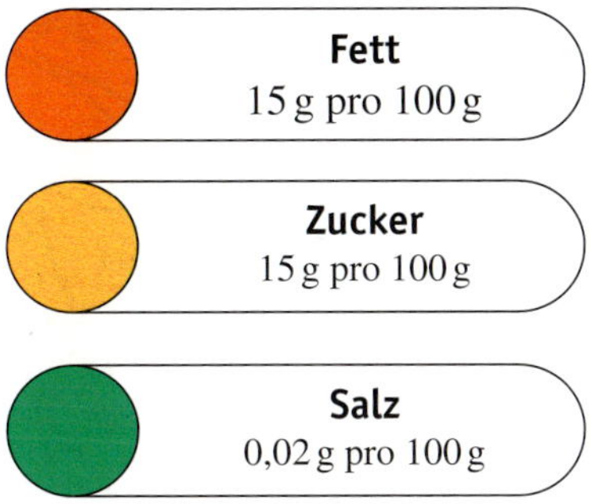

Arbeitsaufträge

1 Die deutsche Gesellschaft für Ernährung hat auf der Basis aktueller wissenschaftlicher Erkenntnisse 10 Regeln für vollwertiges Essen formuliert. Informiere dich im Internet über diese Regeln und notiere sie.

2 Vergleiche die 10 Regeln für vollwertiges Essen mit den Erkenntnissen aus der Nahrungspyramide. Stelle die Vorteile der Regeln und die der Nahrungspyramide heraus.

3 Finde Argumente für und gegen eine Lebensmittelkennzeichnung durch ein Ampelsymbol und notiere sie. Tauscht eure Argumente im Rahmen einer Diskussionsrunde aus.

4 Viele Menschen erwarten, dass sie durch den Verzehr von „Light-“ und Diätprodukten ihr Körpergewicht reduzieren können. Diskutiert eure Meinungen in einer Kleingruppe und formuliert eine gemeinsame Stellungnahme.

Zur Diskussion „Künstliche" Lebensmittel

Im Alltag begegnen uns ständig künstlich hergestellte Light-Produkte, Diätetische Lebensmittel, Vitaminpillen und andere Lebensmittel mit besonderen Eigenschaften. Doch was nützen sie tatsächlich?

1

Lulu – Gast ***Beiträge n/a***

Vergleich Light-Produkt und „normales" Produkt

Hallo PinkLady,
ich nehm die Fertigsuppen der „Light"-Serie eines Discounters zum Abnehmen.
Gruß Lulu

PinkLady – Gast ***Beiträge n/a***

Vergleich Light-Produkt und „normales" Produkt

Danke Lulu,
aber ich habe die Light-Suppe einfach mal aus Interesse mit der normalen Erbsensuppe von XXXX verglichen, die noch zu Hause stand.
Und dann war ich schon ziemlich geschockt.

100 g	*kcal*	*Eiweiß*	*Kohlenh.*	*Fett*
normal	*90*	*2,9 g*	*6,7 g*	*5,7 g*
light	*80*	*5,7 g*	*9,3 g*	*2,7 g*

Soweit zu Light-Produkten. Nicht überall, wo light draufsteht, ist auch light drin.
Gruß PinkLady

2 Ausschnitt aus einem Chat zum Thema Abnehmen

Interview mit Dr. Spät (Ernährungswissenschaftler)

Fokus: Herr Spät, Nahrungsergänzungsstoffe ist ein Begriff, den ich so noch nicht gehört habe. Welche Stoffe sollen meine Ernährung ergänzen?

Spät: Vor allem Vitamine und Mineralstoffe werden in hochdosierter Form als Kapseln, Pillen, Brausetablette oder Pulver angeboten. Sie sollen die Ernährung bereichern und versprechen positive Effekte wie die Steigerung des Wohlbefindens und die Abwehr von Krankheiten.

Fokus: Die normale Ernährung reicht dafür nicht aus?

Spät: Doch. Untersuchungen haben gezeigt, dass der Körper bei einer ausgewogenen Ernährung alles bekommt, was er benötigt. Zusätzliche Vitamine und Mineralstoffe sind dann überflüssig.

Fokus: Manche Nahrungsergänzungsstoffe sind aber doch recht teuer. Wer kauft sie dann?

Spät: Jeder kennt das Gefühl, sich auch mal nicht wirklich gut zu fühlen. Die Produkte sollen dann Abhilfe schaffen, indem sie die Anfälligkeit für Krankheiten verringern, bei Unwohlsein helfen oder einfach fit machen.

Fokus: Vielen Dank

Werbung: ProWell

ProWell ist ein probiotischer Joghurt mit Milchsäurebakterien, die widerstandsfähiger gegen Magensäure sind und so in größerer Zahl in den Darm gelangen. Bei täglichem Verzehr werden die körpereigenen Bakterienpopulationen im menschlichen Darm aufgefrischt und die Darmflora positiv beeinflusst. Ein gesunder Darm bildet die Grundlage für eine gute Verdauung, ein starkes Immunsystem und eine optimale Leistungsfähigkeit.

Kritische Äußerungen

- „Die in der Werbung angepriesenen Vorteile sind kaum wissenschaftlich nachgewiesen.“
- „Ein Effekt kann nur bei sehr regelmäßigem Verzehr eintreten.“
- „Die probiotischen Produkte sind sehr viel teurer als *normale* Milchprodukte.“
- „Joghurts sind immer gesund. Sie enthalten Calcium, Eiweiß und Vitamine. Die Milchsäurebakterien, die in jedem Joghurt enthalten sind, können bereits die Darmtätigkeit positiv beeinflussen.“

Funktionelle Lebensmittel

Funktionelle Lebensmittel (functional food) weisen neben ihrer Ernährungsfunktion eine zusätzliche gesundheitsfördernde Eigenschaft auf. Häufig werden ihnen Vitamine, Ballaststoffe, ungesättigte Fettsäuren oder bestimmte Bakterienkulturen beigefügt.

Diätetische Lebensmittel

Diätetische Lebensmittel dienen einer besonderen Ernährung, zum Beispiel bei Krankheiten, Schwangerschaft, Mangelerscheinungen oder Überempfindlichkeiten, und unterscheiden sich deutlich von anderen Lebensmitteln. Sie enthalten häufig Zuckeraustauschstoffe wie Sorbit oder Mannit, die das Lebensmittel zwar süßen, aber einen geringeren Einfluss auf den Blutzuckerspiegel haben. Der Begriff „Diät“ wird bei diesen Produkten im Sinne von „für Diabetiker geeignet“ verwendet und weist nicht auf eine besondere Eignung zum Abnehmen hin.

Lebensmittel	Vitamin C in 100 g essbarem Anteil
Hagebutte	1045 mg
Schwarze Johannisbeere	175 mg
Petersilie	165 mg
Paprika	140 mg
Zitrone	51 mg
Apfelsine	50 mg
Tagesbedarf für Erwachsene: 75 – 100 mg	

Lebensmittel	Calcium in 100 g essbarem Anteil
Emmentaler	1020 mg
Edamer	795 mg
Grünkohl	210 mg
Spinat	125 mg
Milch (3,5 % Fett)	120 mg
Weizenvollkornbrot	65 mg
Tagesbedarf für Erwachsene: 800 mg	

3 Vitamin-C- und Calciumgehalt ausgewählter Lebensmittel

Arbeitsaufträge

1 Gehe in eine Drogerie und erstelle eine Liste mit 15 Nahrungsergänzungsstoffen in Pillen- oder Kapselform. Suche dir drei Stoffe aus und informiere dich über deren Wirkungen in unserem Körper.

2 Viele Menschen ergänzen ihre Nahrung durch die zusätzliche Aufnahme von Vitamin-C- oder Calcium-Präparaten. Nimm Stellung zu dieser Nahrungsergänzung und berücksichtige dabei die Angaben zum Vitamin-C- und Calciumgehalt ausgewählter Lebensmittel. ↑3

3 Überprüfe die Angaben aus dem Chat, indem du 7 weitere Lebensmittel entsprechend vergleichst.

4 Vergleiche probiotische mit normalen Joghurts hinsichtlich des Nährwertgehalts, des Preises und des Verpackungsdesigns. Prüfe auch den Geschmack, indem du verschiedene Produkte mit verbundenen Augen probierst. Stelle deine Ergebnisse übersichtlich dar.

5 Lass dir von Käufern probiotischer Produkte erklären, was sie unter „probiotisch“ verstehen, und frage nach ihren Gründen für den Kauf. Notiere die Aussagen und versuche sie in Gruppen zusammenzufassen.

6 Erkläre den Unterschied zwischen „Light-Produkten“ und diätetischen Lebensmitteln.

7 Notiere Argumente für und gegen den Verzehr der vorgestellten Typen von „künstlichen“ Lebensmitteln.

Wie der Körper die Energieversorgung regelt

Viele Schülerinnen und Schüler glauben daran, dass eine Extraportion Traubenzucker während einer Klassenarbeit den Energieschub für bessere Leistungen bringt. Meist essen wir aber nicht unmittelbar während körperlicher oder geistiger Belastungen, sondern zu anderen Zeiten. Unserem Körper gelingt es dennoch, immer so viel Energie bereitzustellen, wie wir gerade benötigen. Das erfordert eine perfekte Steuerung unserer Energieversorgung.
Wie regelt der Körper die Energieversorgung?

1

Beobachten Untersuchen *Experimentieren*

Energieversorgung und Leistung
Unser Körper passt seine Energieversorgung den Bedürfnissen an. So „knurrt unser Magen", wenn wir längere Zeit nichts gegessen haben, und nach einer Hauptmahlzeit stellt sich ein Sättigungsgefühl ein.

1 Notiere einen Tag lang, wann du etwas isst und wann du das Gefühl hast, besonders viel Energie zu verbrauchen (z. B. Sport, Klassenarbeit, schwere Mathematikaufgabe ...). Übertrage dazu die Tabelle in dein Heft und ergänze sie. Markiere durch rote Kreuzchen, wann du wenig, mittelmäßig oder viel isst, und durch grüne Kreuzchen, wann du das Gefühl hast, wenig, mittelmäßig oder viel Energie zu „verbrauchen".

2 Vergleiche deine persönlichen Werte mit der Tagesleistungskurve. ↑2
Beurteile, ob die verallgemeinerte Tagesleistungskurve sinnvoll ist, um seine persönliche Leistungsfähigkeit einschätzen zu können.

3 Vergleicht und diskutiert eure Ergebnisse mit denen eurer Mitschüler.

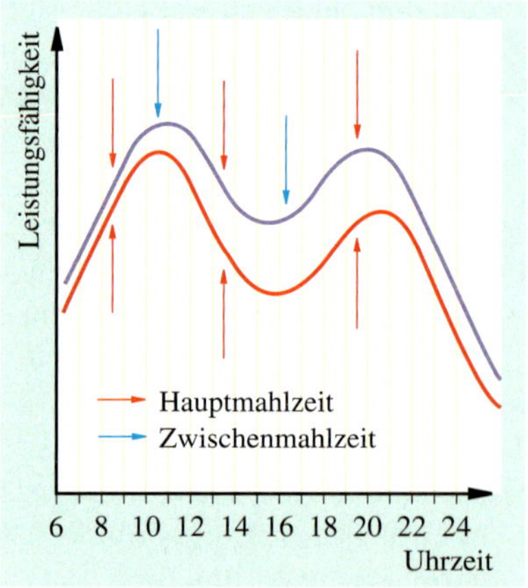

2 Tagesleistungskurve

viel																	
mittelmäßig																	
wenig																	
Uhrzeit	*6*	*7*	*8*	*9*	*10*	*11*	*12*	*13*	*14*	*15*	*16*	*17*	*18*	*19*	*20*	*21*	*22*

Die Energieversorgung in unserem Körper

Entstehung des Hungergefühls Das Hungergefühl entsteht nach einer längeren Phase ohne Nahrungsaufnahme. Neben dem spürbaren „Magenknurren“ sinken der Glucosegehalt im Blut und die Körpertemperatur ab und die Fettdepots werden zur Energieversorgung abgebaut.

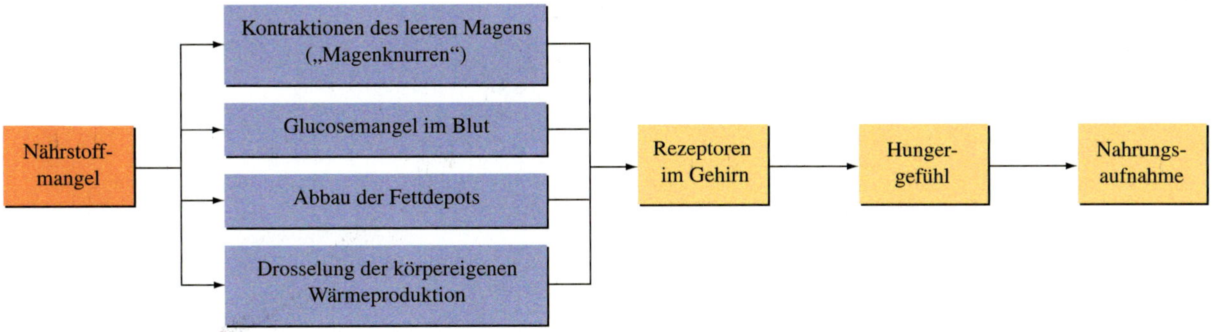

3 Entstehung des Hungergefühls

Blutzuckerspiegel Egal, ob du dich körperlich anstrengst oder geistige Arbeit verrichtest: Jede Zelle des Körpers benötigt Glucose zur Energieversorgung. ↑S.38 Die mit der Nahrung aufgenommenen Kohlenhydrate werden in Glucose (Traubenzucker) umgewandelt und von unserem Blutkreislauf im ganzen Körper verteilt. Die Konzentration an gelöster Glucose im Blut wird Blutzuckerspiegel genannt. Er liegt normalerweise bei etwa 80 bis 110 mg in 100 ml Blut. Damit sichergestellt ist, dass für die Arbeit von Muskeln und Gehirn immer die richtige Blutzuckermenge zur Verfügung steht, wird die Blutzuckerkonzentration ständig genau überwacht und reguliert. So kann der Körper bei Veränderungen schon frühzeitig gegensteuern.

Bauchspeicheldrüse Die Bauchspeicheldrüse bildet Enzyme für die Verdauung im Dünndarm und enthält außerdem besondere Zellansammlungen, die Langerhans'schen Inseln. ↑4 Diese besitzen die Fähigkeit, den Blutzuckerspiegel zu messen und die Stoffe Insulin und Glucagon herzustellen, um sie bei Bedarf ins Blut abzugeben. Insulin und Glucagon zahlen zu den körpereigenen Botenstoffen, den Hormonen. Insulin führt zu einer Senkung des Blutzuckerspiegels, Glucagon zu einer Erhöhung. Die beiden Hormone haben eine entgegengesetzte Wirkung: Sie werden als Antagonisten bezeichnet.

Basiskonzept

Steuerung und Regelung
Der Blutzuckerspiegel muss so geregelt werden, dass er immer in einem bestimmten Bereich liegt. Dazu wird im Körper die Blutzuckerkonzentration ständig gemessen und durch Abgabe von Insulin bzw. Glucagon bei Bedarf verringert oder erhöht.

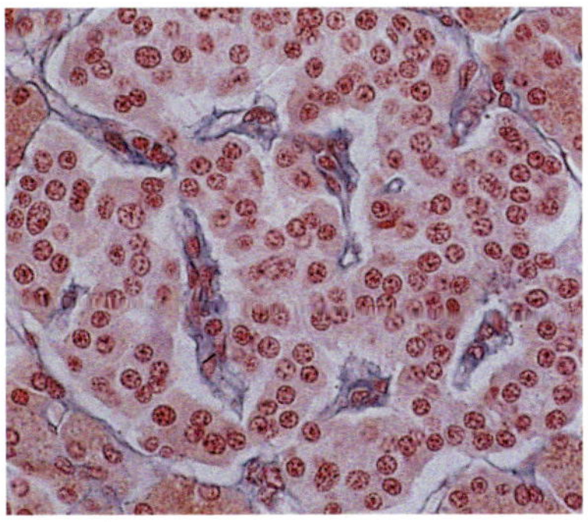

4 Langerhans'sche Inseln in der Bauchspeicheldrüse

Arbeitsaufträge

1 Erkläre die Entstehung des Hungergefühls in einem selbst formulierten Text. Berücksichtige dabei die Aussagen aus dem Diagramm. ↑3

2 Ermittle die Masse an Glucose, die in den 6 Litern Blut eines erwachsenen Menschen gelöst sein kann. Gib die Menge in Zuckerwürfeln an.

3 Viele Menschen essen nicht immer dann, wenn sich ein Hungergefühl einstellt. Notiere Gründe dafür.

Regulation des Blutzuckerspiegels

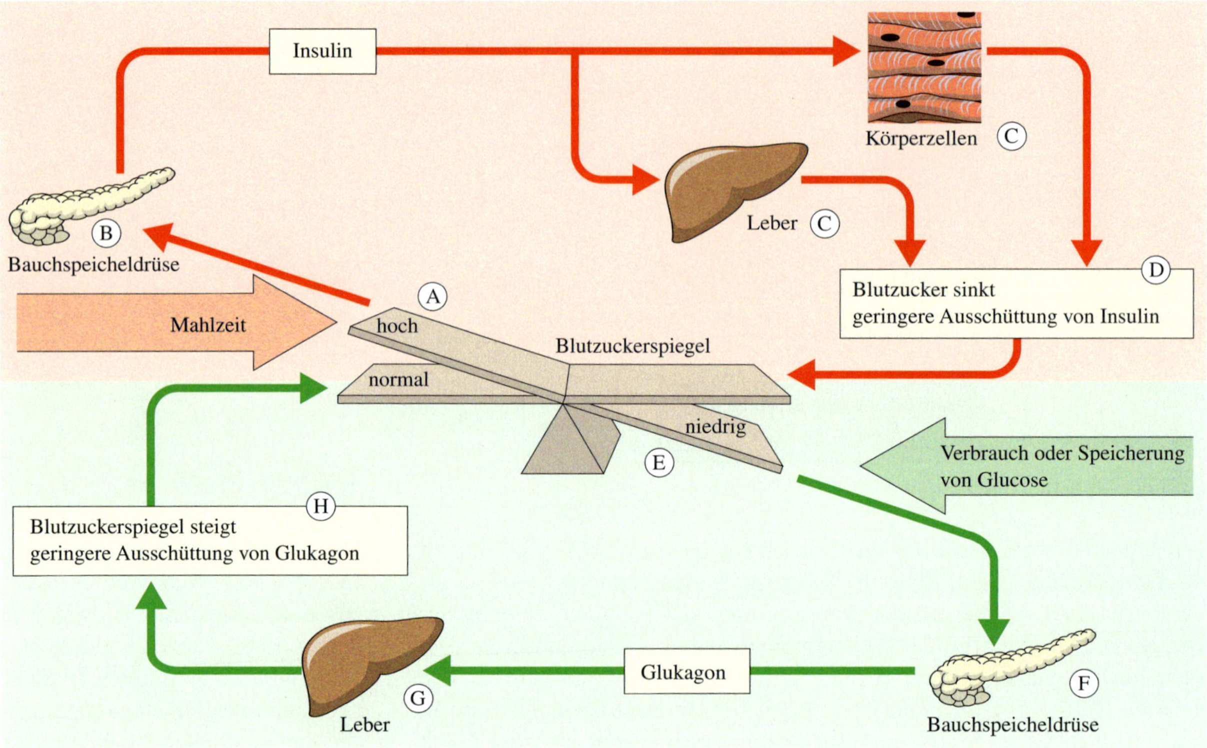

1 Die Hormone Insulin und Glukagon regulieren den Blutzuckerspiegel. Sie haben entgegengesetzte Wirkungen.

Wird Glucose aus der Nahrung aufgenommen, steigt der Blutzuckerspiegel. ↑4A Die Bauchspeicheldrüse schüttet daraufhin Insulin aus. ↑4B Dieses Hormon wird über den Blutkreislauf verteilt und gelangt in die Muskel- und Leberzellen. ↑4C Dort führt das Insulin zu einer verstärkten Aufnahme von Glucose in alle Körperzellen. Überschüssige Glucose wird in den Leberzellen zu dem Speicherstoff Glykogen umgewandelt und eingelagert. Der Blutzuckerspiegel sinkt und die Bauchspeicheldrüse stellt die Insulinausschüttung wieder ein. ↑4D Ist der Blutzuckerspiegel zu niedrig, schüttet die Bauchspeicheldrüse Glukagon aus. ↑4F Dieses Hormon regt die Leber dazu an, Glykogen zu Glucose abzubauen. ↑4G Glucose wird ins Blut abgegeben und der Blutzuckerspiegel steigt wieder an.

Kurz und knapp **Die Hormone Insulin und Glucagon halten den Blutzuckerspiegel weitgehend konstant. Insulin führt zu einer verstärkten Aufnahme von Glucose in die Zellen. Durch Glucagon wird Glykogen zu Glucose abgebaut, der Blutzuckerspiegel steigt.**

Arbeitsaufträge

1 Erläutere, wie es sich auf deinen Blutzuckerspiegel und dessen Regulation auswirkt, wenn du während einer Klassenarbeit Traubenzucker isst. Welche Folgen hat es, wenn du einen Fastentag einlegst?

2 Begründe, warum ein zu niedriger Blutzuckerspiegel für Konzentrationsschwierigkeiten und Müdigkeit verantwortlich ist.

Diabetes mellitus

„Ich habe Zucker" – damit wollen Menschen ausdrücken, dass sie an Diabetes mellitus (kurz: Diabetes) leiden. Diabetes ist eine Krankheit mit vielen Gesichtern: Junge Menschen können genauso betroffen sein wie ältere. Sie wird durch einen Mangel an Insulin oder durch fehlende Reaktion auf dieses Hormon in den Zielgeweben verursacht. Die Folge ist ein zu hoher Blutzuckerspiegel. Diabetes ist eine chronische Erkrankung, die eine dauerhafte Behandlung erforderlich macht. Sie wird aufgrund verschiedener Ursachen in zwei Hauptformen eingeteilt.

Diabetes mellitus Typ I

Liegt die Ursache der Erkrankung in der Funktion der Bauchspeicheldrüse, spricht man vom Typ I. Dabei gehen die insulinproduzierenden Zellen der Hormondrüse plötzlich zugrunde. Gewöhnlich tritt dies in jungen Jahren auf, sodass auch häufig vom „Jugendzucker" gesprochen wird. Die Behandlung besteht in der Injektion von Insulin – meist mehrmals täglich.

Tim, 16 Jahre, berichtet: „Zuerst hatte ich unglaublich viel Durst. Ich trank bis zu 9 Flaschen Wasser am Tag und musste ständig auf die Toilette. Häufig war mir auch übel und es fiel mir schwer, wach und konzentriert zu bleiben. Beim Arzt wurde mein Urin auf Zucker untersucht. Da dieser Test positiv ausfiel, verordnete der Arzt einen Blutzuckerbelastungstest. Dabei stellte sich heraus, dass ich Zucker hatte."

Diabetes mellitus Typ II

Die Ursache des Typs II liegt an der verminderten Fähigkeit der Zielzellen, auf Insulin zu reagieren. Auch hier ist die Folge ein erhöhter Blutzuckerspiegel. Die Wahrscheinlichkeit, am Typ II zu erkranken, steigt mit dem Alter. Daher auch die geläufige Bezeichnung „Altersdiabetes". Heute weiß man, dass die Wahrscheinlichkeit der Erkrankung zum einen erblich ist und zum anderen aber auch eng mit starkem Übergewicht zusammenhängt.

Herr Schneider, 68 Jahre, berichtet: „Meine Zuckerkrankheit kam nicht plötzlich. Schon einige Jahre zuvor wies mich mein Arzt darauf hin, dass meine Blutzuckerwerte erhöht seien. Erst seit letztem Jahr muss ich einen Diätplan einhalten und meine Zuckerwerte regelmäßig kontrollieren."

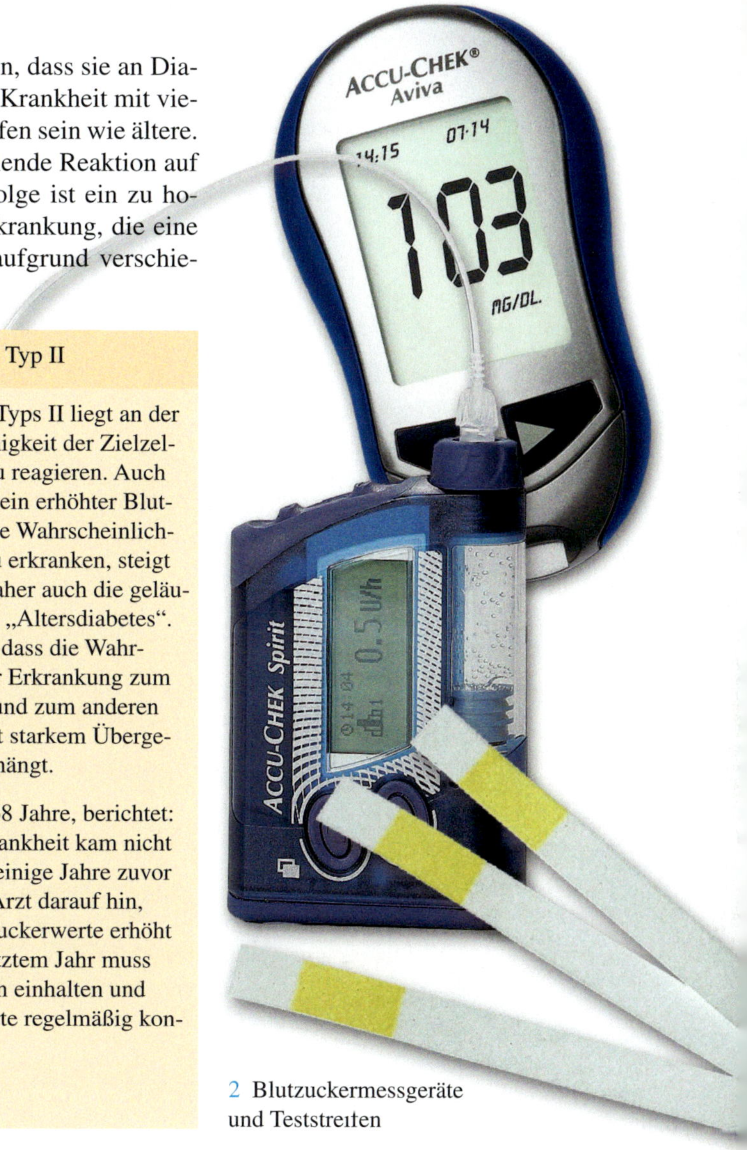

2 Blutzuckermessgeräte und Teststreifen

Kurz und knapp **Die Regulation des Blutzuckerspiegels ist bei Diabetes mellitus entweder durch eine verminderte Insulinbildung oder wegen einer fehlenden Reaktion der Zielzellen gestört.**

Arbeitsaufträge

1 Stelle die Symptome der beiden Diabetes-Typen mithilfe von Befragungen und Recherche gegenüber. Welche Schlussfolgerungen für eine gesunde Lebensweise kannst du daraus ziehen?

2 Ordne Diabetes Typ I und II in der Abbildung 1 an den richtigen Stellen zu und begründe deine Zuordnung.

3 Seit zwei Jahrzehnten kommt der „Altersdiabetes" auch bei jungen Menschen häufiger vor. Stelle aufgrund der Informationen im Text Vermutungen über die Ursachen an.

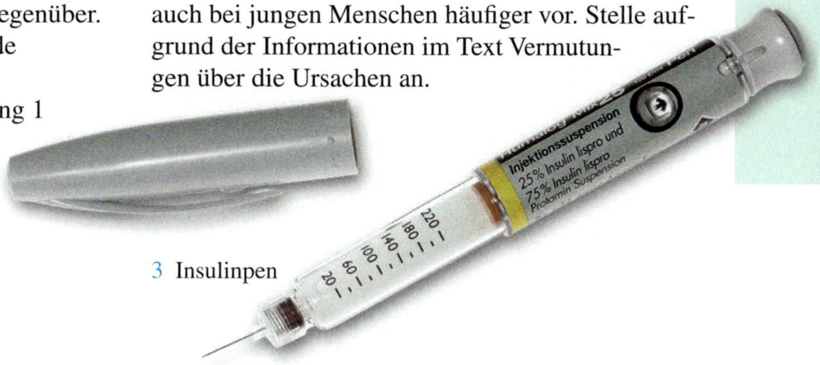

3 Insulinpen

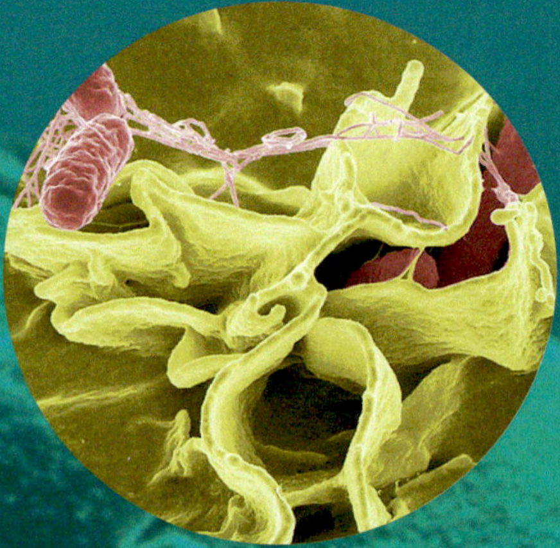

1 Auf welchen Wegen können Viren und Bakterien in unseren Körper gelangen?

Krankheitserreger erkennen und abwehren

Viele Krankheiten werden durch Bakterien und Viren ausgelöst, die unseren Körper auf unterschiedliche Weise angreifen oder schädigen können. Der Körper verfügt jedoch über ein Abwehrsystem, das die Eindringlinge erkennt, sie bekämpft und uns vor Krankheiten schützt.

2 Jule hat Windpocken. Ihr Bruder Leon hat keine Angst, krank zu werden, weil er die Windpocken schon einmal hatte. Warum kann man manche Krankheiten wie die Windpocken nur einmal bekommen, andere aber viel häufiger?

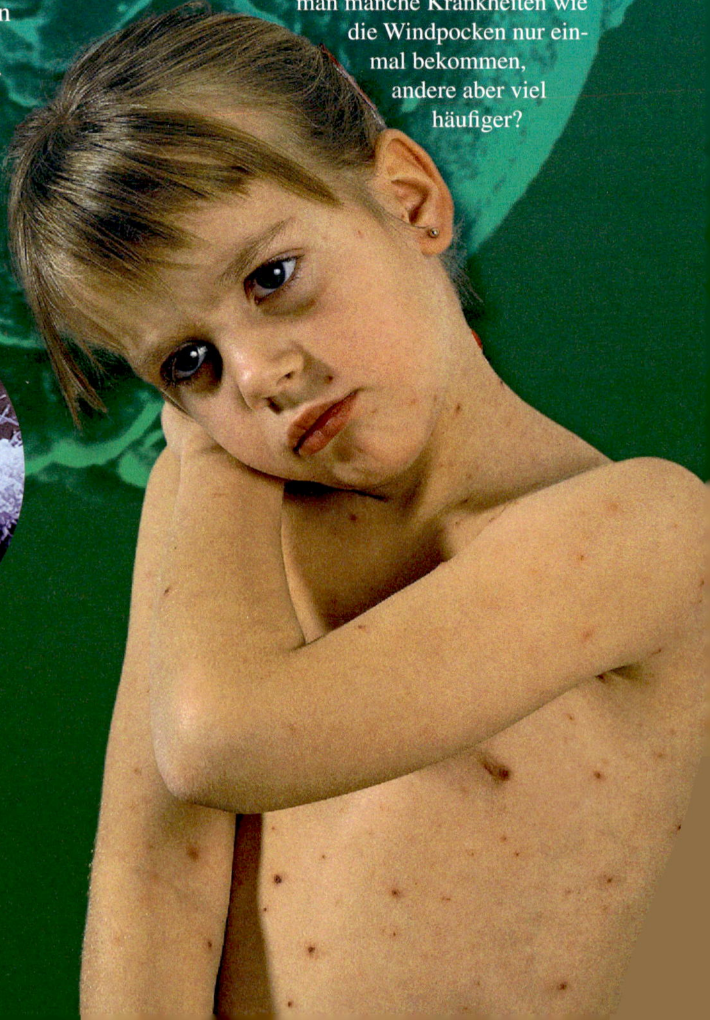

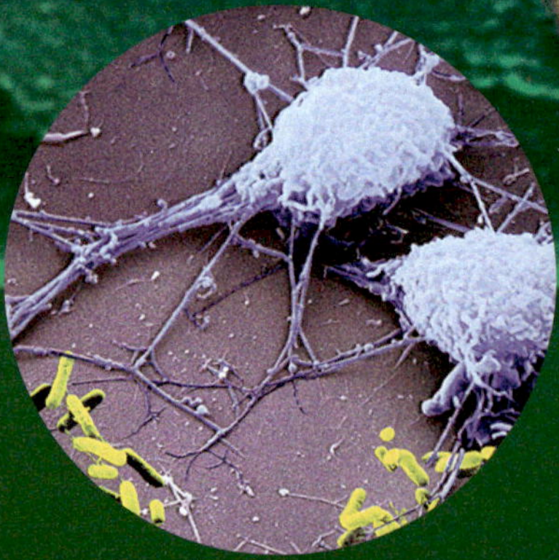

3 Wie schafft es unser Körper, sich gegen Krankheiten zu wehren?

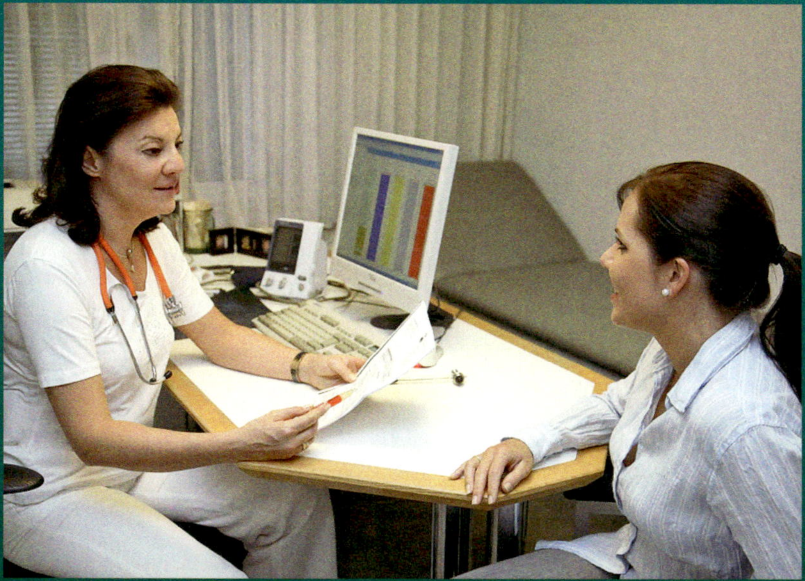

4 Wie kann man sich gegen Krankheiten schützen?
Wann muss man zur Ärztin oder zum Arzt gehen?

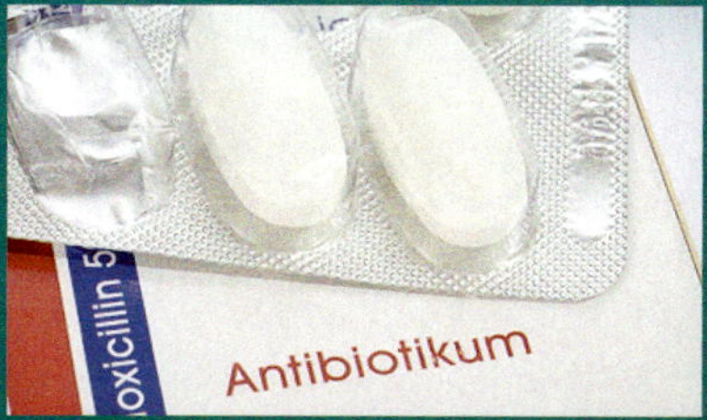

5 Gegen welche Krankheiten helfen Antibiotika? Und wie wirken sie eigentlich?

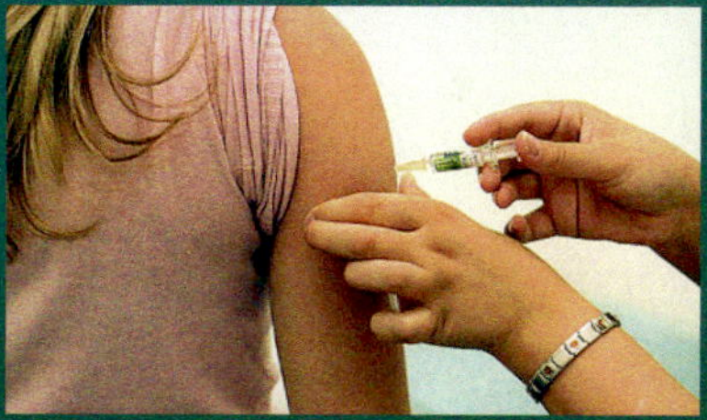

6 Impfungen können uns vor vielen schweren Erkrankungen schützen. Wie funktioniert das?

Markus hat's „erwischt“

Beim ersten Kribbeln in der Nase hatte sich Markus zunächst noch nichts gedacht. Doch dann wurde es immer schlimmer und auch Fieber kam noch hinzu. Daher wurde ein Arztbesuch nötig. Um Markus zu helfen, benötigt der Arzt oder die Ärztin verschiedene Informationen und muss einige Untersuchungen durchführen.
Wie kann der Arzt eine Infektionskrankheit feststellen? Wie verläuft die Krankheit und durch welche Erreger wird sie ausgelöst?

1 Markus ist krank.

Beobachten Untersuchen Experimentieren

Wir untersuchen den Verlauf der Grippe

Die Vorgeschichte: Markus kann sich im Unterricht kaum konzentrieren. „Was ist nur los mit mir? Der Kopf tut weh und alle Gelenke und Muskeln schmerzen. Ob den anderen auch so kalt ist? Hoffentlich ruft mich Herr Möller nicht auf. Ich habe heute gar nichts vom Unterricht mitbekommen! Oh, jetzt kommt er auf mich zu! Keine Gefahr! Er meint, ich sei krank, und sagt, ich soll im Sekretariat Bescheid sagen, dass man mich von der Schule abholt.“

Die eigentliche Geschichte: Zu Hause legt sich Markus sofort ins Bett. Seine Mutter misst die Körpertemperatur. Er hat leichtes Fieber. Der Arzt sagt beim späteren Hausbesuch: „Markus hat sich eine handfeste Grippe geholt. Ich verordne ihm strenge Bettruhe. Bitte messen und notieren Sie täglich seine Körpertemperatur. So können wir den Krankheitsverlauf besser beurteilen.“

a Übernimm das Koordinatenkreuz in Abbildung 2 in dein Heft. Vervollständige mithilfe der Tabelle die Temperaturkurve. ↑3

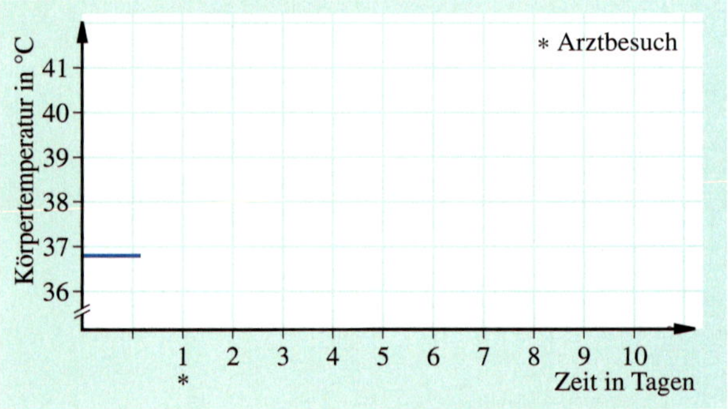

2 Diagrammvorlage des Verlaufs der Körpertemperatur

b Ab einer Körpertemperatur von 38 °C spricht man von Fieber. Kennzeichne den Temperaturverlauf bei Fieber mit Rot, fieberfreie Bereiche mit Grün.

c In wie viele Phasen kannst du die Krankheit Grippe aufgrund des Verlaufs der Temperaturkurve untergliedern? Beachte dabei, dass Markus an dem mit * gekennzeichneten Tag bereits krank war.

d Beschreibe kurz jede dieser Krankheitsphasen. In welcher Phase treten deiner Meinung nach die typischen Grippesymptome auf? Begründe.

1. Tag *	2. Tag	3. Tag	4. Tag	5. Tag	6. Tag	7. Tag	8. Tag	9. Tag	10. Tag
38,1 °C	38,9 °C	39,3 °C	40,1 °C	39,1 °C	38,7 °C	39,3 °C	38,4 °C	37,2 °C	37,1 °C

3 Verlauf von Markus' Körpertemperatur ab dem Tag des Arztbesuchs*

Infektionskrankheiten

Verlauf einer Infektionskrankheit Infektionskrankheiten werden von Erregern, zum Beispiel von Viren oder Bakterien, verursacht, die in den Körper eindringen. Diese Erreger gelangen häufig durch feine Speicheltröpfchen beim Niesen oder Husten eines Kranken in die Atemwege einer anderen Person. Zwischen der Ansteckung mit einem Erreger und dem Auftreten erster Krankheitsanzeichen, den Symptomen, liegt die Inkubationszeit. Sie kann unterschiedlich lang dauern: von wenigen Stunden bis hin zu Wochen. Bricht die Krankheit aus, so ist dies ein Zeichen dafür, dass sich die Erreger im Körper des Erkrankten sehr stark vermehrt haben. Typische Symptome können zum Beispiel Fieber oder Schluckbeschwerden sein. Unser Körper ist bei vielen Erkrankungen in der Lage, die Vermehrung der Erreger zu hemmen und diese schließlich abzutöten. Dadurch gehen die Symptome zurück und man wird wieder gesund.

Untersuchungsmethoden und Therapie Bei schwerwiegenden Erkrankungen, die zum Beispiel mit Fieber einhergehen, sollte man einen Arzt oder eine Ärztin aufsuchen. Damit ein Arzt erkennen kann, um welche Infektion es sich handelt, erfragt er von seinem Patienten zunächst den Krankheitsverlauf und die Symptome. Außerdem macht er häufig einen Abstrich von den entzündeten Hautstellen. Das bedeutet, dass er mit einem Wattestäbchen leicht darüberfährt und die haften bleibenden Erreger auf ein festes oder flüssiges Nährmedium überträgt, in denen sie sich vermehren sollen. ↑4 Man nennt diese Methode daher Kultivierung. Manche Erreger kann man unter dem Mikroskop erkennen. Viele haben eine typische Form und Größe. Den Erreger genau zu identifizieren ist wichtig, denn nur so kann der Patient eine passende Therapie erhalten, meist in Form spezieller Medikamente. Diese helfen dem Körper dabei, die Erreger abzutöten, oder können zumindest die Symptome lindern.
Besonders bei ansteckenden Infektionskrankheiten bespricht der Arzt oder die Ärztin mit dem Patienten auch vorbeugende Maßnahmen, Prophylaxe-Maßnahmen genannt, mit denen eine Ansteckung etwa von Familienmitgliedern verhindert werden soll. Dabei ist es wichtig, den Übertragungsweg eines Erregers zu kennen.

Historisches

Die spanische Grippe
Zwischen 1918 und 1919 wütete die spanische Grippe. Weltweit forderte sie fast 50 Millionen Opfer. Viele Menschen starben innerhalb nur weniger Tage. Mit den Truppentransporten kam die Krankheit am Ende des Ersten Weltkriegs von den USA nach Europa. Besonders viele Menschen starben in Spanien – daher der Name der Krankheit. In Deutschland waren etwa 300 000 Tote zu beklagen. Die gefährlichen Viren hatten nach dem Ersten Weltkrieg leichtes Spiel: Viele Häuser waren zerstört. Die durch Hunger geschwächten Menschen mussten auf engstem Raum zusammenleben – und steckten sich so gegenseitig an.

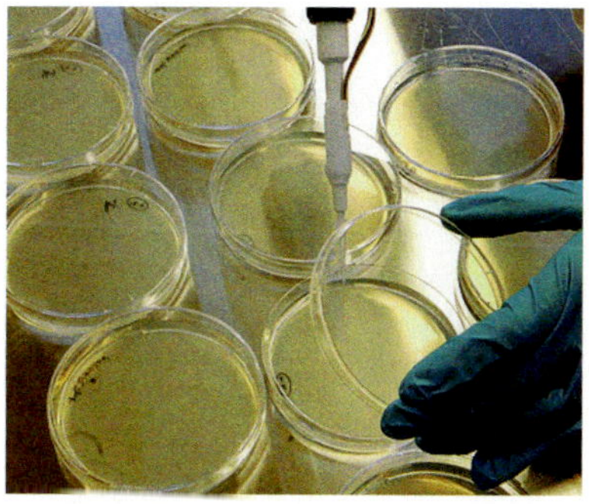

4 Nährböden zur Kultivierung von Bakterien

Arbeitsaufträge

1 Erläutere kurz die folgenden Begriffe: Infektion, Erreger, Inkubationszeit, Therapie, Übertragungsweg, Prophylaxe, Symptom.

2 Ordne die Begriffe aus Aufgabe 1 den Abbildungen 5a bis h zu. *Tipp:* Für einen Begriff gibt es kein Bild, für manche Begriffe gibt es mehrere Bilder.

5

Viren als Krankheitserreger

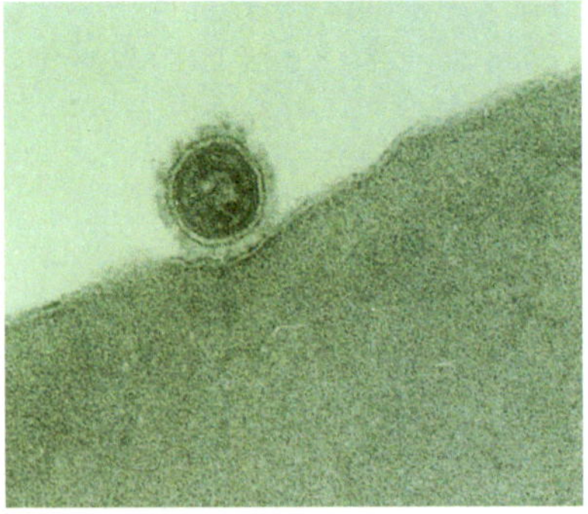

1 Grippevirus im Elektronenmikroskop

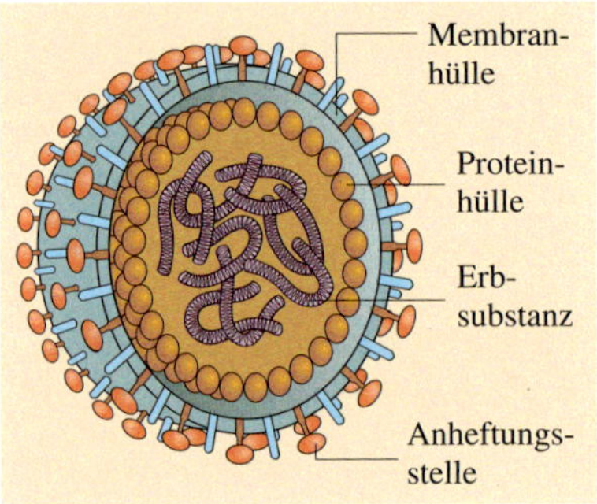

2 Aufbau eines Grippevirus

In Markus' Fall kann der Arzt unter dem Mikroskop nichts Auffälliges erkennen. Er schließt daher auf ein Virus als Erreger. Warum das?

Eigenschaften von Viren Viren sind sehr kleine Erreger. Ihr Durchmesser beträgt nur 10 bis etwa 200 nm (sprich: Nanometer; 1 nm = 1 millionstel Meter). Viren sind damit hundert- bis tausendmal kleiner als beispielsweise Bakterien und lassen sich daher unter dem Lichtmikroskop nicht erkennen.

Die Form eines Virus kann sehr unterschiedlich sein. Sie variiert von rund, oval bis zu eckig. Allen Viren gemeinsam ist aber ein grundsätzlich gleicher Aufbau. ↑2 Sie bestehen aus einer Eiweißhülle und enthalten in ihrem Innern die Erbsubstanz.

Anders als Zellen betreiben Viren keinen Stoffwechsel, das heißt, sie nehmen keine Nahrung auf und scheiden keine Abfallstoffe aus. Zudem können sie nicht wachsen. Auch Lebenserscheinungen, wie zum Beispiel Reizbarkeit oder Bewegung, kommen bei Viren nicht vor.

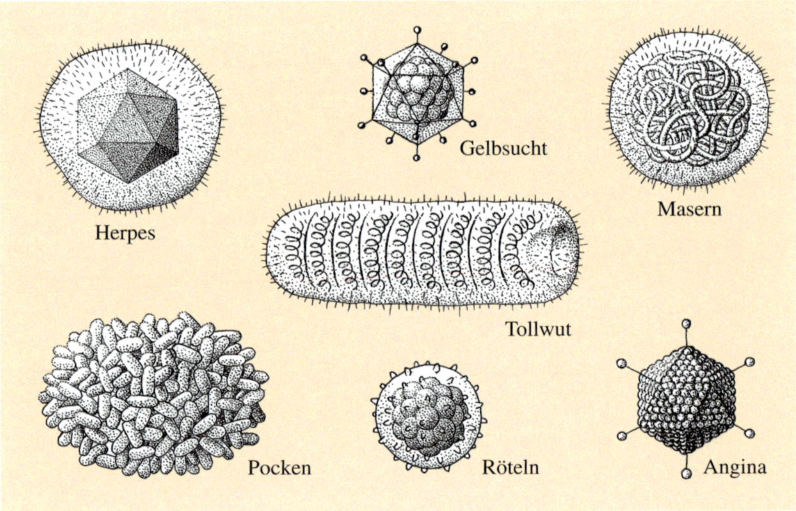

3 Verschiedene Viren und die von ihnen verursachten Krankheiten

Viren dringen in Zellen ein Viren können sich nur in lebenden Zellen vermehren, die ihnen die nötigen Baustoffe für neue Hüllen und Erbsubstanz liefern. Sie befallen immer nur ganz bestimmte (spezifische) Zellen, die sie durch entsprechende Kontaktstellen an der Oberfläche der Zelle erkennen. Diese Kontaktstellen auf Zellen heißen Rezeptoren. Strukturen auf der Oberfläche des Virus, die Anheftungsstellen, passen genau zu den Rezeptoren auf der Zellmembran der jeweiligen Zelle. Man spricht daher auch vom Schlüssel-Schloss-Prinzip. Grippeviren befallen beispielsweise nur Schleimhautzellen von Nase und Bronchien.

Hat ein Virus die passende Zelle gefunden, dockt es an und wird daraufhin von der Zelle aufgenommen. Manche Viren schleusen nur ihre Erbsubstanz in die Wirtszelle, die Hülle bleibt dann außen zurück.

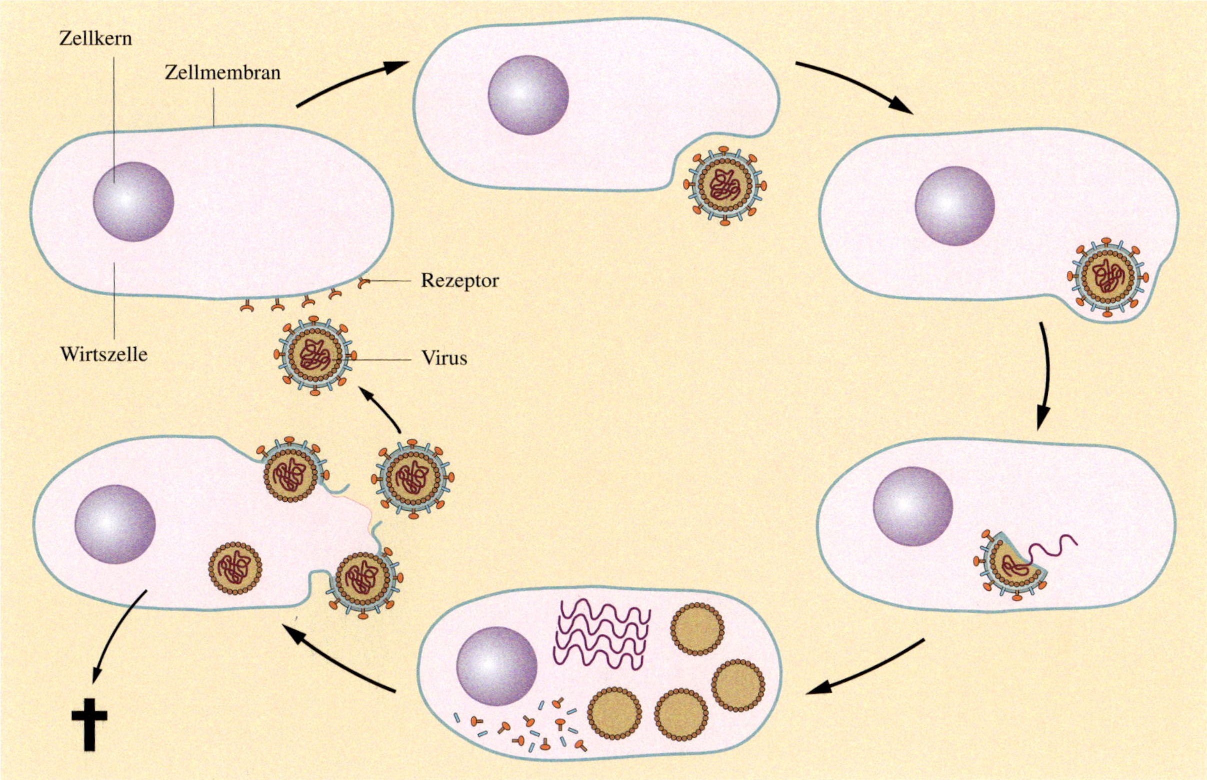

4 Vermehrung eines Grippevirus

Vermehrung von Viren Innerhalb der befallenen Zellen treten große Veränderungen ein. So verändert das Virus den Stoffwechsel der Wirtszelle in einer Weise, dass nur noch Virenhüllen und Virus-Erbsubstanz produziert werden. Die einzelnen Bestandteile werden anschließend zusammengebaut. Zusätzlich wird ein Enzym gebildet, das die Membran der Wirtszelle von innen her durchlässig macht: In der Folge platzt die Zelle. Die neu entstandenen Viren können die Wirtszelle verlassen und wieder neue Zellen befallen.

Kurz und knapp **Eine Infektionskrankheit lässt sich in folgende Abschnitte gliedern: Infektion, Inkubationszeit, Erkrankung und Gesundung. Viele Infektionskrankheiten werden durch Viren hervorgerufen. Viren sind sehr klein und bestehen nur aus einer Proteinhülle und dem Erbmaterial. Da Viren keinen eigenen Stoffwechsel besitzen, nutzen sie Zellen, um sich zu vermehren.**

Arbeitsaufträge

1 Übertrage Abbildung 4 in dein Heft und beschrifte deine Zeichnung mithilfe des Textes.

2 Diskutiere, ob es sich bei Viren um Lebewesen handelt.

3 Erkläre, warum zwischen der Infektion mit Grippeviren und dem Ausbruch der Krankheit mehrere Tage liegen können.

4 Die ersten Symptome bei einem Schnupfen sind eine kribbelnde und laufende Nase sowie heftiges Niesen. Überlege, warum der Körper so reagiert, und notiere deine Ideen.

Nachtisch mit Nebenwirkungen

Auf dem Schulfest von Alines Schule hatte es jede Menge zu esssen und zu trinken gegeben. In der Nacht wurde es Aline furchtbar schlecht und sie musste mehrmals erbrechen. Am nächsten Tag erfuhr sie, dass sehr viele Besucher des Festes erkrankt waren. Alle klagten über Übelkeit, Erbrechen und Durchfall.
Was war passiert?

1

Beobachten Untersuchen Experimentieren

Salmonellose – krank durch Lebensmittelvergiftungen
Finde heraus, was genau eine Lebensmittelvergiftung ist.

1 Lege einen Steckbrief zu der im Zeitungsbericht beschriebenen Erkrankung an. Verwende die Begriffe von S. 106, Aufgabe 1.

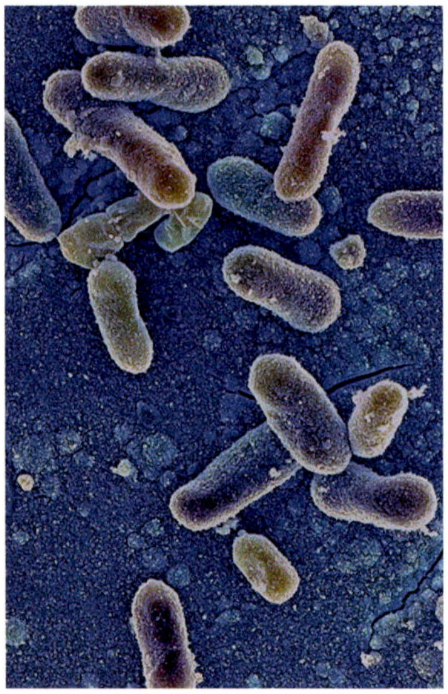

2 Salmonellen

Essener Tagblatt, 21. Juni
Krank nach Schulfest. Am letzten Wochenende klagten über 100 Personen nach dem Besuch des Festes der Schule Rosenstraße über Bauchkrämpfe, Erbrechen, Durchfall, Fieber und Übelkeit. Viele wurden noch in der Nacht ins Krankenhaus gebracht. Dort stellten die Mediziner fest, dass es sich bei der Erkrankung um Salmonellose handelt, die oft auch als Lebensmittelvergiftung bezeichnet wird. Diese wird durch Salmonellen-Bakterien übertragen und kann in schweren Fällen bei kleinen Kindern und älteren Menschen auch zum Tod führen. Das Essener Gesundheitsamt hat – wie gesetzlich vorgeschrieben – alle Erkrankungsfälle registriert und ist der Infektionsquelle nachgegangen. Dazu M. Bayer, Leiter des Gesundheitsamtes: „Wir haben alle Patienten befragt, welche Speisen und Getränke sie auf dem Schulfest zu sich genommen haben. Unsere Auswertungen legen nahe, dass eine der Nachspeisen wahrscheinlich mit rohen, infektiösen Eiern zubereitet wurde.“ Da rohe Eier oder nicht durchgegarte Fleischprodukte die Hauptinfektionsquellen sind, bittet das Gesundheitsamt die Bürger darum, bei Zubereitung und Lagerung solcher Lebensmittel auf besondere Hygiene und eine durchgehende Kühlung zu achten. Da keine neuen Erkrankungen mehr hinzukamen, kann der Fall als abgeschlossen betrachtet werden.

2 Salmonellose gehört zu den meldepflichtigen Erkrankungen, das heißt, alle Fälle werden notiert und untersucht. Finde Gründe, warum dies so ist. Notiere Eigenschaften, nach denen eine Krankheit allgemein als meldepflichtig eingestuft werden kann.

3 Erläutere, welche Hygienemaßnahmen man durchführen kann, um eine Salmonellose zu vermeiden.

4 Begründe, warum die Kühlung von möglicherweise bedenklichen Lebensmitteln eine sinnvolle Vorsichtsmaßnahme ist.

Bakterien als Krankheitserreger

Untersuchungsmethoden Bakterienzellen sind in der Regel viel kleiner als tierische oder pflanzliche Zellen und nur etwa 0,1 bis 5 µm groß (sprich: Mikrometer; 1 µm = 1 hunderttausendstel Meter). Einzelne Bakterien sind also nur unter dem Mikroskop sichtbar. Zur näheren Untersuchung werden sie häufig auf Nährböden kultiviert. ↑S.107 Man erhält dann eine Bakterienkultur. Häufig lagern sich Bakterien dabei zu sogenannten Kolonien zusammen, die so groß werden können, dass auch unser Auge sie wahrnehmen kann. ↑3

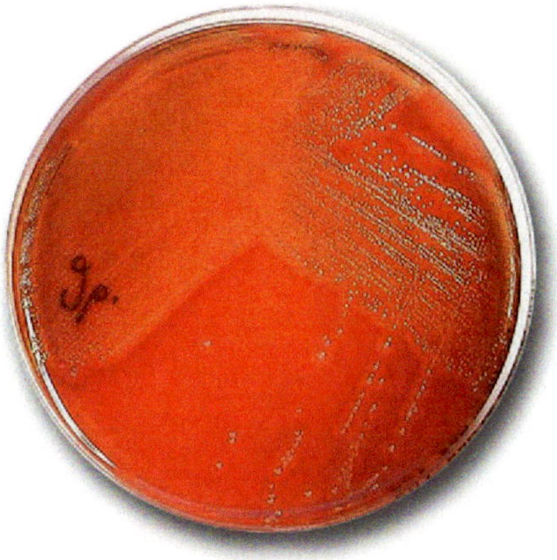

3 Bakterienkolonien auf einem Nährboden

Eigenschaften und Vermehrung von Bakterien Der Grundaufbau eines Bakteriums unterscheidet sich grundsätzlich von dem einer tierischen oder pflanzlichen Zelle. So besitzen Bakterien keinen Zellkern, die Erbsubstanz liegt frei in der Zelle. Außerdem enthalten die Zellwand und die Zellmembran Proteine, die bei Pflanzen und Tieren nicht vorkommen. Manche Bakterien können sich zusätzlich mit einer Schleimkapsel umgeben oder haben Geißeln, mit denen sie sich aktiv fortbewegen. Bakterien haben einen Stoffwechsel und vermehren sich durch Zellteilung. ↑4 und 5

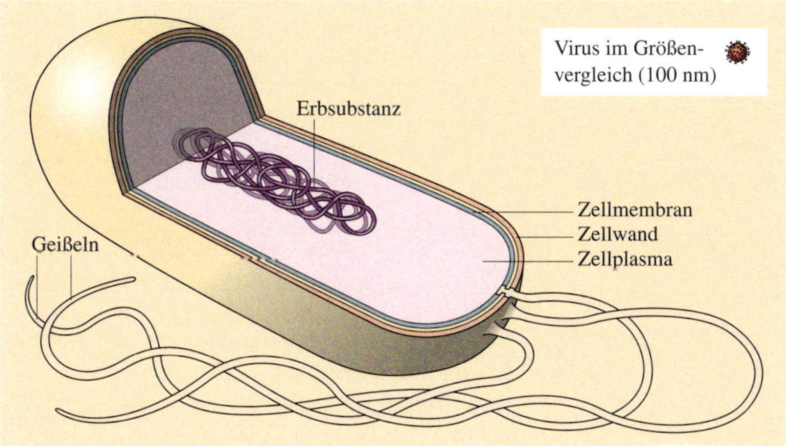

4 Bau einer Bakterienzelle (Schema)

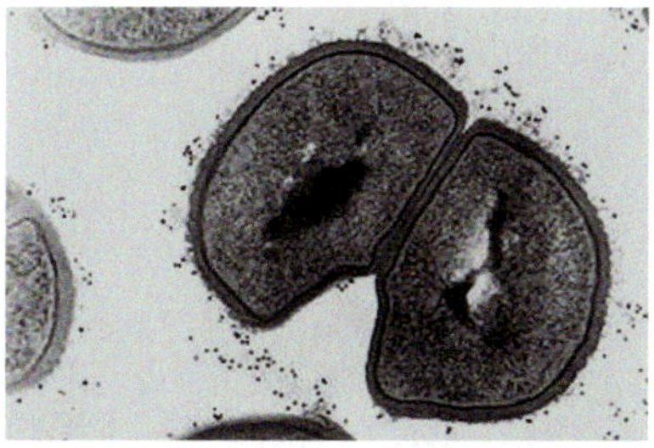

5 Teilung eines Bakteriums

Wie Bakterien den Körper schädigen Zu den von Bakterien verursachten Krankheiten gehören neben Salmonellose beispielsweise Scharlach, Keuchhusten und Lungenentzündung. Bakterien schädigen unser Gewebe, indem sie in Zellen eindringen oder Giftstoffe (Toxine) abgeben. Diese können den Stoffwechsel unserer Zellen stören oder Zellen zum Absterben bringen. Das Salmonellentoxin führt beispielsweise dazu, dass die Zellen unserer Dünndarmschleimhaut nicht mehr genügend Wasser aus dem Stuhl entfernen: Es kommt zu Durchfall.

Arbeitsaufträge

1 Vergleiche Bakterien und Viren. Finde Gemeinsamkeiten und Unterschiede. Lege dazu eine Tabelle an.

2 Bakterien können, anders als Viren, auf Nährböden kultiviert werden. Erkläre, warum dies bei Bakterien möglich ist, bei Viren aber nicht.

Bekämpfung von Bakterien mit Antibiotika

1 ALEXANDER FLEMING (1881–1955)

2 HOWARD FLOREY (1898–1968)

3 ERNST CHAIN (1906–1979)

Kampf den Bakterien Noch bis zum Zweiten Weltkrieg gab es keine geeigneten Medikamente gegen eine bakterielle Infektion. Schon eine einfache Entzündung konnte daher schnell zu Wundbrand führen. Häufig wurde dadurch die Amputation des betreffenden Armes oder Beines notwendig. Doch im Jahr 1928 machte ALEXANDER FLEMING eine bahnbrechende Entdeckung. ↑1 Er arbeitete in einem Londoner Krankenhaus, als er eher zufällig bemerkte, dass auf Nährböden, auf denen Bakterien kultiviert wurden, Schimmelpilze wuchsen. Ihm fiel auf, dass rund um die Schimmelpilze herum die Bakterien abstarben. ↑4 FLEMING erkannte als Erster, dass die Pilze offensichtlich einen Stoff produzierten, der Bakterien abtöten oder in ihrem Wachstum hemmen konnte. Diesen Stoff nannte er Penicillin. Zunächst nahm man seine Entdeckung nicht zur Kenntnis. Erst mit Ausbruch des Zweiten Weltkriegs nahmen der Mediziner HOWARD FLOREY und der Biochemiker ERNST CHAIN die Forschung wieder auf und entwickelten aus dem Schimmelpilz *Penicillium* das erste Antibiotikum, das Penicillin. Für seine Arbeiten erhielt FLEMING 1945 zusammen mit FLOREY und CHAIN den Nobelpreis für Medizin.

Wirkung von Antibiotika Heute sind viele verschiedene Antibiotika bekannt, von denen einige nur gegen bestimmte Bakterien, andere gegen eine ganze Reihe von verschiedenen Bakterien wirken (Breitbandantibiotika). Einige Antibiotika werden nach wie vor mithilfe von Schimmelpilzen, andere rein synthetisch hergestellt. Die Wirkungsweise ist dabei recht unterschiedlich. Bestimmte Antibiotika greifen die Zellwand der Bakterien an, sodass diese schließlich platzen. Andere greifen so in den Stoffwechsel der Bakterien ein, dass diese sich nicht weiter vermehren können oder sogar absterben.

Eine Waffe wird stumpf Noch bis in die 1960er Jahre hinein glaubte man, bakterielle Infektionen für immer besiegt zu haben. Doch seitdem entwickelten immer mehr Bakterien Resistenzen gegenüber den verschiedenen Antibiotika, das heißt, die Bakterien wurden immer unempfindlicher gegen diese Medikamente. Man muss also neue Antibiotika entwickeln, um auch in Zukunft noch wirksame Medikamente gegen bakterielle Infektionen zu besitzen.
Die Resistenzbildung von Bakterien hat vor allem zwei Ursachen: die schnelle Anpassung von Bakterien an neue äußere Bedingungen und das Fehlverhalten vieler Patienten. So ist es sehr wichtig, Antibiotika genau nach der ärztlichen Vorschrift einzunehmen: Zu niedrige Dosierungen oder eine zu geringe Einnahmedauer können dazu führen, dass einige Bakterien, die sich gut gegen das Antibiotikum behaupten konnten, überleben und sich vermehren. Auf Dauer können so sehr viele resistente Bakterien entstehen.

4 Petrischale mit Bakterien und Schimmelpilzen

Wie Bakterien Resistenzen entwickeln Bakterien können durch unterschiedliche Strategien resistent werden. So produzieren sie beispielweise Proteine, die die Antibiotika unschädlich machen oder wieder aus der Zelle ausschleusen. Teilweise verändert sich auch die Zellmembran der Bakterien, wodurch die Wirkung der Antibiotika verringert wird.

Kurz und knapp **Bakterien sind Einzeller. Sie besitzen einen eigenen Stoffwechsel und können sich selbstständig vermehren. Viele von ihnen sind Krankheitserreger. Im Körper des Menschen können sie Gewebe schädigen, was zu Entzündungen führt. Zur Bekämpfung bakterieller Erkrankungen werden Antibiotika eingesetzt. Allerdings entwickeln immer mehr Bakterien Resistenzen, sodass einige der Medikamente bereits wirkungslos werden.**

Arbeitsaufträge

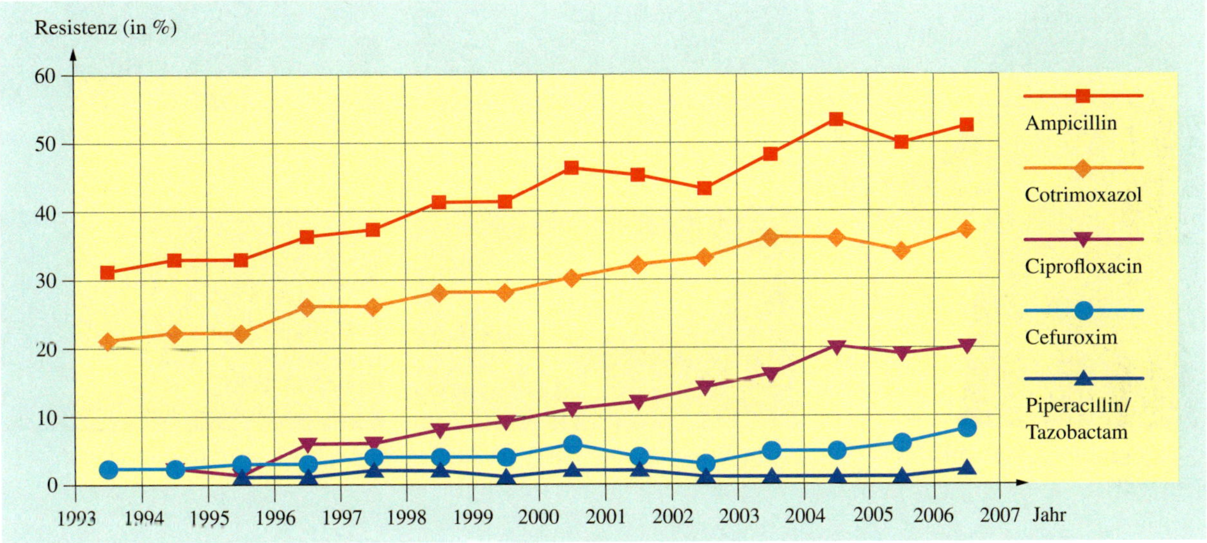

5 Resistenzbildung bei *Escherichia coli*. Dieses Darmbakterium verursacht Durchfall.

1 Erläutere den Begriff „Breitbandantibiotikum".

2 Erkläre, warum Antibiotika menschlichen Zellen keine Schäden zufügen können.

3 Eine Nebenwirkung der Antibiotika ist Durchfall. Erläutere diesen Sachverhalt.

4 Beschreibe das Diagramm und werte die Daten aus. ↑5 Begründe, warum einige Antibiotika als Reserveantibiotika zurückgehalten und nur im äußersten Notfall eingesetzt werden.

5 Von der Entdeckung FLEMINGS bis hin zum fertigen Medikament war es ein langer Weg. Überlegt gemeinsam, welche Schritte hierzu notwendig waren, notiert eure Überlegungen und vergleicht mit den Ergebnissen der anderen Gruppen.

6 In den Niederlanden wird bei Infektionen immer zuerst der Erreger genau identifiziert, indem man einen Abstrich macht und die Keime auf Nährböden züchtet. Erst danach verschreibt der Arzt ein speziell für diesen Erreger passendes Medikament. Breitbandantibiotika werden eher selten verordnet. Erläutere, welche Vor- und Nachteile diese Vorgehensweise hat. Diskutiere mit deiner Tischnachbarin oder deinem Tischnachbarn, ob ein solcher Ablauf auch in Deutschland eingeführt werden sollte.

7 Auf dem Beipackzettel eines Antibiotikums findet sich folgende Angabe: „Nehmen Sie die Antibiotika – falls vom Arzt nicht anders verordnet – noch 2 bis 3 Tage nach dem Abklingen der Symptome weiter." Begründe, warum diese Angabe sinnvoll ist.

Methode

Projektpräsentation

Es gibt viele interessante, spektakuläre, gefährliche und ungewöhnliche bakterielle und virale Infektionen. Daher bietet sich das Thema Infektionskrankheiten für eine Projektarbeit sehr gut an. Sucht euch in kleinen Gruppen zunächst eine Infektionskrankheit aus, die euch interessiert. Achtet darauf, dass in eurer Klasse möglichst viele verschiedene Infektionskrankheiten bearbeitet werden. Die Abbildungen können euch einige Anregungen geben.

Vorbereitung:
Überlegt euch zunächst, welche wichtigen Informationen ihr über die Krankheit herausfinden wollt und welche Fragen ihr zu der Krankheit habt. Recherchiert in Apotheken, im Internet, beim Arzt und in der Bibliothek nach Fakten und Antworten und sammelt eure Ergebnisse. Jetzt kommt es darauf an, wie ihr eure Gruppenergebnisse präsentieren wollt, denn je nach Präsentationsart müsst ihr beim Aufbereiten eurer Daten ganz unterschiedliche Dinge beachten.

1 Die Pest – auch heute noch ein Thema?

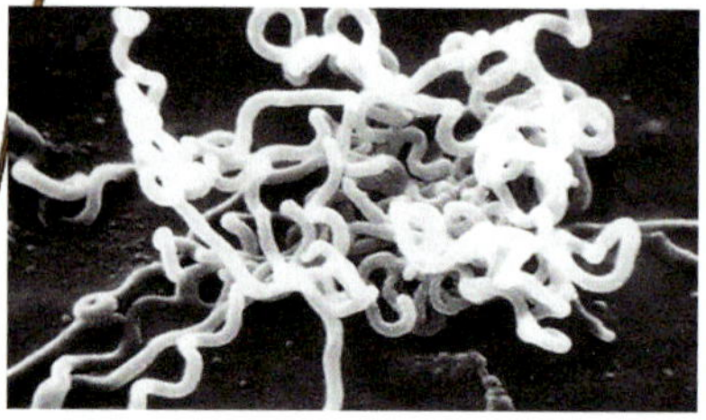

2 Erreger der Syphilis. Wie äußert sich diese Geschlechtskrankheit?

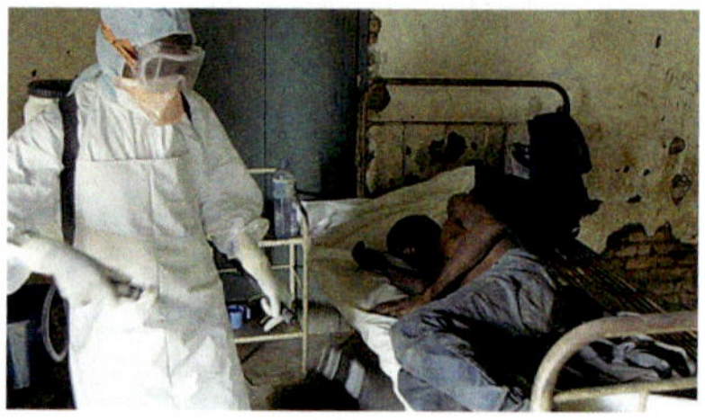

3 Ebola – selten, aber oft tödlich

4 Die Vogelgrippe – Gefahr aus dem Hühnerstall?

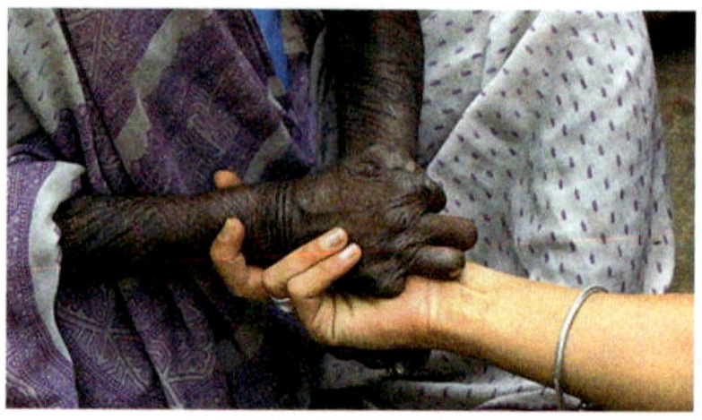

5 Lepra – was ist das eigentlich?

6 Wandzeitung

Die Wandzeitung

Wenn ihr in Gruppen eine Wandzeitung erstellen wollt, solltet ihr folgende Punkte besonders beachten:

1 Überlegt vorab, ob alle Abschnitte der Wandzeitung in der gleichen Weise gestaltet werden sollen (z. B. immer ein Foto des Erregers rechts oben) oder ob jede Gruppe das Plakat individuell gestalten soll.

2 Wählt bereits zu Beginn genau aus, welche Daten und welche Bilder verwendet werden sollen.

3 Beachtet die Regel: So viel Text wie nötig und so wenig wie möglich. Verwendet Stichworte, da ein langer Text in sehr kleiner Schrift sehr abschreckend wirkt.

4 Überlegt, wie und wo Bilder bzw. Datenmaterial und Textbausteine angeordnet sein sollen. Gestaltet alles übersichtlich und verwendet Farben.

7 Kurzreferat

Das Kurzreferat

1 Ein Kurzreferat sollte nicht länger als 10 Minuten dauern. Das hört sich lang an, doch beim Vortragen wird euch die Zeit eher zu kurz vorkommen. Wählt daher genau aus, welche Informationen unbedingt in den Vortrag hinein müssen und welche hinein könnten. Macht eine Probe und stoppt dabei die Zeit. Wenn ihr weniger als 10 Minuten benötigt habt, könnt ihr weitere Informationen aufnehmen.

2 Denkt daran, nicht nur Zahlen und Fakten zu nennen, sondern auch spannende Details zu berichten.

3 Bezieht die Zuhörer mit ein, indem ihr Fragen stellt (z. B.: „Wer von euch glaubt, dass es die Pest auch heute noch gibt?“).

4 Verwendet Medien, die euch bei eurem Vortrag unterstützen (z. B. Folien oder PowerPoint-Präsentationen). Beachtet dabei Folgendes:
- Textbausteine möglichst groß schreiben, damit auch alle sie lesen können.
- Nur die wichtigsten Informationen als Text angeben. Wenn man alles mitlesen kann, hört man nicht mehr aufmerksam zu.
- Möglichst aussagekräftige Bilder verwenden (z. B. ein Foto eines Erregers mit einer Größenangabe oder eine Karte mit dem Verbreitungsgebiet einer Krankheit).
- Alle verwendeten Diagramme und Tabellen erläutern.

5 Fertigt ein Handout für die Zuhörer mit allen wichtigen Informationen an. Verteilt es vor oder nach dem Vortrag. Dann müssen nicht alle hektisch mitschreiben und hören besser zu.

Die Projektmappe

In eine Projektmappe passen die meisten Informationen. Doch auch hier gibt es einiges zu beachten.

1 Stellt die Informationen zusammen, die ihr in die Projektmappe aufnehmen wollt.

2 Legt eine Reihenfolge, also einen roten Faden, fest und teilt alles in Kapitel ein.

3 Findet Überschriften zu den Kapiteln und teilt diese so auf, dass jeder ein Kapitel schreibt. Achtet danach darauf, dass alle Textbausteine gut zueinanderpassen und keine inhaltlichen Brüche entstehen.

4 Verwendet aussagekräftige Bilder und bindet diese an den Text an (z. B.: „ Das Hanta-Virus ist sehr viel kleiner als eine menschliche Zelle, wie in Bild 1 deutlich zu erkennen ist.“).

5 Legt ein Quellenverzeichnis an, in dem ihr alle Quellen aufführt, aus denen ihr Informationen verwendet habt. Internetseiten werden immer mit dem vollständigen Link und dem Datum angegeben (z. B. http://de.wikipedia.org/wiki/Ebola, 2. Januar 2009).

8 Projektmappe

Zecken – eine krabbelnde Gefahr?!

Paul hat es mit seiner Fußballmannschaft bis ins Finale geschafft, das im Juni in Heidelberg stattfindet. Während eines Spiels holt er den Ball aus den angrenzenden Sträuchern. Abends stellt er fest, dass in seiner Kniekehle eine Zecke sitzt. Paul macht sich Sorgen. Er hat im Fernsehen gehört, dass Zecken Überträger gefährlicher Krankheiten sind.
Welche Krankheiten können Zecken übertragen?

1

Beobachten Untersuchen Experimentieren

Zecken sind mehr als nur als lästig
Noch am Abend hat Pauls Freund die Zecke entfernt. Er hatte einen „Geheimtipp“: Zuerst träufelte er Öl darauf, packte mit einer Pinzette kräftig zu und drehte die Zecke linksherum heraus. Paul ist dennoch weiterhin besorgt und recherchiert im Internet.

Entfernen von Zecken
Man sollte Zecken ganz vorsichtig mit einer feinen Pinzette oder einem Skalpell entfernen. Dazu setzt man dicht über der Haut an und zieht bzw. hebelt die Zecke vorsichtig heraus. Da der Stechapparat einer Zecke nur Widerhaken, aber kein Gewinde besitzt, muss die Zecke beim Entfernen weder rechts- noch linksherum gedreht werden.

2 Information aus dem Internet

1 Im Internet findet Paul verschiedene Informationen. ↑2 und 3
a Werte die Informationen aus und lies den Text.
b Erläutere, ob Markus die richtigen Maßnahmen getroffen hat oder ob ihm Fehler unterlaufen sind.
2 Informiere dich in der Apotheke, wie man sich vor Zecken schützen kann.

3 FSME-Risikogebiete in Deutschland

Zecken als Krankheitsüberträger

Zecken Zecken gehören zur Familie der Milben und zählen zu den Parasiten. Das heißt, sie benötigen für ihren Entwicklungszyklus einen anderen Organismus, den man allgemein als Wirt bezeichnet. Dieser wird dabei geschädigt. Als Wirte für die Zecken kommen Wildtiere wie Mäuse, Rotwild und Igel oder Haustiere wie Hunde und Katzen sowie Menschen infrage. Zecken sind in ihrer Entwicklung auf das Blut dieser Tiere angewiesen.

Der Zeckenstich Zecken lassen sich nicht, wie oft behauptet wird, von Bäumen fallen, sondern halten sich vor allem in Gräsern oder im Unterholz auf. Ein geeignetes Opfer finden sie durch Duftstoffe, die im Schweiß von Säugetieren vorhanden sind. Streift etwa ein Jogger an Gräsern vorbei, kann die Zecke sich an ihm festhalten. Auf dem Wirt sucht sie bevorzugt feuchte und gut durchblutete Hautstellen auf. Beim Stich ritzt sie zunächst die Haut mit ihren scherenartigen Mundwerkzeugen auf und führt danach den Stech- und Saugapparat in die Haut ein. ↑5 Dieser besitzt Widerhaken, die zur besseren Verankerung in der Haut dienen.

FSME Beim Stechen können Zecken Viren übertragen, die eine Frühsommer-Meningoenzephalitis (FSME) verursachen. Dies ist eine Entzündung der Gehirnhäute und des Gehirns, die sich nach 4 Tagen bis 4 Wochen durch Kopfschmerzen, Fieber und einem steifen Nacken bemerkbar macht. Eine medizinische Behandlung ist möglich, aber schwierig. Allerdings kann man durch eine Impfung vorbeugen.

Borreliose Zecken können auch mit Borrelia-Bakterien infiziert sein, die eine Borreliose auslösen. Diese Bakterien befinden sich im Darm der Zecke. Man sollte daher die Zecke beim Herausziehen auf keinen Fall quetschen, da dabei vorhandene Borrelien übertragen werden. Die Borreliose macht sich häufig nach ein paar Tagen rund um die Einstichstelle durch eine sogenannte Wanderröte bemerkbar. ↑6 Es kann zu grippeähnlichen Symptomen kommen. Wird die Krankheit nicht erkannt, können nach Monaten bis Jahren Nervenerkrankungen, Lähmungen, Gelenkprobleme sowie Haut- und Herzentzündungen auftreten. Je länger die Krankheit unerkannt bleibt, desto schwieriger ist eine Heilung. Für Borreliose gibt es keine Impfung.

Kurz und knapp **Zecken sind Parasiten, die in ihrem Entwicklungszyklus auf das Blut von Säugetieren angewiesen sind. Bei einem Stich kann die Zecke Viren übertragen, die FSME hervorrufen, sowie Bakterien, die Borreliose verursachen.**

4 Zecke vor und nach einem Stich

5 Mundwerkzeuge einer Zecke

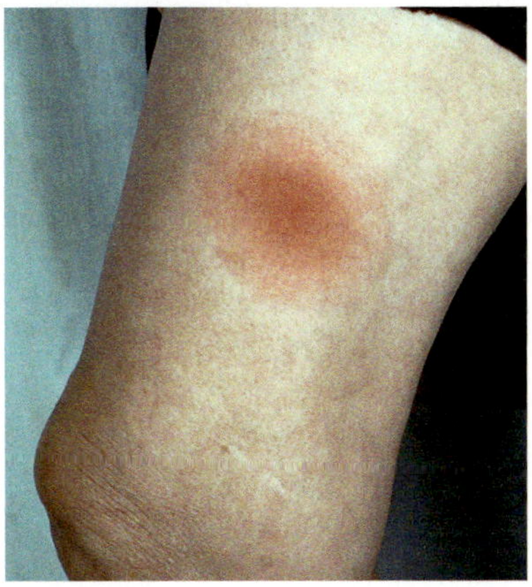
6 Wanderröte

Arbeitsaufträge

1 Erstelle mithilfe des Textes und der Abbildungen eine Mindmap zum Thema „Zecken“.

2 Lege Steckbriefe zu FSME sowie Borreliose an. Finde Gemeinsamkeiten und Unterschiede.

Krankheiten aus fernen Ländern

Die meisten Touristen wissen, dass bei Reisen in die Tropen und Subtropen schnell Durchfallerkrankungen auftreten können. Dass in manchen Regionen noch andere, deutlich gefährlichere Erkrankungen drohen, ist den Reisenden allerdings oft nicht klar. Welche Tropenkrankheiten sind besonders häufig und gefährlich? Wie werden sie übertragen?

1 Tropische Länder sind ein beliebtes Urlaubsziel.

Beobachten Untersuchen Experimentieren

Bilharziose

Die Bilharziose ist eine Erkrankung, die bei uns gänzlich unbekannt ist. Dabei zählt sie zu den häufigsten Tropenerkrankungen überhaupt. Weltweit sind mehr als 200 Millionen Menschen betroffen. Sie wird durch die Saugwürmer der Art *Schistosoma*, auch Pärchenegel genannt, übertragen.

1 Stelle den Entwicklungszyklus des Pärchenegels dar. ↑2

a Notiere dazu die folgenden Begriffe auf Kärtchen: Wimpernlarve, Wasserschnecke, Haut, Urin, Gabelschwanzlarve, Eier, Pärchenegel, innere Organe, freies Wasser (2-mal).

b Bringe die Begriffe in eine sinnvolle Reihenfolge und klebe die Kärtchen auf ein Blatt Papier. Lass zwischen den Begriffen etwas Platz.

c Zeichne Pfeile zwischen die Begriffe und beschrifte die Pfeile mit passenden Verben. Vergleiche deine Ergebnisse mit denen deines Nachbarn.

> Wurm als Reisesouvenir
> Immer mehr Touristen bringen von ihren Reisen in die Tropen einen besonderes Souvenir mit: die Krankheit Bilharziose, die durch Würmer der Art Schistosoma übertragen wird. Vor allem in gewässerreichen Gebieten kommt es immer wieder zu Erkrankungen.

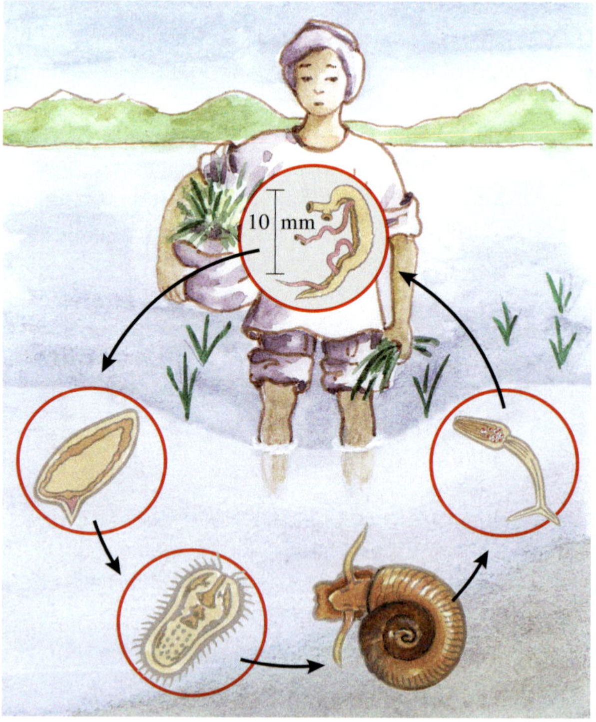

2 Entwicklungszyklus des Pärchenegels

2 Erkläre, warum Bilharziose nur in Gebieten mit stehenden oder langsam fließenden Gewässern vorkommt.

Pärchenegel – Erreger der Bilharziose

Pärchenegel sind Parasiten Der Pärchenegel ist eine Saugwurmart, die parasitär lebt. Parasiten sind Lebewesen, die in ihrem Lebenszyklus auf andere Organismen angewiesen sind und diese dabei schädigen. Die geschädigten Organismen bezeichnet man als Wirte. Man unterscheidet dabei zwischen Endoparasiten, also Parasiten, die in einem Organismus schmarotzen (z. B. Pärchenegel), und Ectoparasiten, die außen an einem Organismus schmarotzen (z. B. Mücke).

Wirtswechsel und Generationswechsel Der Lebenszyklus des Pärchenegels ist recht kompliziert, da er in verschiedenen Stadien auf unterschiedliche Wirte angewiesen ist. ↑2 Finden beispielsweise die Wimpernlarven nicht innerhalb von zwei Tagen eine Wasserschnecke, so sterben sie ab und der Lebenszyklus ist unterbrochen. Die Gabelschwanzlarve kann sich dagegen nur in einem Säugetier, zum Beispiel einem Menschen, weiterentwickeln. Parasiten, die zwei oder mehr verschiedene Wirte benötigen, durchlaufen einen Wirtswechsel. Hinzu kommt, dass sich die verschiedenen Entwicklungsstadien des Wurms auch in der Art der Fortpflanzung unterscheiden. So bilden sich aus den Gabelschwanzlarven männliche und weibliche Würmer aus, die eng aneinandergelagert leben. ↑3 Daher hat der Parasit auch seinen Namen. Es kommt zu einer geschlechtlichen Vermehrung, bei der die Eier durch Spermienzellen befruchtet werden. Die nachfolgenden Stadien vermehren sich ungeschlechtlich durch Zellteilung. Bei Organismen, die zwei verschiedene Arten der Vermehrung aufweisen, spricht man von einem Generationswechsel.

Bilharziose Die Gabelschwanzlarven gelangen innerhalb von Sekunden durch die menschliche Haut. Den Schwanz werfen sie dabei ab. Das Eindringen kann Hautentzündungen verursachen. Schwerwiegender ist aber die Schädigung von Leber, Harnblase, Darm und Geschlechtsorganen. Der Pärchenegel entwickelt sich in den Venen dieser Organe und gibt dort seine Eier ab. Da viele der Eier vor der Weiterentwicklung im Gewebe absterben und giftige Substanzen abgeben, bilden sich dort nach längerer Zeit kleine Geschwüre und Entzündungen. Diese machen sich durch blutigen Urin bemerkbar. Die befallenen Personen fühlen sich dauerhaft müde und krank. Eine Impfung gegen die Bilharziose gibt es bislang nicht. Doch ist die Krankheit vor allem im Anfangsstadium mit Medikamenten gut behandelbar.

3 Männlicher und weiblicher Pärchenegel

Basiskonzept

Entwicklung
Die meisten Lebewesen pflanzen sich nur geschlechtlich oder nur ungeschlechtlich fort. Bei einigen Organismen kommen beide Formen der Fortpflanzung vor. So pflanzt sich beim Pärchenegel oder bei Farnen eine Generation geschlechtlich, die nachfolgende Generation ungeschlechtlich fort. Mit der Generation wechselt also auch die Art der Fortpflanzung.

Arbeitsaufträge

1 Erläutere die Begriffe Parasit, Wirt, Generationswechsel, Wirtswechsel.

2 Entwickelt gemeinsam in einer Gruppe Ideen, wie man den Parasiten *Schistosoma* bekämpfen könnte oder wie geeignete Prophylaxemaßnahmen aussehen müssen. Recherchiert danach im Internet die entsprechenden Prophylaxemaßnahmen und vergleicht diese mit euren Ideen.

3 Verfasse für eine Tageszeitung einen Artikel über die Bilharziose, in dem die Krankheit, der Parasit und mögliche Prophylaxemaßnahmen enthalten sind. Denke daran, dass die meisten Menschen noch nie etwas von Bilharziose oder dem Pärchenegel gehört haben!

Tropenkrankheit Nr. 1 – Malaria

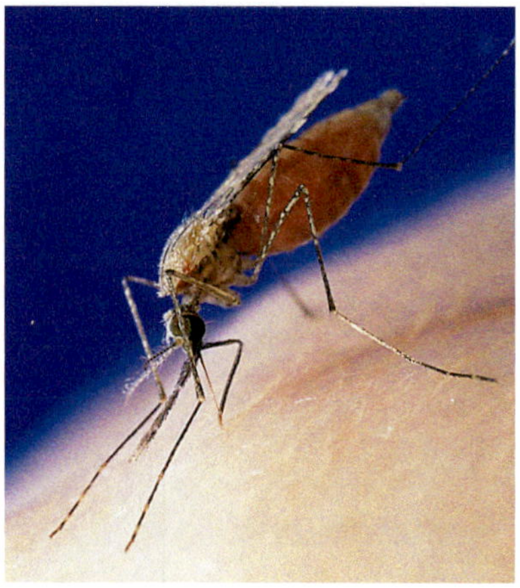

1 *Anopheles*

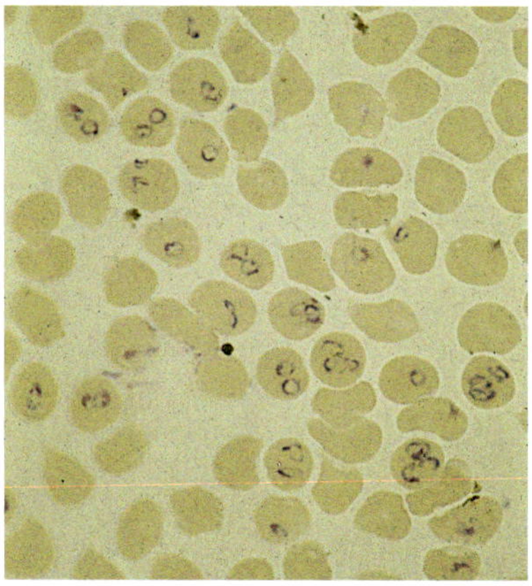

2 *Plasmodium*

Malaria – eine der häufigsten Tropenkrankheiten Mediziner schätzen, dass sich weltweit etwa 300 bis 500 Millionen Menschen neu mit Malaria infizieren und jährlich etwa 1 Million Menschen daran sterben. In Deutschland gibt es mehrere Hundert Fälle pro Jahr. Meist erkranken Touristen, die aus tropischen Ländern zurückkommen.
Malaria kommt überall dort vor, wo die *Anopheles*-Mücke lebt. Sie bevorzugt ein heißes und feuchtes Klima. Allerdings ist die Mücke nur die Überträgerin der Krankheit. Der Erreger ist ein Einzeller der Gattung *Plasmodium*. Dieser Einzeller benötigt sowohl die Mücke als auch ein Säugetier wie den Menschen für seinen Lebenszyklus. *Plasmodium* durchläuft also einen Generationswechsel.

Lebenszyklus von *Plasmodium* Sticht eine *Anopheles*-Mücke einen bereits infizierten Menschen, so nimmt die Mücke den Einzeller auf. Dieser pflanzt sich im Darm der Mücke geschlechtlich fort, wobei sogenannte Sichelkeime entstehen. Diese wandern in die Speicheldrüse der Mücke. Sticht die Mücke nun erneut zu, kann *Plasmodium* auf einen Menschen übertragen werden. Der Erreger wandert als Sichelkeim in die Leber, teilt sich (ungeschlechtliche Vermehrung) und wandert dann in die roten Blutkörperchen. In ihnen vermehrt sich *Plasmodium* so lange, bis sie platzen. Da dies bei allen befallenen Blutkörperchen etwa zeitgleich auftritt, kommt es zu Entzündungserscheinungen und sehr hohem Fieber. Die neu entstandenen Plasmodien wandern in neue rote Blutkörperchen ein und teilen sich wieder bis zum Platzen der Blutzelle. Es kommt zu einem neuen Fieberschub. Wird der Infizierte nun von einer *Anopheles*-Mücke gestochen, so beginnt der Zyklus von Neuem.

***Plasmodium vivax* und Co.** Von den Einzellern der Gattung *Plasmodium* kennt man unterschiedliche Arten. Die von den verschiedenen Erregern ausgelöste Form der Malaria ist unterschiedlich gefährlich. So ist die Malaria tertiana, die von *Plasmodium vivax* verursacht wird, eine leichte Form der Malaria, die auch spontan heilen kann. Bei der Malaria tropica, ausgelöst durch *Plasmodium immaculatum*, sind die Symptome dagegen so schwer, dass ein Teil der Patienten an dieser Krankheit stirbt.

Prophylaxemaßnahmen Eine Impfung gegen Malaria gibt es derzeit nicht, da sich die Erreger immer wieder an die neuen Bedingungen anpassen. Eine Möglichkeit, sich zu schützen, besteht darin, ein Notfallmedikament mitzunehmen, das man im Fall von ersten Krankheitszeichen einnimmt. Allerdings sind einige Medikamente, wie das früher häufig genutzte Chinin, heute unwirksam, da *Plasmodium* resistent geworden ist. Über die verschiedenen Prophylaxemaßnahmen sollte man sich vor einer Reise von einem Arzt beraten lassen, da diese je nach Reiseart, -dauer und -ziel individuell festgelegt werden müssen. Der beste und einfachste Schutz gegen eine Malaria-Erkrankung ist ein Moskitonetz, das man über das Bett spannt. Die *Anopheles*-Mücke ist nämlich vor allem nachtaktiv und startet ihre Flüge in der Dämmerung.

Kurz und knapp **Der Pärchenegel und *Plasmodium* sind Parasiten, die die tropischen Krankheiten Bilharziose bzw. Malaria verursachen. Beide Krankheitserreger sind in ihrem Entwicklungszyklus auf verschiedene Wirte angewiesen und müssen somit einen Wirtswechsel vollziehen. Zudem wechseln sich bei beiden Parasiten Generationen mit ungeschlechtlicher und Generationen mit geschlechtlicher Fortpflanzung ab. Man spricht von einem Generationswechsel.**

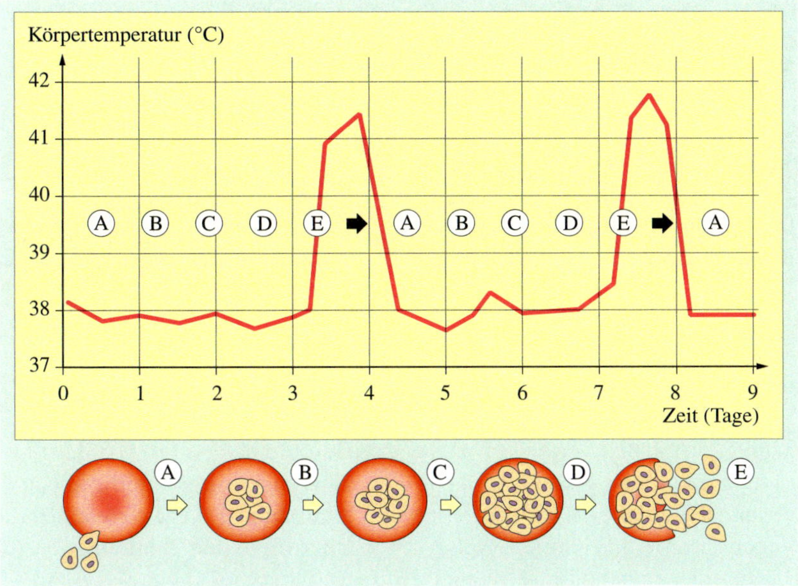

3 Krankheitsverlauf bei Malaria

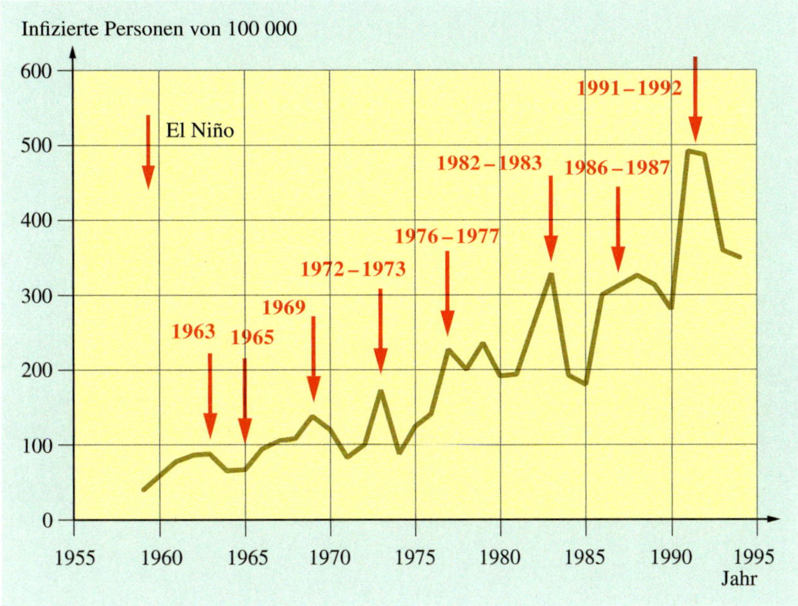

4 Malariaerkrankungen in Kolumbien

Arbeitsaufträge

1 Zeichne anhand der Informationen im Text einen Entwicklungszyklus des *Plamodium*-Erregers in dein Heft. Dabei kannst du dich am Entwicklungszyklus des Pärchenegels orientieren. ↑S.118

2 Beschreibe das Diagramm in Abbildung 3. Erläutere das typische Krankheitsbild der Malaria. Begründe, warum es zu regelmäßigen Fieberschüben kommt.

3 In Abbildung 4 ist die Anzahl der Malariaerkrankten in Kolumbien über mehrere Jahre dargestellt. Die Pfeile zeigen El-Niño-Jahre. El-Niño ist ein Wetterphänomen, das mit sehr viel Regen einhergeht und sich alle paar Jahre wiederholt. Beschreibe das Diagramm und erläutere, warum es zu einem solchen Verlauf kommt.

4 Deine Familie plant eine Fernreise nach Kenia. Erläutere, welche Maßnahmen für die Prophylaxe von Krankheiten getroffen werden müssen und wo man Hilfe erhält.

5 Recherchiert, welche weiteren Erkrankungen in tropischen Reiseländern auftreten können und wie man sich vor ihnen schützen kann. Arbeitet dazu in Kleingruppen und vergleicht anschließend eure Ergebnisse.

Die millionenfache Leibwache

Janna ist mit dem Fahrrad unterwegs, als plötzlich die Kette herausspringt. Als sie sie wieder aufziehen will, rutscht sie ab und schneidet sich an einer scharfen Kante die Hand auf. Sofort blutet es. Sie führt die Reparatur zu Ende, wickelt schnell ein Taschentuch um die Wunde und fährt weiter, weil sie nicht zu spät zum Kino kommen will. In der Vorstellung hat die Blutung zwar aufgehört, die Hand fühlt sich aber heiß an und die Wunde juckt.
Was ist passiert?

1

Beobachten Untersuchen Experimentieren

Wundheilung
Bestimmt warst du selbst auch schon einmal so verletzt, dass du geblutet hast.

1 Beschreibe den Verlauf der Heilung möglichst genau.
2 Jannas Verhalten nach der Verletzung war nicht richtig. Erkläre, wie sie sich hätte besser verhalten sollen. Begründe.
3 Beschreibe den Prozess der Entzündungsreaktion mithilfe von Abbildung 2. Verwende dabei die Begriffe in der Abbildung.

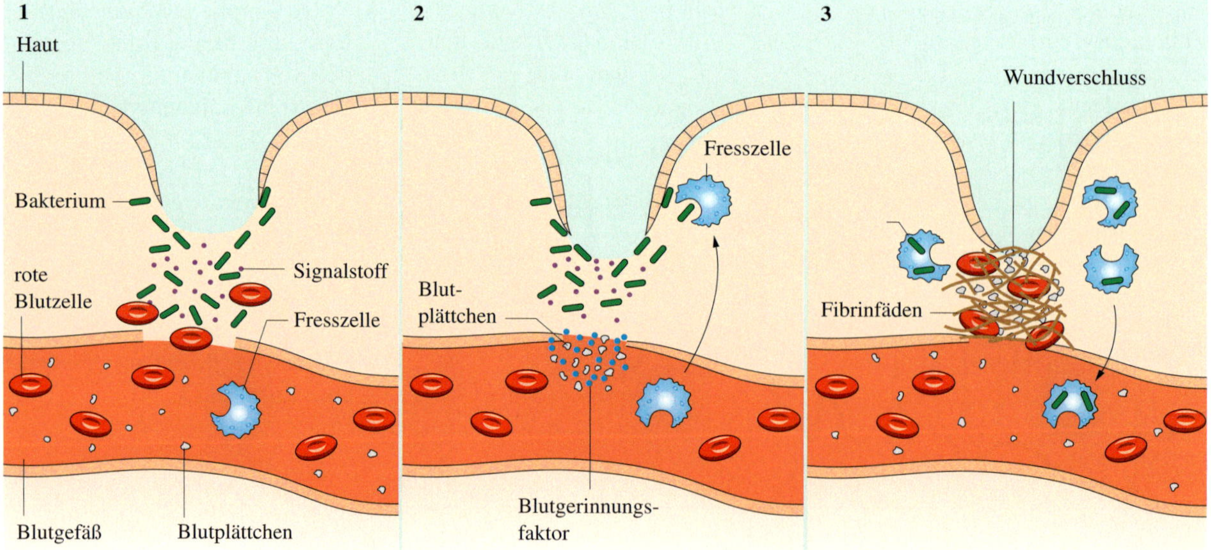

2 Verlauf einer Entzündungsreaktion

Unspezifische Abwehr

Der Körper ist einer ständigen Bedrohung durch Bakterien, Viren und andere Krankheitserreger ausgesetzt. Gegen diese ist er auf unterschiedliche Weise geschützt.

Erste Verteidigungslinie Die erste Verteidigungslinie bilden die Haut und die Schleimhäute. In unverletztem Zustand verhindert die Haut das Eindringen von Krankheitserregern in den Körper. Die Schleimhäute, zum Beispiel in Mund und Rachen, sind mit einem zähflüssigen Schleim bedeckt, in dem Fremdkörper hängen bleiben. Die so verklebten Fremdkörper werden durch die Bewegung winziger Härchen aus dem Körper transportiert. ↑3 Außerdem sind in dem Schleim Enzyme enthalten, die die Fremdkörper zersetzen. So können sie meist nicht tiefer in den Körper, zum Beispiel in die Lunge, vordringen.

Zweite Verteidigungslinie Trotzdem können Krankheitserreger beispielsweise durch Verletzungen der Haut in den Körper gelangen. Dort werden sie von den Abwehrzellen erkannt und vernichtet. Besonders wichtig sind dabei die weißen Blutzellen. Von ihnen gibt es verschiedene Formen, die auf unterschiedliche Aufgaben spezialisiert sind. Riesenfresszellen können zum Beispiel die Blutgefäße verlassen und sich zwischen den Zellen durch die Gewebe bewegen. Dort umschließen sie Fremdkörper, verdauen sie in ihrem Innern und vernichten sie so. Alle körperfremden Stoffe werden anhand spezieller Strukturen auf ihrer Oberfläche als fremd erkannt und bekämpft. Diese Strukturen werden Antigene genannt.

Abwehrzellen An der Abwehr von körperfremden Substanzen sind viele verschiedene Körperzellen beteiligt. Die meisten Abwehrzellen werden im Knochenmark gebildet und spezialisieren sich im Laufe ihrer Entwicklung für ihre Aufgabe. ↑4 Die Vorläuferzellen der T-Zellen wandern aus dem Knochenmark in den Thymus und entwickeln sich erst dort zu fertigen T-Zellen. Der Thymus ist eine Drüse in der Brust und ein wichtiger Teil des Lymphsystems. ↑S.127 Die weißen Blutzellen entstehen aus Stammzellen, aus denen ständig neue Blutzellen gebildet werden. Stammzellen sind ursprüngliche Zellen, aus denen alle anderen Arten von Körperzellen entstehen können.
Bei der Krankheit Leukämie ist die Bildung von Blutzellen im Knochenmark gestört. Die weißen Blutzellen sind dann fehlerhaft und können daher ihre Schutzfunktion im Körper nicht übernehmen.

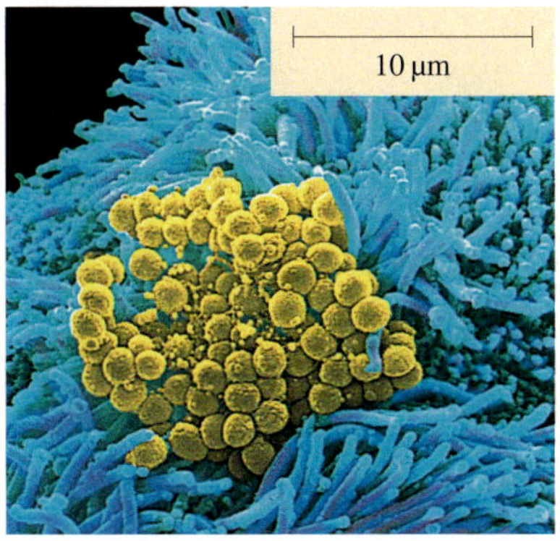

3 Bewegliche Flimmerhaare der Luftröhren befördern Bakterien aus dem Körper.

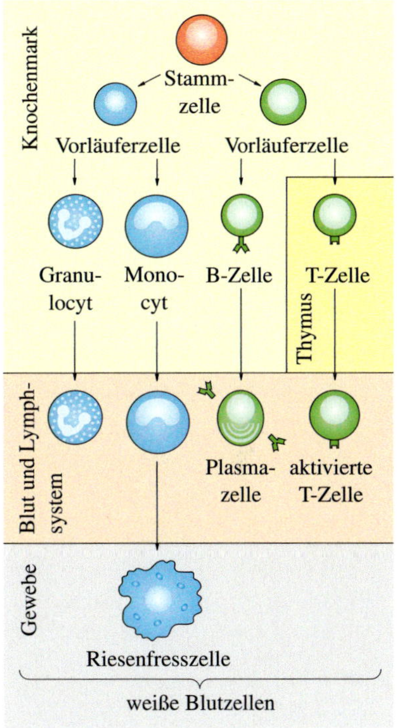

4 Bildung von Abwehrzellen

Arbeitsaufträge

1 Die weißen Blutzellen werden mit dem Fachausdruck als Leukozyten und die Riesenfresszellen als Makrophagen bezeichnet. Erkläre diese Benennung. Recherchiere dazu im Lexikon.
2 Nenne weitere Maßnahmen der ersten Verteidigungslinie, durch die der Körper vor Eindringlingen geschützt ist.
3 Erkläre, warum durch eine Transplantation von Knochenmark Menschen geholfen werden kann, die an Leukämie erkrankt sind.
4 Recherchiere die Bedeutung von Stammzellen für die medizinische Forschung.

Spezifische Abwehr

124-1

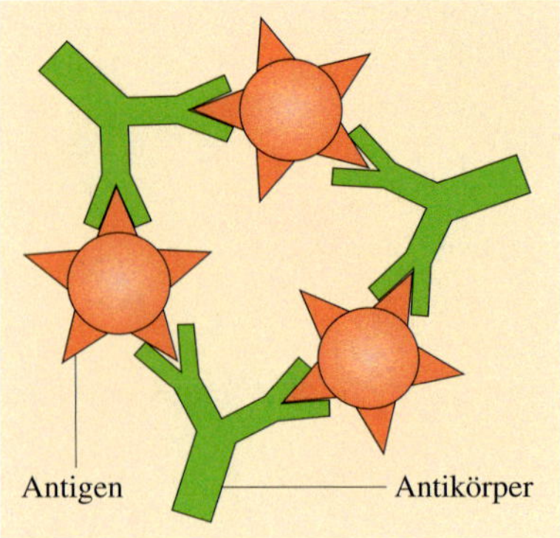

1 Antigen-Antikörper-Komplex

Basiskonzept

Struktur und Funktion
Die Spitzen der „Arme" an den Antikörpern passen in ihrer Struktur genau zu den Antigenen auf der Oberfläche der Erreger. Nur wenn sie genau zusammenpassen wie ein Schlüssel und das zugehörige Schloss, ist ein Verklumpen möglich. Dieser Zusammenhang von Struktur und Funktion wird daher auch als Schlüssel-Schloss-Prinzip bezeichnet.

Zusätzlich zu den ersten beiden Verteidigungslinien, die als unspezifische Abwehr bezeichnet werden, verfügt der menschliche Körper noch über eine dritte Verteidigungslinie gegen Krankheitserreger und Fremdstoffe: die spezifische Abwehr. Sie reagiert meist langsamer und entwickelt sich erst mit der Zeit durch Kontakt mit körperfremden Stoffen. Dafür richtet sie sich gezielt gegen bestimmte Krankheitserreger.

Immunreaktion Wenn körperfremde Stoffe in den Körper gelangen, werden sie aufgrund ihrer Antigene als fremd erkannt und eine Reaktion des Immunsystems wird ausgelöst. Zuerst werden die Riesenfresszellen aktiviert, die zum Beispiel die Krankheitserreger einschließen und verdauen (unspezifische Abwehr). Dabei werden Bruchstücke der zerstörten Antigene an die Oberfläche der Riesenfresszellen gebunden und nach außen präsentiert. Spezielle T-Zellen, die T-Helferzellen, können daran erkennen, welcher Erreger in den Körper eingedrungen ist. Sie aktivieren direkt die B-Zellen und regen diese zur Vermehrung an. Dabei entstehen Plasmazellen, die passende Abwehrstoffe für den eingedrungenen Krankheitserreger bilden. Diese Abwehrstoffe heißen Antikörper und haben eine Y-förmige Struktur. Mit ihren beiden Spitzen binden sie fest an die Antigene der Krankheitserreger. ↑1 Dadurch entstehen Klumpen aus Antigenen und Antikörpern, wodurch die Krankheitserreger unschädlich gemacht werden. Diese Antigen-Antikörper-Komplexe können dann von Riesenfresszellen verdaut werden.
Krankheitserreger, die bereits Körperzellen befallen haben, können nicht durch die Antikörper verklumpt und unschädlich gemacht werden, da sie durch die Körperzellen geschützt sind. Daher werden durch die T-Helferzellen auch T-Killerzellen aktiviert. Sie erkennen infizierte Körperzellen und zerstören diese.

Immungedächtnis Außerdem entstehen aus den aktivierten T-Zellen und B-Zellen sogenannte Gedächtniszellen, die jahrelang erhalten bleiben. Sie sorgen bei einem erneuten Eindringen des gleichen Erregers für eine schnellere und stärkere Vermehrung der entsprechenden T- und B-Zellen. Durch diese effektivere Bekämpfung ist der Körper dann immun gegen diesen speziellen Krankheitserreger. Mit der Zeit sammeln sich immer mehr Gedächtniszellen im Körper für die unterschiedlichsten Krankheitserreger an.

Kurz und knapp **Die unspezifische Abwehr richtet sich gegen alle Fremdkörper, die in den Körper eindringen, und wehrt diese mithilfe von Abwehrzellen ab. Im Laufe des Lebens entwickelt sich außerdem eine spezifische Abwehr, die auf spezifische Antigene der Fremdkörper reagiert. Nach dem ersten Kontakt entsteht ein Immungedächtnis in Form von Gedächtniszellen. Sie sorgen bei einer erneuten Infektion für eine schnellere und wirkungsvollere Reaktion des Immunsystems.**

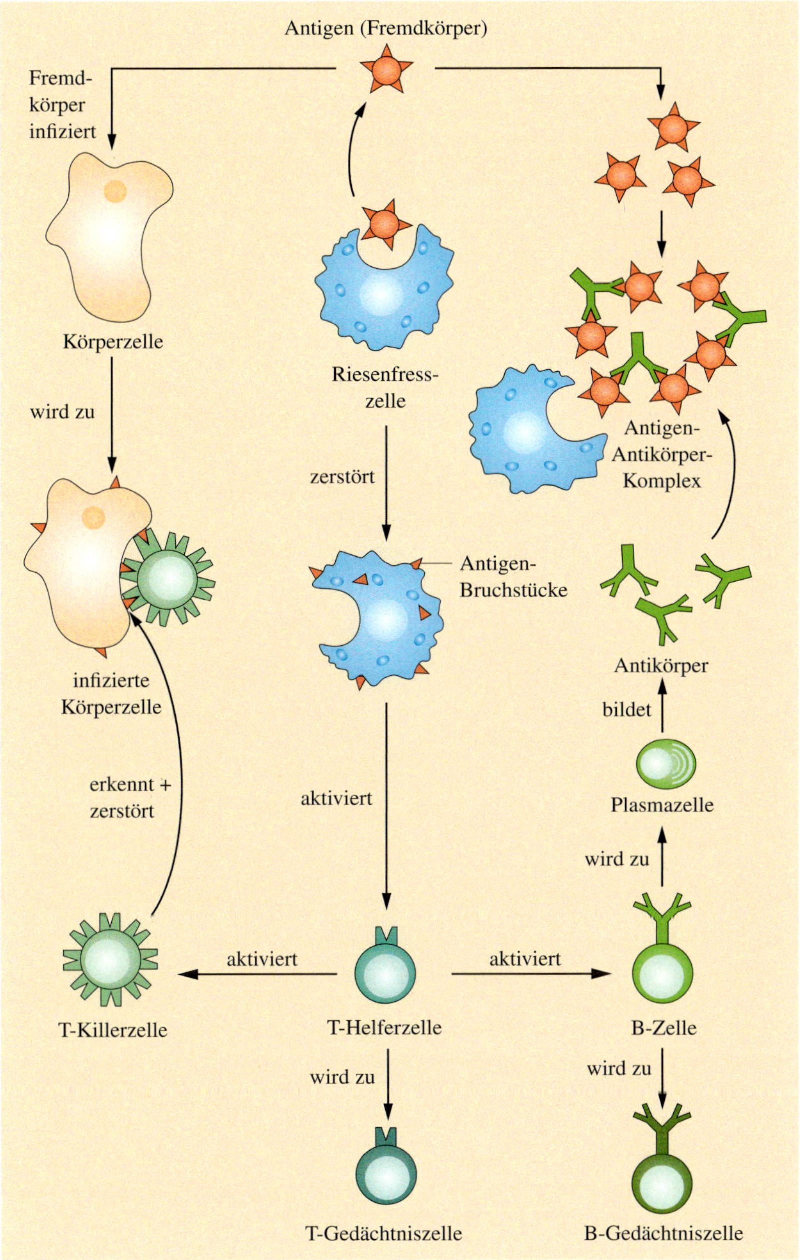

2 Spezifische Abwehr

Fokus Medizin

125-1

Organtransplantationen

Die Organübertragung von Lebendspendern und Verstorbenen auf kranke Menschen ist heute nahezu medizinischer Alltag. Bei den Spenderorganen handelt es sich um körperfremde Stoffe. Das Immunsystem des Empfängers reagiert deshalb mit einer Abstoßungsreaktion auf beispielsweise das gespendete Herz. Mithilfe von Medikamenten müssen die Abwehrreaktionen der Zellen des Immunsystems unterdrückt werden.

Arbeitsaufträge

1 Erkläre, warum die erste und zweite Verteidigungslinie als unspezifische Abwehr bezeichnet werden. Vergleiche sie dazu mit der spezifischen Abwehr.

2 Die Begriffe „Antigen“ und „Antikörper“ werden leicht verwechselt. Recherchiere, warum die Bezeichnungen so gewählt wurden. Entwickle eine eigene Merkregel zur Unterscheidung.

3 Die T-Helferzellen werden auch als „Manager des Immunsystems“ bezeichnet. Erkläre.

4 Erkläre die Bedeutung der Riesenfresszellen als Schnittstelle zwischen unspezifischer und spezifischer Abwehr.

Methode

Ein Begriffsnetz erstellen

Bei der Abwehr von Krankheitserregern und anderen Fremdkörpern durch das Immunsystem laufen viele verschiedene Vorgänge ab, an denen zahlreiche unterschiedliche Zellen beteiligt sind. Um einen Überblick über komplexe und umfangreiche Prozesse zu behalten, eignet sich die Methode des Begriffsnetzes. Sie wird zum Beispiel auch für die komplizierten Steuer- und Wartungspläne von Flugzeugen benutzt. Begriffsnetze werden auch Gedächtnislandkarten genannt, da in ihnen gedankliche Zusammenhänge zwischen Begriffen grafisch dargestellt werden.

Bei der Erstellung eines Begriffsnetzes solltest du folgendermaßen vorgehen:

1. Schreibe alle Begriffe auf kleine Zettelchen, die etwa so groß sind wie die ausgeschriebenen Begriffe.
2. Ordne die Begriffe auf einem großen Blatt Papier so an, dass Begriffe, die zusammengehören, näher beieinanderliegen.
3. Wenn du mit der Anordnung der Begriffe zufrieden bist, klebe die Begriffe auf einem Blatt auf.
4. Verbinde die Begriffe nun mit Pfeilen. Dabei ist auch die Pfeilrichtung von Bedeutung. Doppelpfeile in beide Richtungen sind nicht zulässig.
5. Schreibe an die Pfeile ein Wort oder einen Ausdruck, der die beiden Begriffe verbindet. Dabei muss der Text entlang der Pfeilrichtung mit den beiden Begriffen einen sinnvollen Satz ergeben.
6. Erstelle möglichst viele sinnvolle Verbindungen zwischen den Begriffen im Begriffsnetz.

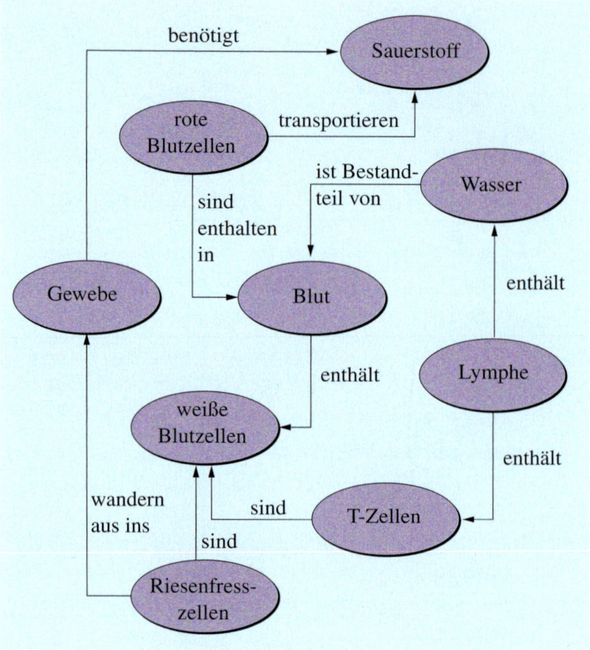

1 Ausschnitt aus einem Begriffsnetz

Arbeitsaufträge

1 Erstelle ein Begriffsnetz für die Abwehr von Krankheitserregern durch das Immunsystem. Verwende dazu die folgenden Begriffe: Immunsystem, Abwehr, unspezifische Abwehr, spezifische Abwehr, Schleimhaut, Zellen, Erreger, Antigen, Antikörper, Riesenfresszelle, T-Helferzelle, T-Gedächtniszelle, T-Killerzelle, B-Zelle, B-Gedächtniszelle, Plasmazelle, Antigen-Antikörper-Komplex, Immunreaktion, Immunisierung. Du kannst auch noch eigene Begriffe ergänzen. Für die Verbindungspfeile kannst du zum Beispiel folgende Bezeichnungen verwenden: infiziert, dringt ein, aktiviert, löst aus, führt zu, erkennt, zerstört, verdaut, entsteht aus …

2 Vergleiche dein Begriffsnetz mit dem einer Klassenkameradin oder eines Klassenkameraden. Ergänzt gegebenenfalls eure Begriffsnetze.

3 Die Abwehr von Erregern durch das Immunsystems erinnert ein wenig an die Verteidigung einer Burg im Mittelalter.

a Schreibe eine Geschichte, bei der die verschiedenen Immunzellen als Ritter und Soldaten den menschlichen Körper gegen Eindringlinge verteidigen.

b Erstelle eine Tabelle mit den Figuren der Geschichte, den entsprechenden Teilen des Immunsystems und ihren Funktionen.

c Erkläre, welche Vor- und Nachteile eine solche Geschichte für das Verständnis des Immunsystems hat.

Abwehrsysteme wirken zusammen

An der Abwehr von körperfremden Substanzen sind viele verschiedene Organe und Zellen beteiligt. Die wichtigsten Organsysteme der körpereigenen Abwehr sind das Blutgefäßsystem und das Lymphsystem.

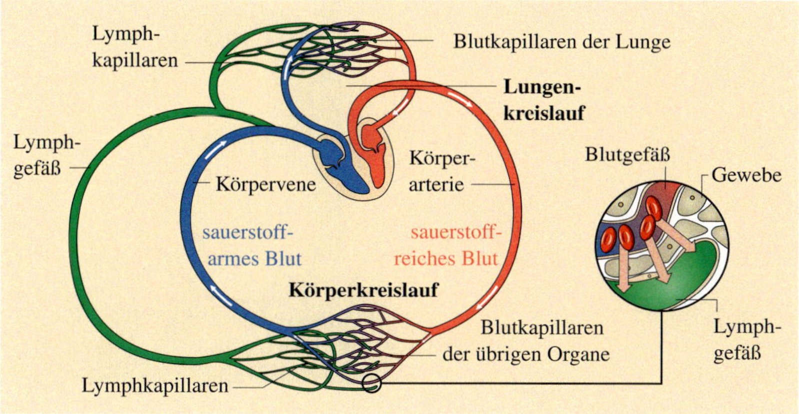

2 Blutgefäßsystem des Menschen mit Anschlüssen des Lymphsystems

Blutgefäßsystem Die Hauptaufgaben des Blutgefäßsystems liegen darin, alle Körperzellen mit Sauerstoff und Nährstoffen zu versorgen und Abfallstoffe abzutransportieren. Zugleich spielt das Blutgefäßsystem aber auch eine wichtige Rolle bei der Abwehr von Krankheitserregern. Mit dem Blut werden die verschiedenen Zellen des Immunsystems zu den Stellen im Körper transportiert, an denen sie benötigt werden. ↑2

Lymphsystem Das Lymphsystem ist ein zweites Transportsystem im Körper, das mit dem Blutgefäßsystem direkt zusammenhängt. Es besteht aus den Lymphgefäßen und lymphatischen Organen wie Knochenmark, Milz, Mandeln und Lymphknoten. ↑3 Eine Funktion des Lymphsystems ist es, Flüssigkeit im Gewebe und zwischen den Zellen, die nicht durch die Blutgefäße abtransportiert wird, aufzunehmen. Diese farblose Flüssigkeit, die Lymphe, wird in den Lymphgefäßen gesammelt und über ein großes Gefäß im Brustbereich wieder in das Blutgefäßsystem eingeleitet. ↑2
Die zweite Funktion des Lymphsystems ist die Abwehr von Krankheitserregern. Hier findet man besonders viele Abwehrzellen, vor allem in den Lymphknoten. Das sind knotenartige Verdickungen, in denen mehrere Lymphgefäße zusammenlaufen. Dort werden Giftstoffe und die Reste zerstörter Fremdkörper ausgefiltert und über den Darm entsorgt. Bei Infektionen vermehren sich die Abwehrzellen in den Lymphknoten in der Nähe des Krankheitsherds, sodass die Lymphknoten anschwellen.

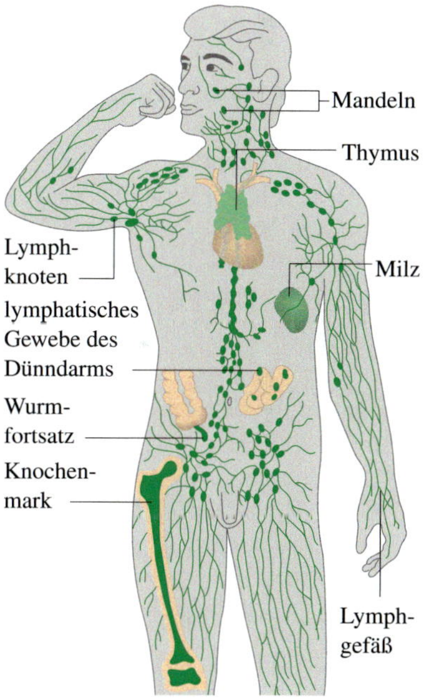

3 Lymphsystem des Menschen

127-1

Arbeitsaufträge

1 Beschreibe den Fluss des Blutes durch den menschlichen Körper.

2 Erkläre, in welchem Zusammenhang Blutgefäßsystem und Lymphsystem stehen.

3 Erkläre, warum bei einer Erkältung häufig die Lymphknoten am Hals anschwellen.

4 Erkläre die Bedeutung des Lymphsystems für den Abtransport von Gewebsflüssigkeit.

5 Vergleiche das Blutgefäßsystem mit dem Lymphsystem.

Manche Krankheiten bekommt man nur einmal

Alexander ist krank. Er hat Windpocken. Er geht nicht in die Schule, weil er die anderen Kinder nicht anstecken soll. Sein jüngerer Bruder Tobi versucht ihn aufzuheitern.
Tobi hat keine Angst, krank zu werden. Er hatte die Windpocken schon vor einem Jahr.
Warum kann Tobi nicht mehr krank werden, die Kinder aus Alexanders Klasse vielleicht aber schon?

1 Alexander und Tobi

Beobachten Untersuchen Experimentieren

Einmal und nie wieder!
Die meisten Kinderkrankheiten bekommt man nur einmal. Die Antwort auf die Frage, warum man kein zweites Mal erkrankt, selbst wenn man sich mit den Erregern infiziert, kannst du mithilfe von Bild ↑2 selbst finden.

a Beschreibe die Zahl der Antikörper im Verlauf einer Erstinfektion mit eigenen Worten.
b Vergleiche die Antikörperkonzentration bei der Erstinfektion mit der bei einer erneuten Infektion. Nenne zwei wesentliche Unterschiede.

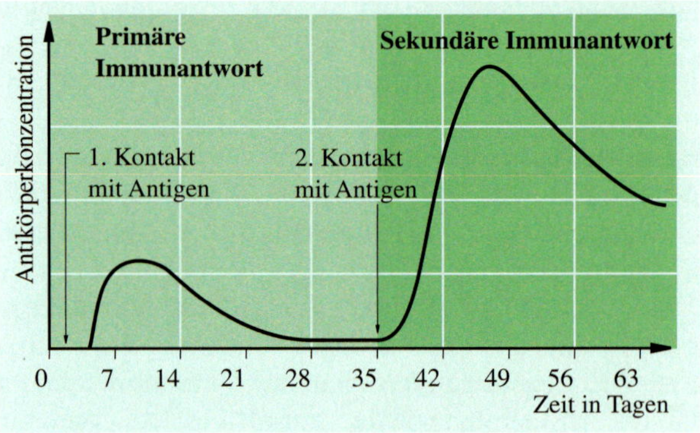

2 Immunantwort beim 1. und 2. Antigenkontakt

Das Immungedächtnis

Windpocken sind eine sehr häufige Kinderkrankheit, an der etwa 75 Prozent aller Kinder unter 15 Jahren erkranken.
Nach der Infektion durch das Varicella-Zoster-Virus vergehen meist zwei Wochen, bis der Erkrankte die typischen Symptome zeigt. Neben Kopf- und Gliederschmerzen und leichtem Fieber sind vor allem die vielen stark juckenden roten Flecke und Pusteln für das Krankheitsbild typisch. Nach etwa zehn weiteren Tagen klingen die Symptome wieder ab.
Wie der Name schon sagt, kann man sich sehr leicht mit Windpocken infizieren. Dies liegt daran, dass das Virus außerhalb des Körpers für etwa zehn Minuten ansteckend bleibt. Infizierte Personen können den Erreger bereits ein bis zwei Tage vor dem Auftreten, aber auch noch bis zu einer

Woche nach dem Abheilen des Ausschlags übertragen. Dies geschieht meist durch Tröpfcheninfektion.
Hat man die Windpocken überstanden, ist man lebenslang vor ihnen geschützt. Auch gegen Mumps, Röteln und viele andere Krankheiten entwickelt der Körper Abwehrkräfte, die dafür sorgen, dass man nur einmal erkrankt. Was geschieht dabei in unserem Körper?

Primäre und sekundäre Immunantwort Bei vielen Krankheiten ist das Immunsystem durch die spezifische Abwehr in der Lage, auf die wiederholte Infektion mit einem Antigen schneller und effektiver zu reagieren:
Nach dem ersten Kontakt mit einem Antigen, wie zum Beispiel dem Varicella-Zoster-Virus, dauert es in der Regel fünf bis zehn Tage, bis wirksame B- und T-Lymphocyten gebildet werden. Denn diese müssen zunächst dem zu ihnen passenden Antigen begegnen, sich vermehren und dann zu aktivierten Zellen entwickeln. ↑S.123 Während dieser primären Immunantwort werden neben den kurzlebigen B- und T-Zellen gleichzeitig antigenspezifische Gedächtniszellen gebildet, die lange, zum Teil lebenslang erhalten bleiben.
Die Gedächtniszellen sind bei der sekundären Immunantwort, also bei dem zweiten Kontakt mit einem bereits bewältigten Erreger, von besonderer Bedeutung. ↑3 Sie können sehr rasch auf ihr Antigen reagieren. Mit ihrer Hilfe ist es möglich, dass die für ein bestimmtes Antigen spezifischen B- und T-Zellen sich sehr schnell vermehren. Ihre Zahl steigt mit einer bis zu 100-mal größeren Geschwindigkeit an als bei der Erstinfektion. Dadurch kann in sehr kurzer Zeit auch eine große Menge wirksamer Antikörper produziert werden. Diese passen noch besser zu dem Erreger als die der primären Immunantwort und bekämpfen ihn so effektiver. Auf diese Weise wird der Erreger schnell unschädlich gemacht und die Krankheit kommt nicht zum Ausbruch.

Fluchtmöglichkeiten der Erreger Es gibt Erreger, die sich sehr schnell verändern. Sie bilden auf ihrer Oberfläche ständig neue Strukturen aus, sodass sie von den Gedächtniszellen nicht mehr erkannt werden können. Das Immunsystem kann dadurch nur mit der Geschwindigkeit und Effizienz der primären Immunantwort reagieren. Ein Ausbruch der Krankheit kann deshalb oft nicht verhindert werden.
Ein Beispiel für sich schnell verändernde Erreger sind die Grippeviren. Daher gibt es von Zeit zu Zeit große Grippeepidemien, die sich unter Umständen zu Pandemien entwickeln können.

Kurz und knapp **Aufgrund des Immungedächtnisses kann ein zuvor erfolgreich bewältigter Erreger bei einer wiederholten Infektion oft besonders schnell und effektiv bekämpft werden. Aus diesem Grund erkranken wir an manchen Krankheiten nur einmal.**

Fokus Medizin

Warnung vor der Vogelgrippe
Jeder fünfte Erdenbürger könnte erkranken und viele Millionen sterben, sollte sich ein besonders gefährliches Vogelgrippevirus weltweit unter Menschen ausbreiten. Namhafte Virologen rechnen damit, dass die nächste weltweite Grippeepidemie wahrscheinlich durch eine genetische Veränderung des derzeit in Südostasien grassierenden Vogelgrippevirus ausgelöst wird.
(verändert aus *Die Zeit* 22/2005)

Arbeitsaufträge

1 An manchen Krankheiten erkrankt man nur einmal, an manchen öfter. Erkläre, worauf der Unterschied beruht.

2 Erstelle eine Tabelle mit Krankheiten, an denen man nur einmal erkrankt. Ordne die wichtigsten Symptome sowie die Krankheitserreger zu.

Dem Immunsystem auf die Sprünge geholfen

In früheren Jahrhunderten waren die Menschen viel stärker als heute von Infektionskrankheiten bedroht, da man noch sehr wenig darüber wusste. Am Ende des 18. Jahrhunderts machte der englische Landarzt EDWARD JENNER eine wichtige Beobachtung, die ihn dazu veranlasste, ein riskantes Infektionsexperiment am Menschen durchzuführen. Sein Experiment ist die Grundlage der heutigen Impfungen.
Was für ein Experiment führte EDWARD JENNER durch?

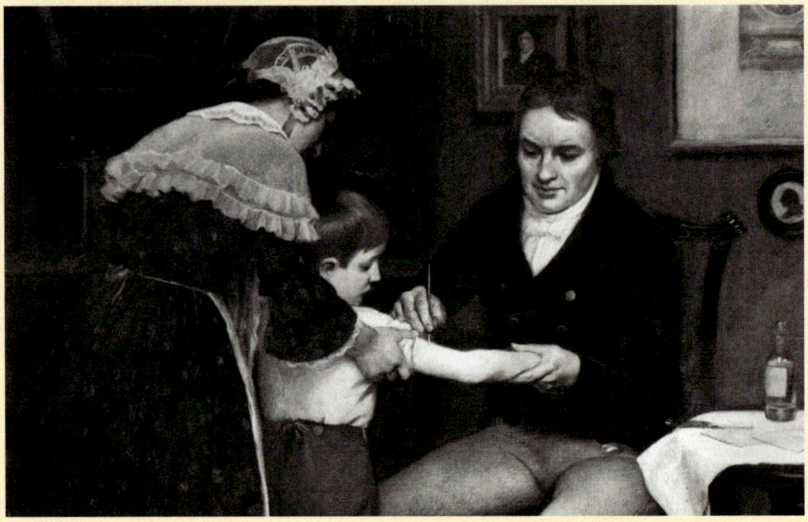

1 EDWARD JENNER führt ein gewagtes Infektionsexperiment bei James Philipps durch.

Beobachten Untersuchen Experimentieren

Der Ursache der Pocken auf der Spur

Zur Zeit EDWARD JENNERS waren die Pocken eine gefürchtete Krankheit. Die an Pockenviren Erkrankten hatten am ganzen Körper Pusteln, die später deutliche Narben hinterließen. Außerdem bekamen sie Fieber und Schüttelfrost. Ungefähr jeder dritte Erkrankte starb innerhalb von drei Wochen nach der Infektion. Wer überlebte, trug häufig trotzdem bleibende Schäden wie Lähmungen oder Gehörlosigkeit davon.
Im Jahr 1789 veröffentlichte JENNER seine Beobachtungen bei Pocken-Infizierten und machte auch Vorschläge zur Bekämpfung:

2 EDWARD JENNER (1749–1823)

EDWARD JENNER: An Inquiry Into the Causes and Effects of the Variolæ Vaccinæ, Or Cow-Pox. 1798

Case I. – Joseph Merret, lived as a servant with a farmer near this place in the year 1770, and assisted in milking his master's cows. The cows became affected with the cow-pox. Soon after several sores appeared on his hands. Swellings and stiffness in each axilla followed, and he was so much indisposed for several days as to be incapable of pursuing his ordinary employment. In April 1795, Merret's family had the smallpox, one of whom had it very full, he remained in the house with them, but received no injury.

Erklärungen:
cow-pox: Kuhpocken; *sore:* Wunde; *swellings:* Schwellungen; *stiffness:* Steifheit; *axilla:* Achselhöhle; *to persue:* nachgehen; *smallpox:* Pocken des Menschen

1 Übersetze den englischen Text von EDWARD JENNER ins Deutsche.
2 Nenne die Beobachtungen, die JENNER notiert hat.
3 Erkläre, welche Hypothese JENNER aus seinen Beobachtungen abgeleitet haben könnte.
4 Plane selbst ein Gedankenexperiment, wie man diese Hypothese hätte überprüfen können.

Die erste Impfung – ein gewagtes Experiment

JENNER infiziert James Philipps mit Pocken Aufgrund seiner Beobachtungen und seiner daraus abgeleiteten Hypothese wagte EDWARD JENNER am 14. Mai 1796 ein riskantes Experiment: Er öffnete ein Pustel der an Kuhpocken erkrankten Sarah Nelms und fing die Flüssigkeit darin auf. Dann übertrug er eine geringe Menge davon auf eine kleine Wunde des achtjährigen James Philipps. Dieser erkrankte wie erwartet an den weitgehend harmlosen Kuhpocken. Als die Pusteln der Kuhpocken abgeheilt waren, infizierte er den Jungen erneut. Dieses Mal allerdings mit der Flüssigkeit aus Pusteln der gefährlichen echten Pocken. Wie JENNER erhofft hatte, zeigte der Junge keine Krankeitssymptome. Er war gegen die Pocken immun.

Aktive Immunisierung Die aktive Immunisierung oder Schutzimpfung, wie sie heute erfolgt, beruht auf demselben Prinzip wie das von JENNER durchgeführte Experiment. Bei der Schutzimpfung wird ein gesunder Mensch künstlich mit einem abgeschwächten Erreger infiziert. Dadurch wird eine Immunreaktion ausgelöst und der „Eindringling" vom Immunsystem bekämpft. Da nur abgeschwächte Erreger oder Erregerbruchstücke verwendet werden, die als Antigene wirken, kann das Immunsystem normalerweise schnell Antikörper gegen die Antigene bilden. Die Geimpften zeigen dann keine typischen Krankheitssymptome. Häufig kann man aber leichtes Fieber beobachten. Es ist ein Zeichen dafür, dass das Immunsystem auf den Erreger reagiert und sie bekämpft.
Durch die Immunreaktion auf den abgeschwächten Erreger werden auch Gedächtniszellen gebildet. Sie sorgen dafür, dass das Immunsystem bei einer Infektion mit dem eigentlichen Erreger schnell und wirksam reagiert, sodass die Krankheit nicht ausbrechen kann. Der Impfschutz hält je nach Erreger über mehrere Jahre oder ein Leben lang an. Für manche Erreger muss die Impfung in regelmäßigen Abständen erneuert werden.

Kurz und knapp **Bei der aktiven Immunisierung wird ein gesunder Mensch mit abgeschwächten Erregern infiziert. Durch die Immunreaktion wird ein Immungedächtnis für das Antigen gebildet. Dadurch ist der Körper gegen den eigentlichen Erreger geschützt.**

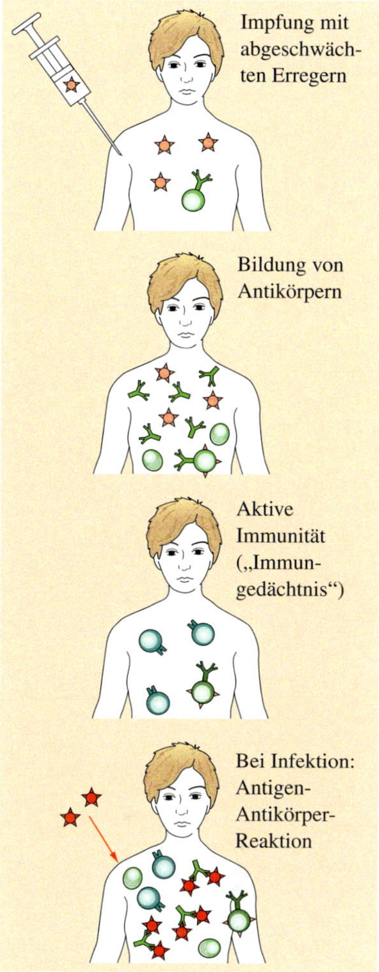

3 Aktive Immunisierung

Arbeitsaufträge

1 Erkläre, warum das Experiment, das EDWARD JENNER an James Philipps durchführte, riskant war.
2 Beschreibe den Ablauf der aktiven Immunisierung mit eigenen Worten.
3 Erkläre, welche Probleme sich für einen Geimpften ergeben, wenn Krankheitserreger wie die Grippeviren ständig ihre Struktur verändern.
4 Erläutere, warum die aktive Immunisierung nicht geeignet ist, bereits Erkrankten zu helfen.
5 Recherchiere, warum die aktive Immunisierung auch als Vakzination bezeichnet wird.
6 Erkläre, warum die meisten Impfstoffe bei der Impfung direkt in ein Blutgefäß gespritzt werden.
7 Impfungen sind wichtig, um Krankheiten vorzubeugen.
a Auch Tiere können geimpft werden. Hunde und Katzen zum Beispiel gegen Tollwut. Recherchiere zur Tollwut den Krankheitserreger, den Krankheitsverlauf und die Behandlungsmöglichkeiten.
b Erkläre, für welche Personen es sinnvoll ist, sich gegen Tollwut impfen zu lassen.

Fremde Helfer

Passive Immunisierung Die aktive Immunisierung ist nicht dazu geeignet, bereits Erkrankten zu helfen. Sie können aber durch die passive Immunisierung bei der Abwehr der Krankheitserreger unterstützt werden. Dazu werden dem Erkrankten direkt passende Antikörper gegen den Krankheitserreger gespritzt. Diese Antikörper reagieren dann mit den Antigenen der Erreger, als wären sie selbst vom Körper gebildet worden, und bekämpfen so den Eindringling. Der Körper selbst stellt dabei kaum Antikörper her, er bleibt passiv. Weil mit der Zeit die fremden Antikörper abgebaut und keine Gedächtniszellen gebildet werden, besteht bei einer passiven Immunisierung kein dauerhafter Impfschutz.

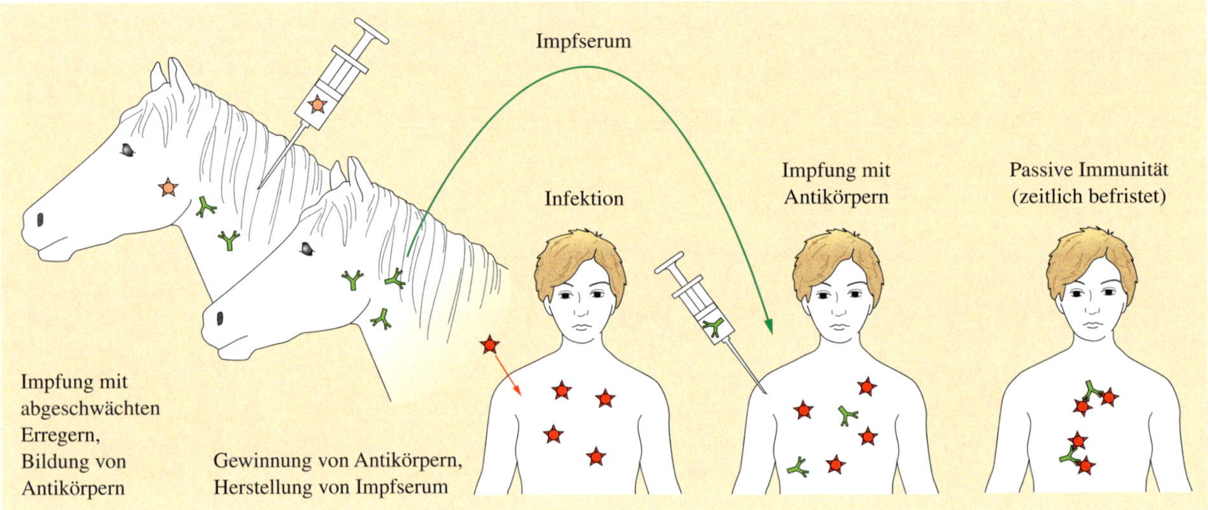

1 Passive Immunisierung

Gewinnung der Antikörper Die Antikörper für die passive Immunisierung werden hauptsächlich aus Tieren gewonnen. Dazu werden zum Beispiel Pferde wie bei der aktiven Immunisierung mit abgeschwächten Krankheitserregern infiziert. Sie bilden dann entsprechende Antikörper. Um deren Anzahl im Blut zu erhöhen, werden die aktiven Immunisierungen in regelmäßigen Abständen wiederholt. Den so behandelten Tieren wird Blut abgenommen. Aus dem Blutserum können dann die Antikörper, das Heilserum, gewonnen werden. Außer aus Tieren können Heilseren auch mithilfe von Bakterien gewonnen werden. Zu diesem Zweck werden die Erbinformationen der Bakterien gentechnisch verändert, sodass sie die gewünschten Antikörper herstellen. Aus den in Nährlösungen vermehrten Bakterien können die Antikörper direkt gewonnen werden.

Arbeitsaufträge

1 Die passive Immunisierung erscheint auf den ersten Blick viel praktischer als die aktive. Vergleiche Vor- und Nachteile der beiden Methoden.

2 Die passive Immunisierung wird auch Heilimpfung genannt. Erkläre den Begriff.

3 Recherchiere in einer Apotheke oder beim Arzt, gegen welche Krankheiten eine passive Immunisierung möglich ist und wie lange der Impfschutz anhält.

Risiken und Nebenwirkungen

133-1

Impfungen können Epidemien verhindern Durch konsequentes Impfen konnten weltweit viele schwere Infektionskrankheiten zurückgedrängt oder ausgerottet werden, wie zum Beispiel die Pocken. Trotzdem treten einige Krankheiten, gegen die es Impfstoffe gibt, wieder gehäuft auf. Beispielsweise gab es im Jahr 2006 eine große Masern-Epidemie in Deutschland, an der mehr als 2000 Menschen erkrankten.

Impfmüdigkeit kann gefährlich sein In den betroffenen Gebieten waren zu wenige Menschen gegen die Masern geimpft. Dadurch konnten die Masern sich ausbreiten, weil jeder Infizierte wie in einer Kettenreaktion weitere Menschen angesteckt hat. Mehr Geimpfte hätten die Ausbreitung gebremst, weil sie keine anderen Menschen anstecken. Eine solche Epidemie ist vor allem für Säuglinge gefährlich. Weil sie noch nicht geimpft werden können und ihr Immunsystem noch nicht voll entwickelt ist, erkranken sie häufig viel schwerer und können auch an scheinbar harmlosen Infektionskrankheiten sterben. Dass immer mehr Menschen nicht geimpft sind, hat viele Ursachen. Viele vergessen die bestehenden Impfungen wieder aufzufrischen. Andere schrecken vor den damit verbundenen Risiken zurück oder halten Impfen gar für unnötig.

Risiken Bei allen Impfungen besteht immer ein Risiko von Impfschäden. Zum Beispiel können Allergien auftreten oder die Krankheit kann trotzdem voll ausbrechen. Im Verhältnis zu den gesundheitlichen Schäden bei einer richtigen Erkrankung sind die Risiken bei einer Impfung aber gering. Um die Risiken besser einschätzen zu können, wird jedes Jahr von Experten eine aktuelle Empfehlung für Impfungen gegeben. ↑2

Schon gewusst?

Epidemie
Das Wort Epidemie kommt aus dem Griechischen und bedeutet so viel wie „im Volk verbreitet“. Es bezeichnet das gehäufte Auftreten einer Infektionskrankheit in einem bestimmten Gebiet. Tritt eine Krankheit in mehreren Ländern oder Kontinenten gehäuft auf, spricht man von einer Pandemie.

Arbeitsaufträge

1 Erkläre, warum es gerade für Säuglinge besonders wichtig ist, dass möglichst viele Menschen in ihrer Umgebung geimpft sind.

2 Im Impfpass wird festgehalten, wann man gegen welche Krankheit geimpft wurde.

a Stelle fest, wogegen du geimpft bist.

b Bestimme mithilfe des Impfkalenders, für welche Erreger Impfungen empfohlen werden. ↑2

c Überprüfe mithilfe dieser Informationen und deinem Impfpass deinen Impfschutz.

	Alter in vollendeten Monaten					in Jahren			
Impfung	2	3	4	11–14	15–23	5–6	9–17	ab 18	ab 60
Diphtherie	1.	2.	3.	4.		A5	A5	A10	A10
Tetanus	1.	2.	3.	4.		A5	A5	A10	A10
Pertussis	1.	2.	3.	4.		A5	A5		
Haemophilus Influenza Typ b	1.	2.	3.	4.					
Poliomyelitis	1.	2.	3.	4.			A5		
Hepatitis B	1.*	2.	3.	4.			G		
Masern, Mumps, Röteln				1.	2.				
Pneumokokken	1.	2.	3.	4.					S1
Meningokokken				1. ab 12. Monat					
Varizellen				1.	2.		G		
Influenza									S6
HPV							1. 3. (SM)		

2 Impfkalender 2008 (Robert-Koch-Institut); A: Auffrischung, 5: frühestens 5 Jahre; 10: alle 10 Jahre; G: Grundimmunisierung/Komplettierung; S: Standardimpfung, 1: jährlich, 6: alle 6 Jahre, M: für Mädchen ab 12 Jahren

Allergien – wenn das Immunsystem verrückt spielt

Manchmal wünscht sich Katrin, unter einer Käseglocke leben zu können. Denn es gibt Zeiten, da mag sie gar nicht rausgehen. Tut sie es trotzdem, so läuft ihre Nase und sie muss ständig niesen. Die Augen jucken, werden rot und schwellen an. Dabei ist Katrin gar nicht erkältet. Im Winter oder bei Regenwetter gibt es diese Probleme nicht. Da ist sie gerne draußen – ohne Beschwerden. Woran liegt das?

1 Wie könnte Katrin sich schützen?

Beobachten ***Untersuchen*** *Experimentieren*

Recherche zum Thema Allergien
Viele Menschen haben wie Katrin mit Allergien zu kämpfen. Manche leiden nur zu einer bestimmten Zeit im Jahr unter ihrer Allergie. Andere müssen ständig darauf achten, was sie essen und mit welchen Stoffen sie in Kontakt kommen. Sicher gibt es auch in deinem Umfeld Menschen, die allergisch gegen etwas sind.

Arbeitet in kleinen Gruppen zusammen.

a Befragt einige Menschen mit Allergien nach ihren Erfahrungen. ↑S. 94 Mögliche Fragen können dabei sein: Wo gegen bist du allergisch? Wann tritt die Allergie auf? Was passiert bei Kontakt mit dem Allergen? Wie schützt du dich?

b Recherchiert zusätzlich im Internet und in Lexika.

c Ihr könnt außerdem auch einen Experten, zum Beispiel einen Arzt, befragen.

d Erstellt eine Wandzeitung zu einer Allergie eurer Wahl, mit dem ihr eure Erkenntnisse den Mitschülern präsentieren könnt. ↑S.114

Allergien

2 Viele Nahrungsmittel können eine allergische Reaktion auslösen.

Allergieauslöser Katrin leidet unter Heuschnupfen. Bestimmte Blütenpollen lösen bei ihr eine Allergie aus. Darunter versteht man die Überreaktion des Immunsystems auf eigentlich unschädliche Stoffe. Allergieauslösende Stoffe nennt man Allergene. Es kann sich dabei um Pflanzenstoffe, Tierprodukte, Metalle oder Chemikalien handeln. ↑3
Manche Allergene wirken, wenn sie mit der Luft in die Atemwege gelangen. Andere rufen Reaktionen hervor, wenn sie mit der Nahrung das Verdauungssystem passieren. Bei Kontaktallergenen genügt eine Berührung mit der Haut.

Allergische Reaktion Bei dem häufigsten Allergietyp, zu dem auch der Heuschnupfen gehört, kann man zwei Phasen unterscheiden. ↑4 In der ersten Phase, der Sensibilisierung, bilden Plasmazellen wie bei der spezifischen Abwehr Antikörper gegen den in den Körper eingedrungenen Fremdkörper. Diese Antikörper besetzen jedoch auch die Oberfläche von Mastzellen, eine Form weißer Blutkörperchen. Die zweite Phase, die ei-

gentliche allergische Reaktion, beginnt bei erneutem Kontakt mit dem Allergen. Dieses wird von den Antikörpern auf der Mastzellenoberfläche gebunden. Die so aktivierte Mastzelle setzt große Mengen Histamin frei. Dieser Stoff ruft die typischen allergischen Symptome hervor.
Bei Allergien, die durch Kontakt eines Allergens mit der Haut auftreten, liegt eine andere Immunreaktion vor. Hier sind vor allem T-Zellen und Riesenfresszellen beteiligt. Die allergische Reaktion erfolgt frühestens nach einem Tag, meist erst Wochen nach dem Allergenkontakt.

Symptome Histamin bewirkt eine Erweiterung der Blutgefäße. Dadurch kann Flüssigkeit ins Gewebe sickern. Es kommt zu Schwellungen, Bläschenbildungen oder Rötungen. Auch Asthma ist eine mögliche Folge der Histaminausschüttung. Bei Kontaktallergenen zeigen sich häufig Hautausschläge. Andere Allergien äußern sich durch Müdigkeit, Reizbarkeit oder Verdauungsprobleme. Die Symptome können je nach Allergietyp sofort, nach Stunden oder erst nach Tagen auftreten.

Allergietest Da die Erscheinungsbilder sehr unterschiedlich sind, ist sowohl das Erkennen einer Allergie als auch die Suche nach dem Allergen sehr schwierig. Beim Pricktest werden winzige Mengen möglicher Allergene auf die Haut des Rückens oder des Unterarms aufgetragen. Anschließend wird die Haut an diesen Stellen mithilfe einer winzigen Nadel angeritzt. Entstehen nach einer Einwirkzeit von etwa 30 Minuten an der Ritzstelle kleine rote Flecke oder eine juckende Anschwellung, besteht eine Allergie gegen den aufgetragenen Stoff. Nach wenigen Stunden ist die Hautreaktion wieder verschwunden.

Behandlung Die beste Therapie für einen Allergiker ist es, „sein“ Allergen zu meiden. Bei einer Pollenallergie gelingt dies durch entsprechende Verhaltensweisen. Neben der jahreszeitlichen Begrenzung fliegen Pollen vorzugsweise zu bestimmten Tageszeiten. Zudem gibt es Gebiete, wie beispielsweise das Hochgebirge, in denen die Belastung sehr gering ist. Daneben wird heute oft die Methode der Hyposensibilisierung angewandt. Dabei wird der Körper langsam an das Allergen gewöhnt. Zunächst werden nur sehr geringe Mengen von diesem verabreicht. Dann wird die Dosis allmählich gesteigert. Allerdings dauert eine solche Therapie in der Regel mehrere Jahre. Gute Erfolge erzielt bei manchen Allergien auch die Akupunktur.

Kurz und knapp **Eine Allergie ist die fehlgeleitete Abwehrreaktion des Körpers gegen ungefährliche Stoffe. Heute existieren einige erfolgreiche Diagnose- und Therapieverfahren.**

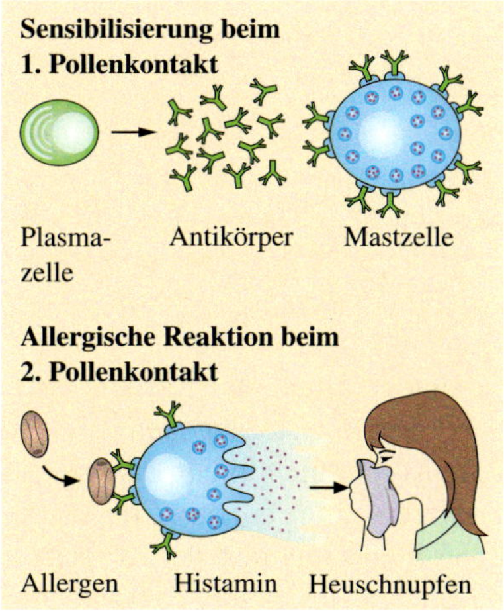

3 Allergische Reaktion am Beispiel Heuschnupfen

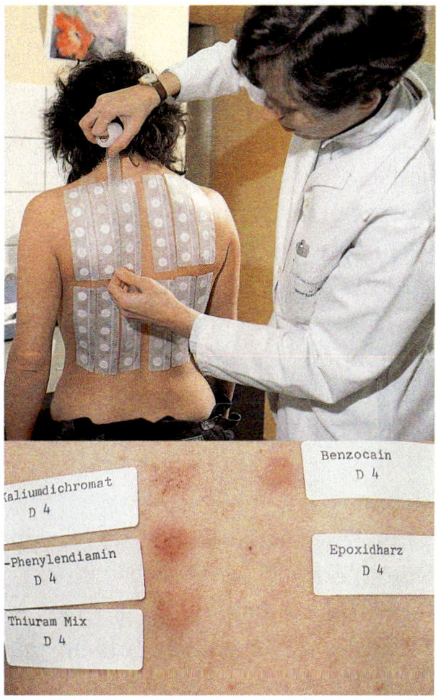

4 Läppchentest. Unter Pflastern werden verschiedene Substanzen auf die Haut gebracht. Nach zwei bis drei Tagen kann ein Allergen an der Reizung der Haut erkannt werden.

Arbeitsaufträge

1 Erkläre, warum Regen in der Pollenflugzeit die Symptome des Heuschnupfens vermindern kann.

2 Erkläre, warum allergische Reaktionen nicht beim ersten Kontakt mit dem Allergen auftreten können.

3 Erstelle eine Liste mit Allergien, Symptomen und möglichen Schutzmaßnahmen.

4 In manchen Berufen ist es sehr ungünstig, wenn man unter einer bestimmten Allergie leidet. Nenne Berufe, in denen man Allergenen besonders stark ausgesetzt ist.

Überblick

Gesundheit
Gesundheit ist mehr als die Abwesenheit von Krankheit und hängt eng mit dem eigenen Wohlbefinden zusammen. Durch verschiedene Maßnahmen wie Entspannung oder Sport kann man das Wohlbefinden erhöhen.
Die Ernährung ist wichtig für die Gesunderhaltung des Körpers. Sie soll vor allem ausgewogen sein und dem Körper nicht mehr Energie zuführen, als er benötigt. Im Lauf eines Tages reguliert der Körper seine Energieversorgung selbstständig und hält den Blutzuckerspiegel konstant. Bei der Krankheit Diabetes ist dieses Gleichgewicht aber gestört.

Erkrankung
Viele Krankheiten werden durch Bakterien, Viren oder andere Krankheitserreger verursacht, die in den Körper eindringen und sich in ihm vermehren. Eine typische Infektionskrankheit verläuft in mehreren Stadien: Ansteckung (Infektion) – Inkubationszeit (Zeit zwischen Ansteckung und Ausbruch der Krankheit) – Erkrankung – Genesung.

Viren
Viren lösen Krankheiten wie Grippe, Röteln oder Masern aus.
Ein Virus ist nicht allein lebensfähig: Es schleust seine Erbsubstanz in die Zelle eines Lebewesens ein. Das verändert den Stoffwechsel der Wirtszelle, die daraufhin eine große Zahl neuer Viren produziert.

Bakterien
Bakterien können Krankheiten wie Scharlach, Lungenentzündung und Salmonellose auslösen. Bakterien sind winzige einzellige Organismen, die sich durch schnell aufeinanderfolgende Zellteilungen außerordentlich rasch vermehren können. Bakterien können Giftstoffe bilden, sogenannte Toxine.
Bakterielle Infektionskrankheiten lassen sich durch Antibiotika wie Penicillin bekämpfen.

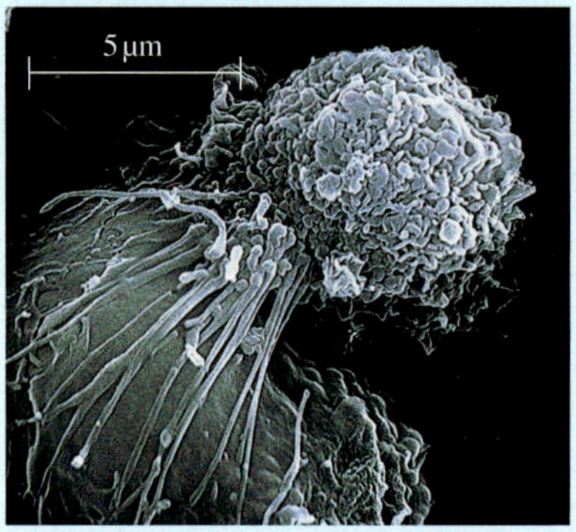

1 Ein Makrophage nimmt einen Fremdkörper auf und verdaut ihn.

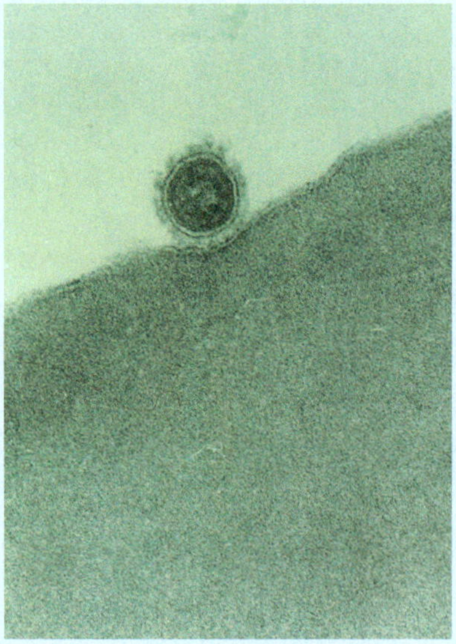

2 Grippevirus auf Schleimhautzelle

Immunsystem
Das Immunsystem schützt den Körper vor Fremdkörpern und Krankheitserregern. Die hieran beteiligten weißen Blutkörperchen erkennen alle körperfremden Strukturen, die Antigene. Bei unspezifischer Abwehr bekämpfen Fresszellen den eingedrungenen Fremdkörper. Die spezifische Abwehr kann sich erst nach einem Kontakt mit einem bestimmten Erreger ausbilden: Plasmazellen bilden Antikörper, die nach dem Schlüssel-Schloss-Prinzip Antigene auf den Fremdkörpern erkennen und unschädlich machen. Nach überstandener Infektionskrankheit hat der Körper Gedächtniszellen aufgebaut, die eine spezifische Immunität gegen bestimmte Antigene bewirken.

Impfung
Einen Schutz gegen Infektionskrankheiten kann eine aktive Immunisierung durch eine Gabe von abgeschwächten Erregern darstellen. Eine passive Immunisierung durch Impfung mit Antikörpern hilft dem bereits erkrankten Organismus bei der Bekämpfung der Krankheitserreger.

Allergien
Bei der Funktion des Immunsystems können auch Fehler auftreten. Reagiert es gegen Stoffe, die keine Erreger und eigentlich für den Körper harmlos sind, so kommt es zur Ausbildung einer Allergie.

Alles klar?

1 Erstelle ein Mindmap mit allen Einflüssen, die für dein persönliches Wohlbefinden bedeutsam sind.

2 Erläutere, was man unter einer ausgewogenen Ernährung versteht.

3 In der Eisdiele steht ein Schild mit folgender Aufschrift: „Alle Geschmacksrichtungen auch für Diabetiker“.
Welche Eigenschaften haben diese Eissorten? Begründe.

4 Widerlege folgende Aussage: „Diabetes wird durch Zucker verursacht, daher spricht man auch von der Zuckerkrankheit.“

5 Beschreibe die Fieberkurve eines Grippekranken und erläutere den Verlauf dieser Infektionskrankheit. ↑3

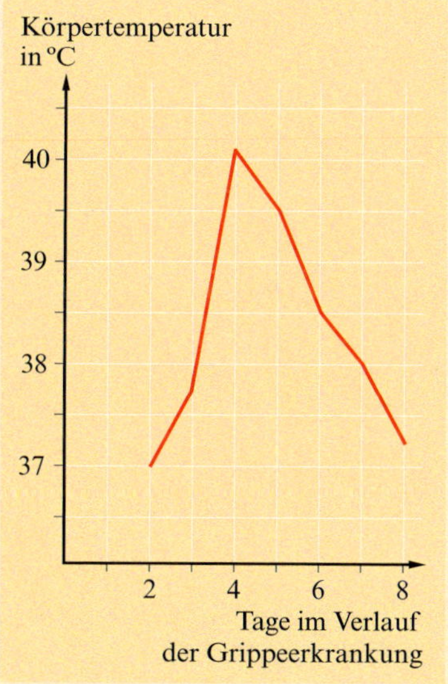

3 Fieberkurve eines Grippekranken

6 Erkläre die Lebensweise von Parasiten und eine von ihnen ausgelöste Krankheit an einem von dir gewählten Beispiel.

7 Beschreibe die Funktionsweise des körpereigenen Immunsystems.

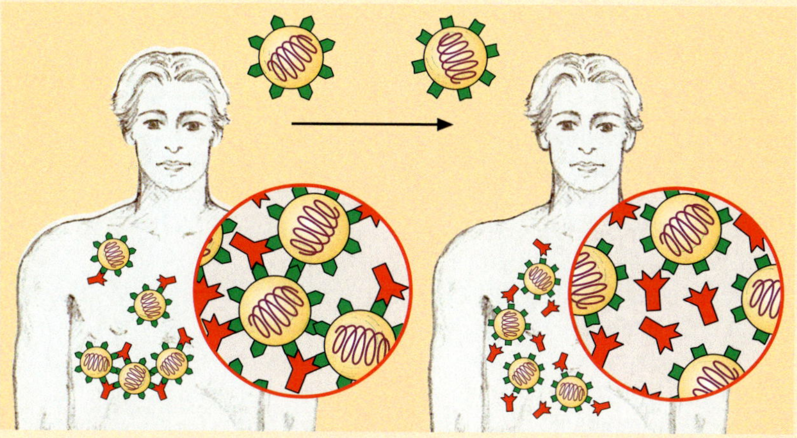

4 Das Grippevirus ist veränderlich.

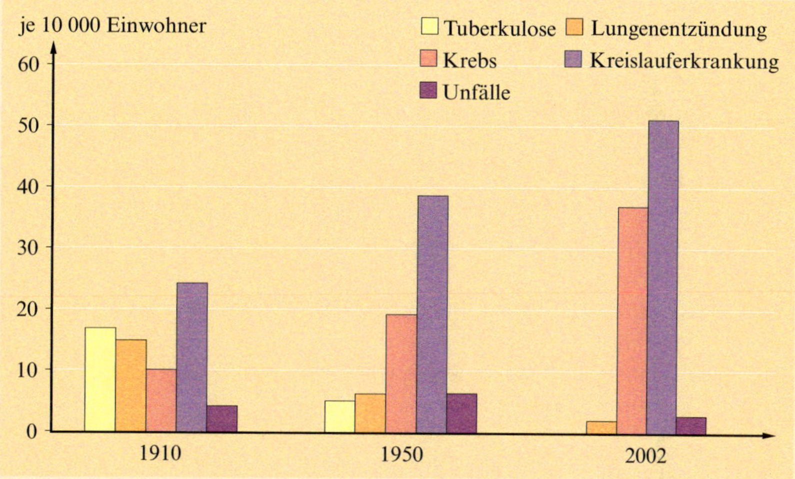

5 Ausgewählte Todesursachen in Deutschland

8 Finde eine Erklärung dafür, dass man bei einer Erkältung oft Halsschmerzen hat.

9 Erläutere, was man unter „Immunisierung“ versteht.

10 Erläutere mithilfe der Abbildung 4, warum eine einmalige Grippeschutzimpfung nicht ein Leben lang gegen Infektionen schützt.

11 Interpretiere die Abbildung 5. Nenne Ursachen für die sich im Laufe der Zeit veränderten Anteile an Todesursachen.

12 Ebola ist eine Infektionskrankheit, für die es gegenwärtig weder eine Heilung noch eine Schutzimpfung gibt. Recherchiere und stelle das Ergebnis in der Klasse vor.

13 Wenn bei mindestens 90 Prozent der Bevölkerung ein Impfschutz gegen eine bestimmte Krankheit besteht, geht man davon aus, dass sich diese Krankheit dann nicht in einer Epidemie ausbreiten kann. Begründe den Zusammenhang von Durchimpfungsgrad und einer möglichen Ausrottung einer Krankheit.

Check up

1 Der Körper wehrt sich gegen Krankheitserreger mithilfe seines Abwehrsystems.
a Nenne die Teile des Lymphsystems.
b Beschreibe das unspezifische Abwehrsystem.
c Nenne die Bestandteile der spezifischen Abwehr und erläutere ihre Funktionen.
d Die spezifische Abwehr braucht bei einem Erstkontakt mit einem Erreger länger für einen effektiven Gegenschlag als die unspezifische Abwehr, ist aber bei einem Zweitkontakt wesentlich schneller. Erkläre.
e Erläutere das Prinzip der Antigen-Antikörper-Reaktion.

2 Das immunologische Gedächtnis schützt uns bei der Zweitinfektion mit einem Erreger.
a Abbildung 1 stellt die passive Immunisierung dar. Übernimm die Männchen vergrößert in dein Heft und ergänze sie mit Symbolen für die Krankheitserreger sowie das Heilserum bzw. die Antikörper.
b Entwickle eine ähnliche Darstellung für die aktive Immunisierung.

3 Infektionskrankheiten werden durch Bakterien oder Viren verursacht.
a Beschreibe und vergleiche den Aufbau dieser Krankheitserreger.
b Erläutere, in welcher Weise Bakterien bzw. Viren den Körper schädigen.

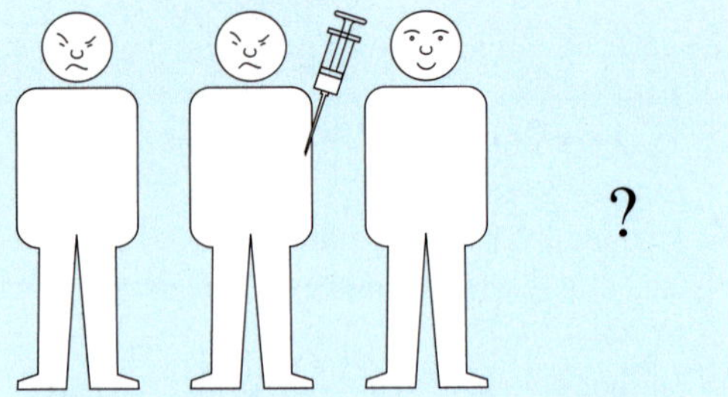

1 Passive Immunisierung

c Erläutere, was man unter Prophylaxemaßnahmen versteht und was eine Therapie ist. Nenne Beispiele.

4 Der Blutzuckerspiegel unterliegt einer genauen Regulation.
a Erkläre, welche Bedeutung die Glucose im Blut hat.
b Nenne die Hormone, die die Regulation des Blutzuckerspiegels steuern.
c Diese Hormone wirken antagonistisch. Erkläre.

Die Farben zeigen dir, um welchen Aufgabentyp es sich handelt:
■ Sachverhalte wiedergeben ■ Dein Wissen anwenden ■ Komplexe Probleme lösen

> Die Lösungen findest du im Anhang.

Schätze deine Kenntnisse und Fähigkeiten ein.

Aufgabe	Lerngebiet/Fähigkeit	Lösungshilfe	Auswertung
1	Ich kann die Teile des Immunsystems nennen und ihre Funktion erklären.	123–129	Ordne dazu deiner Lösung im Heft ein Smiley zu: ☺ Ich konnte die Aufgabe richtig lösen. 😐 Ich konnte die Aufgabe nicht komplett lösen. ☹ Ich konnte die Aufgabe nicht lösen.
2	Ich kann die aktive und passive Immunisierung darstellen.	131, 132	
3	Ich kann den Aufbau von Viren und Bakterien beschreiben und ihre schädigende Wirkung erläutern. Ich weiß, was man unter Prophylaxe und Therapie versteht, und kann Beispiele nennen.	107–111	
4	Ich kann erklären, wie die Regulation des Blutzuckerspiegels funktioniert und welche Bedeutung sie hat.	101, 102	

Eine Reise durch die Erdgeschichte

Im Naturkundemuseum stehen wir staunend vor riesigen Dinosaurierskeletten und versuchen uns vorzustellen, wie diese Arten ausgesehen und gelebt haben. Warum gibt es diese Tierarten so heute nicht mehr? Sah ihr Lebensraum völlig anders aus?

Den Fossilien auf der Spur

Es ist eine Tatsache, dass die Lebewesen und die Lebensbedingungen auf der Erde vor Millionen von Jahren anders als heute waren. Fossilien erzählen etwas über das Leben in diesen Zeiten. Die Entwicklungsgeschichte der Lebewesen vom Anfang des Lebens auf der Erde bis heute bezeichnet man als Evolution.

1 Bestimmte Bedingungen ermöglichen es, dass Reste von Lebewesen als Fossilien die Zeiten überdauern. Wie entsteht ein Fossil?

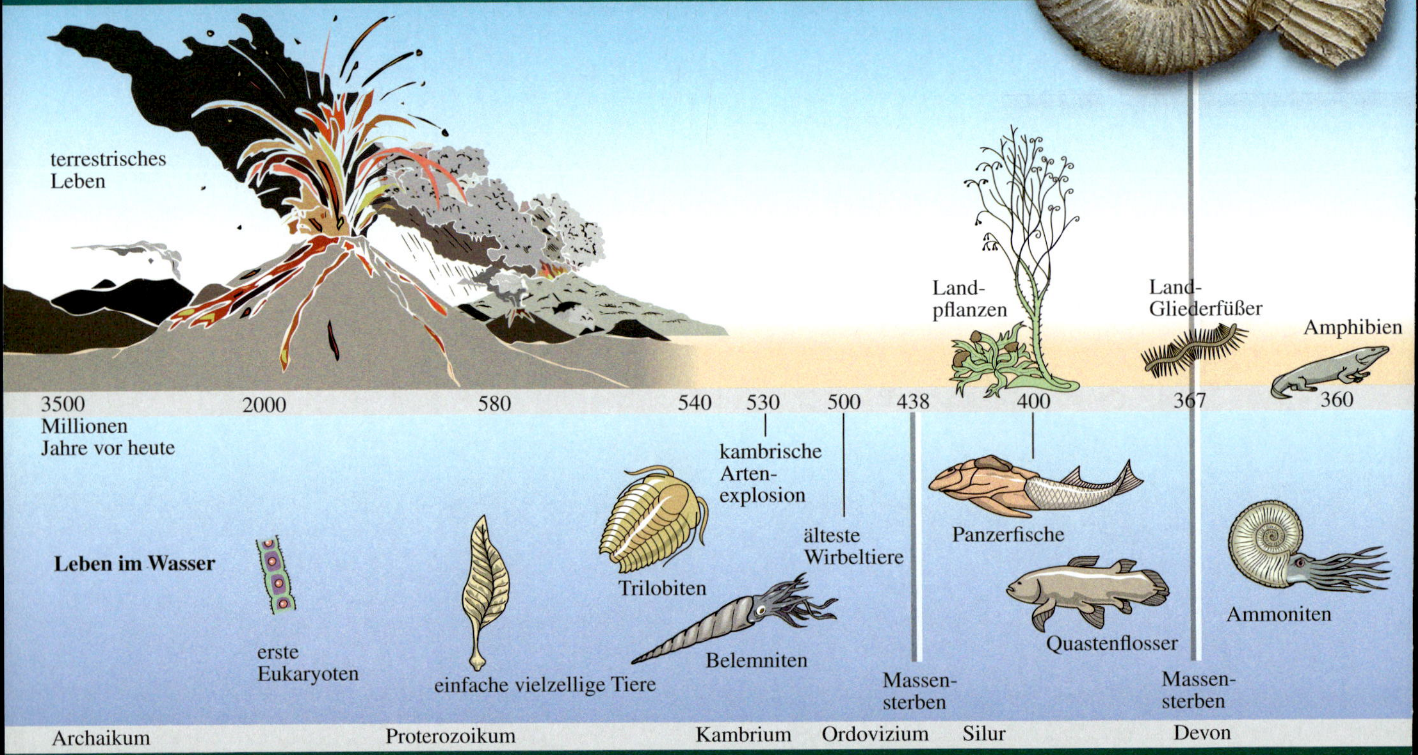

3 Welche Tierarten und welche Pflanzenarten gab es auf der Erde?

4 Der Fund des Urvogels *Archaeopteryx* ist ein Glücksfall. Was verraten uns Fossilien über die Geschichte der Lebewesen?

5 Oftmals finden Forscher nur kleine Teile der früheren Lebewesen. Wie lässt sich aus einem Fossil ein Lebewesen rekonstruieren?

6 Erste Schildkröten lebten im Wasser von Flüssen – was hat den frühen Tierarten ermöglicht, den Lebensraum Land zu erobern?

7 Einfach nur ähnlich oder doch verwandt? Wie kann man herausfinden, welche Arten miteinander verwandt sind?

Andere Zeiten, andere Lebewesen

Kaum zu glauben, dass dieses seltsam aussehende Tier mit fünf Augen und einem Rüssel mit einer Zange an der Spitze auf unserem Planeten jemals gelebt hat. Wann hat *Opabinia*, so der Name des Tieres, gelebt? Warum lebt *Opabinia* heute nicht mehr und seit wann gibt es Leben auf dem Land?

1 *Opabinia*

Beobachten Untersuchen Experimentieren

Vom Wasser ans Land

Als die ersten Tiere das feste Land besiedelten, gab es bereits seit mehr als 3 Milliarden Jahren Leben im Wasser. Das Leben an Land stellt an die Lebewesen andere Anforderungen. Tiere brauchen eine möglichst gleichmäßige Zufuhr von Wasser und Nahrung sowie hinreichend Sauerstoff zur Atmung. Sie vertragen keine allzu großen Temperaturschwankungen im Tages- und Jahresverlauf.

1 Stelle mithilfe der Abbildung 2 zusammen, wie sich die Lebensbedingungen im Wasser und an Land für Tiere zur Zeit des Silurs unterschieden haben. ↑2

2 Beschreibe, welche Voraussetzungen erfüllt sein müssen, bevor Tiere das Land beständig für sich erobern konnten?

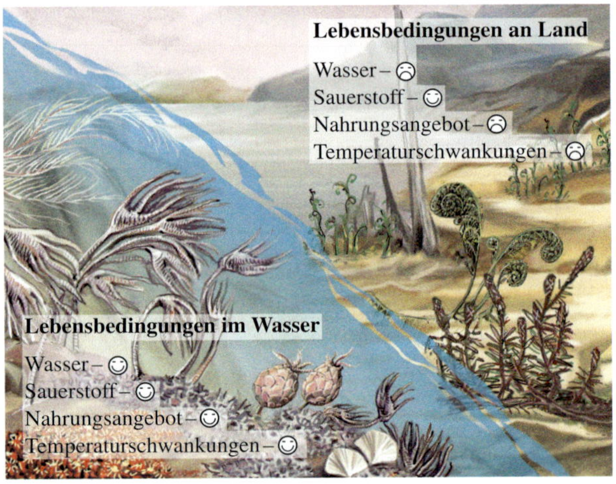

2 Lebensbedingungen im Wasser und an Land im Silur (438 – 410 Mio. Jahre v. Chr.)

Entstehung des Lebens auf unserer Erde

142-1

Am Anfang war das Wasser Die Erde ist etwa 4,6 Milliarden Jahre alt. Es hat ungefähr 800 bis 900 Millionen Jahre gedauert, bis sich im Wasser die ersten Lebewesen entwickelten. Die Veränderungen von Lebensräumen können mit der Zeit durch die Angepasstheit zu Veränderungen und Entstehung neuer Formen und Arten von Lebewesen führen. Die Entwicklung der Lebewesen über die Zeit bezeichnet man als Evolution. Im Kambrium (543 – 490 Mio. Jahre v. Chr.) entstanden sehr schnell fast alle der Tier- und Pflanzenformen, die auch in heutigen Meeren zu finden sind. Diese kurze, aber für das Leben auf der Erde wichtige Zeitspanne der Erdgeschichte wird deshalb als Kambrische Explosion bezeichnet.

3 Andere Zeiten, andere Lebewesen

Eroberung des Festlands Zum Ende des Silurs (438–410 Mio. Jahre v. Chr.) besiedelten Lebewesen zum ersten Mal das Festland. Dessen Eroberung gestaltete sich schwierig, weil das lebensnotwendige Wasser an Land äußerst knapp ist. Ohne Mechanismen zur Verminderung der Wasserabgabe an die Luft können Lebewesen das Festland als Lebensraum nicht besiedeln. Ihr weitgehend wasserundurchlässiges Außenskelett ermöglichte unter den Tieren zunächst Spinnen, Skorpionen und Tausendfüßern den Gang an Land. ↑3 Die ersten landlebenden Pflanzen wie *Cooksonia* hatten schon wurzelähnliche Gebilde zur Verankerung im Boden und zur Wasseraufnahme, Leitungsbahnen zum Wassertransport und feste holzartige Strukturen, die die Pflanzen aufrecht hielten. Die Abgabe von Wasser wurde bei ihnen wie bei heutigen Pflanzen durch Wachsschichten auf den oberen Pflanzenteilen eingeschränkt.

Nachzügler an Land Die ersten Wirbeltiere an Land findet man erst Millionen von Jahren später im Devon (410–355 Mio. Jahre v. Chr.). Es waren frühe Amphibien, die sowohl im Wasser als auch an Land lebten. Sie konnten das Land als Lebensraum nutzen, weil sie wie die heutigen Wirbeltiere über Laufbeine zur Fortbewegung verfügten und den Sauerstoff aus der Luft aufnehmen konnten. Fische sind dazu nicht in der Lage, da ihre Kiemen verkleben, wenn sie nicht ständig feucht gehalten werden.

Kurz und knapp **Die ersten Lebewesen auf unserem Planeten entstanden im Wasser. Durch Veränderungen der Lebensräume und die Eroberung des Festlands entstanden in Angepasstheit an die Lebensräume neue Formen und Arten. Die Entwicklung der Lebewesen mit der Zeit nennt man Evolution.**

Zur Diskussion

Wie kommt es zu einem Massenaussterben?
9 von 10 Arten, die unsere Erde einmal besiedelt haben, sind heute verschwunden. Zum Teil sind dafür mehrmals auftretende Massenaussterben verantwortlich. Als Gründe hierfür werden genannt:
– Einschläge von riesigen Meteoriten ↑4
– Ausbrüche von Supervulkanen (z. B. Krater des Yellowstone-Nationalparks in den USA)
– Veränderungen des Klimas aufgrund von Kontinentalbewegungen
– das Auftreten neuer Raubtiere

Nach den Massenaussterben legte die Evolution ungeheuer an Geschwindigkeit zu, sodass in kurzer Zeit eine Vielzahl neuer Arten entstanden ist.

4 Außerirdische Ursachen für Massenaussterben?

Arbeitsaufträge

1 Wann gab es die ersten Bäume und wie sahen sie aus? Informiere dich dazu im Internet.

2 Versuche herauszufinden,
a welchen Zeitraum der Erdgeschichte der Jura umfasst;
b welche Tiere und Pflanzen dieser Zeit häufig gefunden werden;
c wie deine Heimat zur Zeit des Juras aussah. Stelle eine kleine Präsentation zusammen.

Fossilien – Zeugen vergangenen Lebens

Wenn Forscher Versteinerungen von Tieren, Skeletten oder Knochen finden, stehen sie vor der Frage nach dem Alter und zu welcher Tierart der Knochen gehört. Wie finden Sie das heraus? Wie kommt es, dass Knochen Millionen von Jahren erhalten bleiben? Wie lässt sich ihr Alter bestimmen?

1 An einer Ausgrabungsstelle

Beobachten Untersuchen Experimentieren

Fossilienmodelle aus Gips
Mit den folgenden Anleitungen kannst du nachvollziehen, wie Versteinerungen entstehen.

1 Abdruck

Material: pro Arbeitsgruppe 2 Kunststoffschälchen, Muschelschale, Vaseline, Hartkleber, Gips, Löffel, Wasser

Durchführung: ↑2

a Bildet Arbeitsgruppen von 2 bis 4 Schülern. Rührt den Gips in einem Schälchen an (1). Achtet darauf, dass er nicht zu dünnflüssig ist. Füllt den Gips in das zweite Schälchen, bis es etwa zur Hälfte gefüllt ist (2). Bestreicht die Muschel beidseitig dünn mit Vaseline. Legt nun die Muschelhälfte flach auf und drückt sie in den Gips. Wenn der Gips hart ist, streicht die Oberfläche dünn mit Vaseline ein (3). Bedeckt die Muschel nun ganz mit Gips (4). Nach dem Aushärten könnt ihr den Gipsblock und die Muschel herauslösen. Die Abdruckhälften werden noch weiter verwendet.

2 Herstellung von Fossilienmodellen

b Protokolliert euer Vorgehen.

c Skizziert oder fotografiert eure Abdrücke vor der Weiterverwendung und fügt sie an das Protokoll an.

d Vergleicht eure Ergebnisse. Wo gab es Schwierigkeiten?

2 Steinkernmodell und Versteinerungsmodell

Durchführung:

a Teilt eure Arbeitsgruppen in zwei Hälften auf. Bestreicht zunächst beide Abdruckhälften mit Vaseline. Die eine Hälfte füllt nun den Raum, den die Muschel eingenommen hatte, mit Gips aus, die andere Hälfte mit Hartkleber als Ersatz für die Versteinerungssubstanz. Stellt die Modelle an einen warmen und trockenen Ort. Wartet ein paar Tage und ihr könnt das Steinkernmodell vorsichtig herauslösen.

b Die Arbeitsgruppen stellen ihre Ergebnisse vor und besprechen gemeinsam, worin die Unterschiede und die Gemeinsamkeiten der drei Modelle liegen.

Was uns Fossilien verraten

145-1

Fossilien nennt man die Spuren, die das Leben auf unserer Erde hinterlässt. Dazu gehören Reste von Lebewesen, Tierspuren oder auch deren Ausscheidungen. Sie können uns etwas über das Aussehen der Lebewesen vergangener Zeiten und ihre Entwicklung über Jahrmillionen verraten.

Fossilisation Normalerweise werden Lebewesen nach ihrem Tod zersetzt. Die Entstehung von Fossilien, die Fossilisation, kann auf unterschiedliche Weise erfolgen. ↑3 Versteinerungen entstehen, wenn die organischen Stoffe eines Lebewesens durch Kieselsäure oder Kalk zersetzt oder wenn die organischen Stoffe rasch von Sedimenten wie Sand oder Schlamm bedeckt werden. Bei der Zersetzung der organischen Stoffe bleibt ein Hohlraum zurück, der sich mit mineralischen Stoffen auffüllt und durch den Druck der darüberliegenden Erdschichten allmählich versteinert. Auf ähnliche Weise entwickeln sich Abdrücke. Fossilien von Pflanzen findet man als Inkohlungen bei der Bildung von Braun- und Steinkohle. Trockenheit, Kälte (Eis) und Gifte können dazu führen, dass abgestorbene Lebewesen nicht vollständig zersetzt werden. Auf solche Weise können Kadaver über einen Zeitraum von einigen Tausend Jahren erhalten bleiben. Sie werden als Mumien bezeichnet. Wenn sich die Umgebungsbedingungen ändern, also zum Beispiel das Eis schmilzt, in das die Mumien eingelagert sind, verwesen sie sehr schnell.

Das Alter von Fossilien Viele Gesteine entstehen als Ablagerungen, die man Sedimente nennt. Sandstein und Kalkstein sind die bekanntesten Ablagerungsgesteine. Durch die beständige Zufuhr von Sedimenten nimmt im Lauf der Zeit die Dicke der Gesteinsschichten zu. Je dicker eine Schicht ist, umso mehr Zeit war in der Regel für ihre Bildung nötig. Je weiter unten die Schicht liegt, umso älter ist die Gesteinsschicht normalerweise. Die Schichtung von Gesteinen ist eine Möglichkeit, Rückschlüsse auf das Alter von Fossilien zu ziehen.

„Kollege Zufall" Fossilien stellen nur einen winzigen Ausschnitt des Lebens aus der vorzeitlichen Lebenswelt dar. Das liegt daran, dass die Fossilisation ein extrem seltenes Ereignis ist und es vom Zufall abhängt, ob Fossilien gefunden werden. Man wird so mithilfe von Fossilien nie ein vollständiges Bild des Lebens zu anderen Zeiten auf der Erde erhalten.

Kurz und knapp **Lebewesen oder Teile von ihnen können nach ihrem Tod durch Fossilisation über lange Zeiträume erhalten bleiben. Fossilien zeigen, wie Tier- und Pflanzenarten früherer Zeiten ausgesehen haben und wie sie sich über Jahrmillionen verändert haben.**

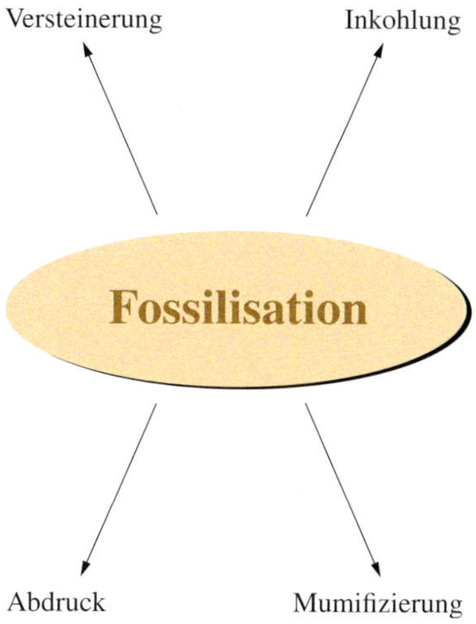

3 Formen der Fossilisation

Schon gewusst?

Die Altersbestimmung von Gesteinsschichten wird dadurch erleichtert, dass manche Fossilien nur in einer ganz kleinen Zeitspanne der Erdgeschichte vorkommen. Hat man erst einmal das Alter dieser Fossilien bestimmt, kann man auf das Alter der Gesteinsschicht schließen. Solche besonderen Fossilien nennt man Leitfossilien.

4 Der Ammonit *Dactylioceras* ist ein Leitfossil des Juras (208 – 144 Mio. Jahre v. Chr.).

Arbeitsaufträge

1 Beschreibe, unter welchen Umständen Fossilien von Weichtieren (Tiere ohne festes Skelett) entstehen können.

2 Man findet keine Mumien, die einige Millionen Jahre alt sind. Erkläre die Beobachtung.

Wie wird aus einem Skelettfund ein „richtiger“ Dinosaurier?

Häufig finden die Forscher nur Teile von Skeletten oder gar nur einzelne Knochenteile. Vollständige oder nahezu vollständige Funde sind große Sensationen. Wie lässt sich ein Skelett oder das Aussehen eines Tieres möglichst genau rekonstruieren?

1 Bein- und Fußknochen und Rekonstruktion eines *Tyrannosaurus rex*

Beobachten **Untersuchen** Experimentieren

Rekonstruktion von Aussehen und Lebensweise
An einem Ausgrabungsort sind folgende Schädel gefunden worden:

2 Schädel A: 68 Mio. Jahre alt, 165 cm lang

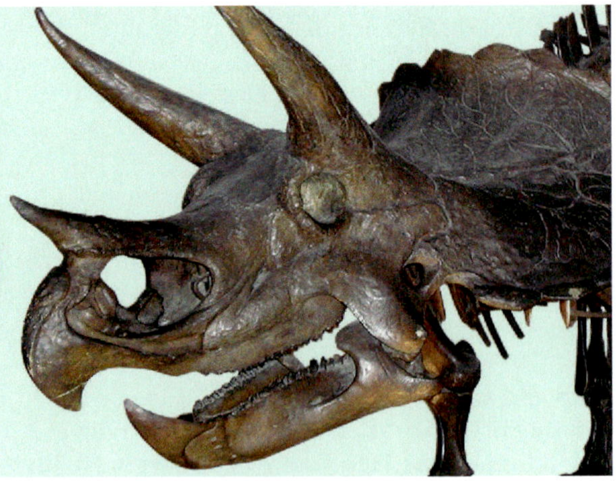

3 Schädel B: 70 Mio. Jahre alt, 195 cm lang

1 Schließe aus den oben abgebildeten Schädeln, wovon sich die Tiere ernährt haben. ↑2 und 3

2 Finde durch Vergleich des Aussehens, der vermutlichen Lebensweise und der Größen- und Altersangabe der fossilen Schädel heraus, zu welchen Tiergruppen sie gehörten.

3 Stelle heraus, wie du dabei vorgegangen bist, zu welchen Aspekten du recht sichere Aussagen machen konntest und wo du noch weitere Informationen benötigst.

4 Recherchiere fehlende Informationen. Überlege, welche Quellen infrage kommen, und beurteile, wie verlässlich sie für deine Arbeit sind.

Ein Dinosaurier „entsteht“

Die Rekonstruktion eines Dinosauriers erfolgt in mehreren Schritten. Zunächst werden fehlende Teile des Skeletts durch Vergleiche mit anderen Funden oder lebenden Kriechtieren ergänzt. Anhand der Größenverhältnisse und dem Vergleich mit lebenden Echsen werden in weiteren Schritten Muskulatur und Körperoberfläche ergänzt. Über die Färbung der Dinosaurier sind keine sicheren Aussagen möglich.

Basiskonzept

Struktur und Funktion
Bei der Rekonstruktion eines Dinosauriers geht man davon aus, dass für den Zusammenhang von Knochengröße, Größe und Lage der Sehnen und Muskeln heutiger Kriechtiere dieselben Gesetzmäßigkeiten gelten wie auch für die früheren Formen der Kriechtiere.

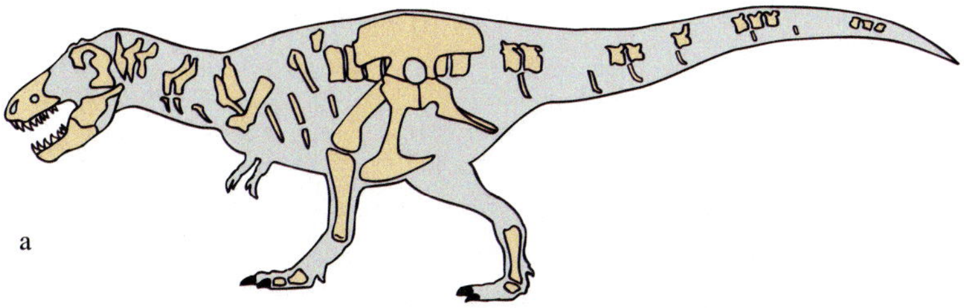

a

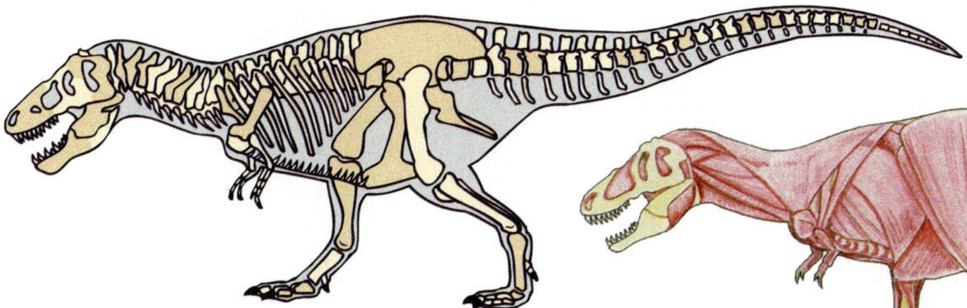

b Aus einzelnen Skelettteilen wird das ganze Skelett rekonstruiert.

c Muskeln, Sehnen und Bänder werden hinzugefügt.

d Die Körperoberfläche wird ergänzt.

4 Rekonstruktion eines Sauriers

Arbeitsaufträge

1 Beschreibe die Vorgehensweise der Forscher anhand der Abbildungen oben. ↑4

2 Stelle Vermutungen darüber an, woraus die Forscher schließen können, welche Muskeln wo am Skelett angreifen und wie lang und dick sie waren.

3 Zeichne oder pause die beiden Schädel auf der Seite gegenüber auf ein weißes Blatt Papier ab und rekonstruiere, wie das lebende Tier ausgesehen hat.

4 Vergleicht eure Ergebnisse miteinander. Beurteilt, welchen Stellenwert wissenschaftliche Genauigkeit und welchen die Fantasie der Zeichnerin oder des Zeichners einnehmen.

Saurier besiedelten die Erde

1

Pflanzenfresser *Brachiosaurus* gilt mit seinen 30 m Körperlänge als das größte bekannte Landtier aller Zeiten. Für seine riesige Körpergröße hatte er ein verhältnismäßig kleines Gehirn im Kopf. Man vermutet, dass er ein viel größeres Gehirn in der Nähe der Schwanzwurzel hatte, das seine Bewegungen steuerte. Er lebte vermutlich halb untergetaucht an den Uferregionen von Seen, um sein großes Gewicht zu entlasten. ↑2

2

Fleischfresser *Tyrannosaurus rex* ist als der größte an Land lebende Fleischfresser der Welt bekannt. Er lief auf zwei kräftigen Hinterbeinen. Seine Vordergliedmaßen waren stark verkleinert und über ihre Funktion gibt es verschiedene Hypothesen. Oft nimmt man an, dass sie zum Festhalten der Beute dienten. Das Gewicht des Schädels konnte er mit dem Schwanz als Gegengewicht ausbalancieren. ↑1

Fischsaurier Wie ihr Name bereits verrät, waren die Fischsaurier an ein Leben im Wasser angepasst. Ihre Gliedmaßen und der Schwanz waren zu Flossen umgebildet. Die Fortbewegungsweise wird der unserer heutigen Delfine ähnlich gewesen sein. Da sie eine Lunge besaßen, mussten sie zum Atmen ebenfalls auftauchen. Sie wurden bis zu 6 m lang und ihr Gebiss eignete sich hervorragend für den Fischfang. ↑3

3

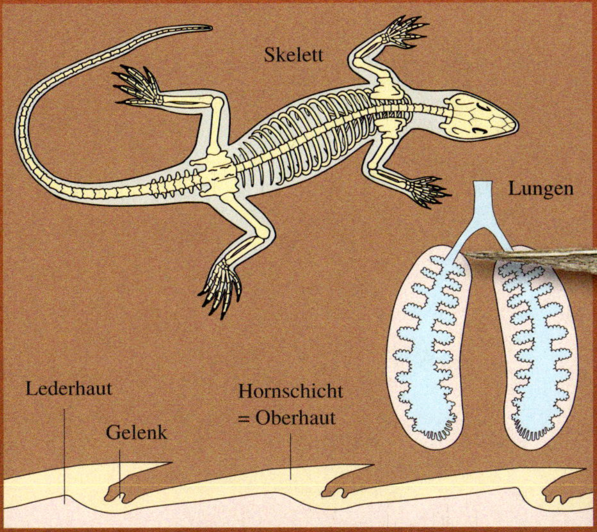

4 Grundbauplan der Saurier
und der heute lebenden Echsen (Reptilien)

Flugsaurier Sie erreichten Größen von bis zu 8 m Flügelspannweite. Es gab aber auch Vertreter, die nur etwa 20 bis 30 cm groß wurden. Ihre Flügel wurden von einer Flughaut an den Vordergliedmaßen und einem verlängerten „kleinen Finger" gebildet. Sie segelten im Gleitflug von Baum zu Baum oder in Aufwinden von Gebirgszügen und Küstengebieten. Dort ernährten sie sich von Fischen. ↑5

5

Im Erdmittelalter, einer Zeit, die vor 255 Millionen Jahren begann und vor ca. 65 Millionen Jahren endete, beherrschten die Saurier alle Lebensräume.
Neben den vielen verschiedenen Formen der an Land lebenden Pflanzenfresser und Fleischfresser gab es auch noch viele Saurierarten, die im Wasser lebten und weitere Arten, die die Luft als Lebensraum eroberten. Allen gemeinsam war ein Grundbauplan mit vier Gliedmaßen und je fünf Fingern oder Zehen. In der Angepasstheit an den jeweiligen Lebensraum und die Lebensweise entwickelten sich über lange Zeiträume hinweg Abweichungen von diesem Grundbauplan.

6 Möglicherweise der Auslöser für das Aussterben der Saurier: ein Meteoriteneinschlag.

Arbeitsaufträge

1 Fertigt weitere biologische Steckbriefe zu den verschiedenen Lebensformen der Saurier und ihrer Angepasstheit an den Lebensraum an. Klärt zuvor, welche Informationen sie enthalten sollen und wie sie gestaltet werden können.

2 Vergleiche den Körperbau eines Fischsauriers mit dem eines heute lebenden Delfins sowie den eines Flugsauriers mit dem einer Fledermaus. Stelle Gemeinsamkeiten und Unterschiede zusammen und formuliere, was für diese Tierarten „Angepasstheit an einen Lebensraum" bedeutet.

3 Die Saurier und viele andere Tier- und Pflanzenarten starben vor etwa 65 Millionen Jahren auf der gesamten Erde aus. Als Ursache wird allgemein eine Klimaveränderung angenommen. Der Auslöser war vermutlich ein riesiger Meteoriteneinschlag, der gewaltige Flutwellen erzeugte, und so viel Staub und Asche in die Atmosphäre schleuderte, dass nur wenig Wärme von der Sonne auf die Erdoberfläche gelangte und die Temperaturen weltweit über eine lange Zeit sanken. ↑6
Informiere dich über die Merkmale und Eigenschaften von Kriechtieren (Reptilien) und stelle begründete Vermutungen über die Folgen der Abkühlung für die mit heutigen Reptilien verwandten Saurier auf. ↑4

Fossilien belegen die Evolution der Arten

Fossilien belegen, dass Vögel erst sehr spät auf der Erde erschienen sind. Woher sind sie gekommen? Mit welchen Tierarten sind sie verwandt? Welche Vorfahren hatten sie? Die Aufklärung dieser Fragen hilft zu verstehen, wie die Evolution der Vögel wahrscheinlich abgelaufen ist.

1 *Archaeopteryx* lebte vor mehr als 140 Millionen Jahren.

Beobachten Untersuchen Experimentieren

Sind Vögel die Nachfahren der Saurier?
Von dem Urvogel *Archaeopteryx* gibt es weltweit nur zehn fossile Exemplare. ↑1 Für die Wissenschaftler ist er nicht nur sehr wertvoll, weil er so selten ist, sondern auch, weil er eine Übergangsform darstellt. Er besitzt Merkmale, die sonst nur Saurier oder nur Vögel aufweisen, aber nicht bei beiden gemeinsam auftreten. Solche Tierarten nennt man auch Brückentiere.

1 Erstelle mithilfe der Abbildung unten eine Tabelle, in der du Merkmale von *Archaeopteryx*, Saurier und Vogel gegenüberstellst. ↑2

2 Begründe, weshalb es unwahrscheinlich ist, dass Vögel sich aus Flugsauriern entwickelt haben.

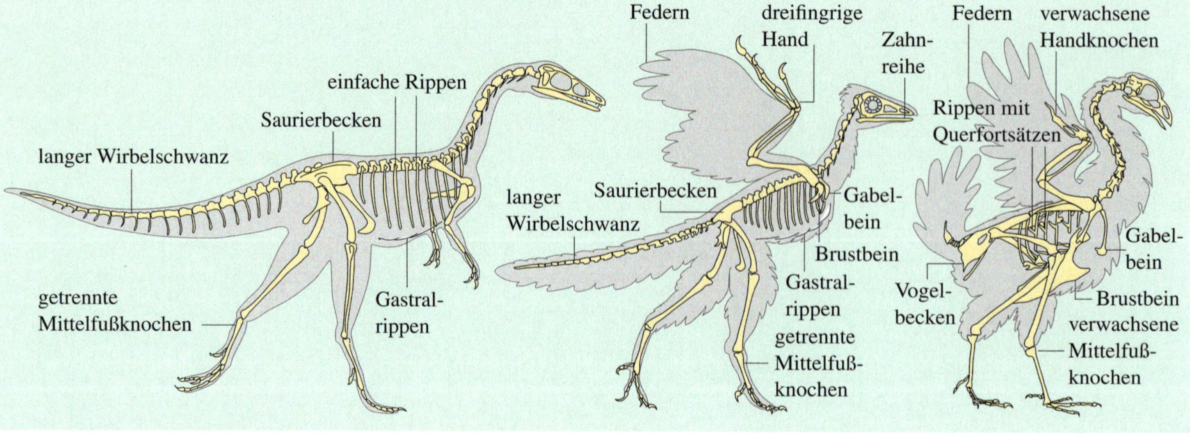

2 Skelettvergleich: Maniraptor, *Archaeopteryx* und moderner Vogel

Wirbeltierarten sind miteinander verwandt

Verschieden und doch verwandt Trotz der Verschiedenartigkeit ihres äußeren Baus weisen alle Wirbeltierarten einen gemeinsamen Grundbauplan auf. Sie alle besitzen ein inneres Skelett aus Knorpel und Knochen und eine gegliederte Wirbelsäule. Ursprünglich besitzen sie ein vorderes und ein hinteres Gliedmaßenpaar. In Anpassung an den jeweiligen Lebensraum hat sich über viele Millionen Jahre eine Vielzahl von Abweichungen des Grundbauplans entwickelt. Bei den oben abgebildeten Vordergliedmaßen lässt sich der Zusammenhang von Grundbauplan und durch Anpassung abgeleitete Formen erkennen. ↑3 Diese Übereinstimmung im Grundbauplan lässt darauf schließen, dass eine Verwandtschaft besteht, die zwar unterschiedlich eng ist, aber insgesamt auf einen gemeinsamen Vorfahren der Wirbeltierarten hindeutet. Der *Archaeopteryx* zeigt, dass im Lauf der Evolution Strukturen fast nie neu gebildet werden. Meist werden vorhandene Formen verändert. Daher stellt er ein wichtiges Bindeglied zwischen den Reptilien und den Vögeln dar. Die Erkenntnisse aus den Vergleichen des Körperbaus können heute mit modernen Methoden untermauert werden, indem man das Erbgut der Tierarten untersucht. Je höher der Grad der Übereinstimmung ist, desto enger ist die Verwandtschaft.

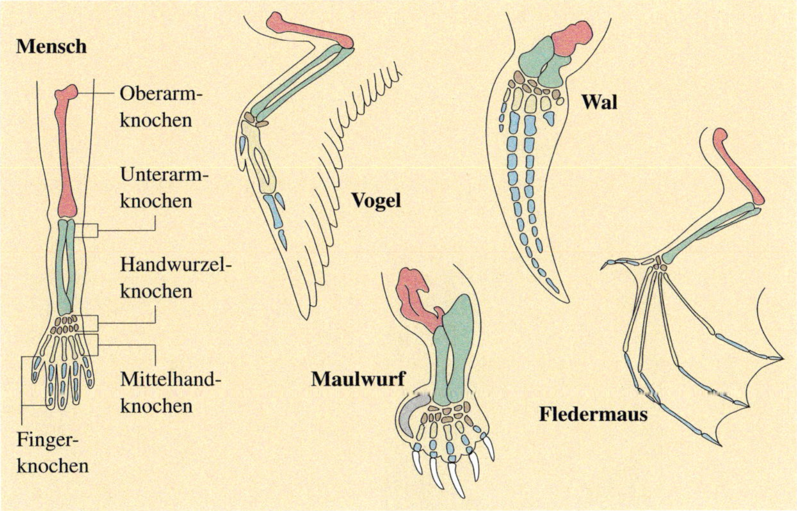

3 Vordergliedmaßen verschiedener Wirbeltierarten

Kurz und knapp **Alle Wirbeltierskelette sind von einem gemeinsamen Grundbauplan abgeleitet, der auf gemeinsame Vorfahren hindeutet. Fossile Funde des *Archaeopteryx* als Übergangsform zwischen Saurier und Vogel belegen, dass sich heutige Wirbeltierarten aus gemeinsamen Vorfahren entwickelt haben und nicht neu entstanden sind.**

Basiskonzept

Angepasstheit
Pinguine sind Vögel. Sie „fliegen“ mit ihren Flügeln unter Wasser. An Land können sie nur laufen. Ihre Flügelknochen sind jedoch genauso angeordnet wie die ihrer fliegenden Verwandten.

4 Trotz gleichen Grundbauplans fliegen Pinguine nicht wie andere Vögel in der Luft.

Arbeitsaufträge

1 Stelle aus der Abbildung 3 die unterschiedlichen Funktionen zusammen, die die Vordergliedmaßen jeweils erfüllen.

2 Vergleiche die Merkmale im Bau der Flügel von Vogel und Fledermaus miteinander (z. B. Knochenbau). ↑3

3 Sammle und bewerte Abbildungen von *Archaeopteryx*-Rekonstruktionen.

Sie sind unter uns – lebende Fossilien

Nicht alle Tier- und Pflanzenarten haben sich im Laufe der Evolution verändert. Einige sehen heute noch genauso aus wie vor vielen Millionen Jahren. Ein Beispiel dafür ist der Quastenflosser *Latimeria*, der sich über etwa 70 Millionen Jahre fast nicht verändert hat. Was hat sie im Sinne des Überlebens so erfolgreich gemacht? Welche weiteren lebenden Fossilien gibt es?

1 Heute lebender Quastenflosser (unten) und fossiler Quastenflosser (oben)

Beobachten **Untersuchen** *Experimentieren*

1 Begründe mithilfe der Abbildungen, weshalb Haie, Perlboot und Pfeilschwanzkrebs als lebende Fossilien bezeichnet werden. ↑2 bis 7

2 Stelle Vermutungen darüber zusammen, weshalb sich diese Arten über die Zeit nicht verändert haben oder ausgestorben sind.

2 Fossiler Hai (Doggenhai, 28 cm, 150 Mio. Jahre)

3 Fossiles Perlboot (*Nautilus*, 18 cm, 150 Mio. Jahre)

4 Fossiler Pfeilschwanzkrebs (*Mesolimulus*, 14 cm, 146 Mio. Jahre)

5 Heute lebender Hai

6 Heute lebender *Nautilus*

7 Heute lebender Pfeilschwanzkrebs (*Limulus*)

Lebende Fossilien unter Tieren und Pflanzen

Überleben in der Abgeschiedenheit Der Quastenflosser *Latimeria* weist mit seinen muskulösen, quastenförmigen Flossen mit knöchernem Skelett viele altertümliche Merkmale auf, die ihn den Quastenflossern aus dem Zeitalter Devon ähneln lassen. ↑1 Seine nächsten Verwandten sind längst ausgestorben, während er in 200 m Tiefe im Indischen Ozean lebt, einem Lebensraum, der sich seit Millionen von Jahren kaum verändert hat. Ebenso überdauerte das Perlboot *Nautilus* die Zeiten in der Tiefsee.

Urweltpflanzen am Wegesrand Auch ein Spaziergang im Wald kann uns in die Urzeit versetzen. Manche Pflanzen, die dort vorkommen, gab es schon vor vielen Millionen Jahren wie Farnpflanzen oder Schachtelhalme. ↑9 Die Schachtelhalme und Baumfarne des Karbon-Zeitalters vor 345 bis 280 Millionen Jahren erreichten allerdings aufgrund des feuchtwarmen Klimas die Höhen heutiger Bäume. ↑11 Auch der heute natürlicherweise in Asien vorkommende Ginkgo-Baum ist ein lebendes Fossil. ↑10 Seine Vorfahren waren Zeitgenossen der Saurier und des *Archaeopteryx* im „Jura" genannten Zeitalter vor etwa 195 bis 135 Millionen Jahren. ↑8

8 Jura: Fossiler Ginkgo

9 Schachtelhalm

10 Blatt des Ginkgo-Baums

11 Karbon: Fossiler Schachtelhalm

Kurz und knapp **Manche Tier- und Pflanzenarten haben sich in ihren Merkmalen über Millionen von Jahren nicht wesentlich verändert. Man nennt sie lebende Fossilien.**

Arbeitsaufträge

1 Stell dir vor, du hast eine jüngere Cousine oder einen jüngeren Cousin. Schreibe einen Brief, in dem du erklärst, was ein lebendes Fossil ist. Benutze Beispiele. Welche Bilder würdest du beifügen?

2 Erstellt biologische Steckbriefe zu lebenden Fossilien. Überlegt vorher, welche Gestaltungsmöglichkeiten es gibt.

Ein Blick auf die Vorfahren – das Pferd

Vor etwa 25 Millionen Jahren veränderte sich infolge eines Klimawandels der Lebensraum der Vorfahren unserer heutigen Pferde. Aus Laubwald wurde Grasland und Steppe. Es überlebten nur die Pferdeartigen, die an das Leben im Grasland besser angepasst waren. Bei den Pferden lässt sich diese Entwicklung anhand fossiler Funde nachvollziehen und ein Stammbaum kann erstellt werden.
Wie gelingt es, solch einen Stammbaum zu erstellen?

1 Das Urpferdchen war 30 cm groß und hatte Zehen.

Beobachten Untersuchen Experimentieren

Entwicklungsgeschichte der Pferde
Durch fossile Funde ist es möglich geworden, eine Entwicklungsgeschichte der Pferdeartigen zu rekonstruieren. So kann ein Stammbaum erstellt werden, der beim Urpferdchen beginnt und bei den heutigen Pferden und ihren Verwandten endet. Eine wichtige Methode ist dabei der Vergleich von Schädeln und Gliedmaßen.

1 Informiere dich über die Lebensbedingungen der Lebensräume Laubwald und Graslandsteppe.
a Stelle sie in einer Tabelle zusammen.
b Nenne Unterschiede der Lebensräume, die für pflanzenfressende Tiere wie die Pferdeartigen von Bedeutung sind.

2 Ordne die Vordergliedmaßen passenden Schädeln und Zahnfunden zu. ↑2 Gehe dabei davon aus, dass sich die Entwicklung von einem blätterfressenden Laubwaldbewohner, der auf weichem Waldboden lief, zu einem grasfressenden Steppenbewohner vollzogen hat.

3 Ordne deine Ergebnisse dem Stammbaum auf der Seite gegenüber zu. ↑4 Was fällt dir auf?

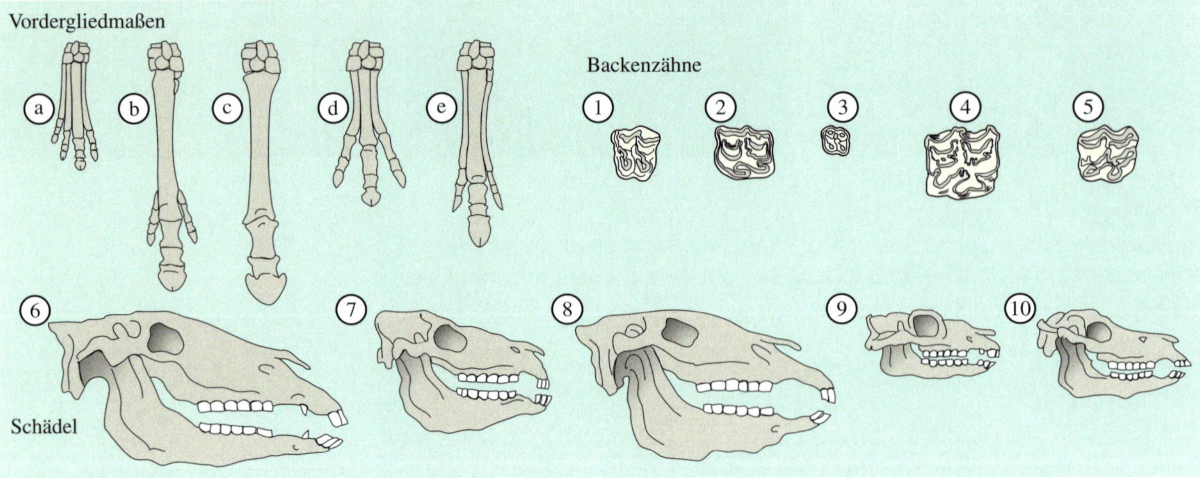

2 Ungeordnete Sammlung von Pferdefossilien (die Größenverhältnisse entsprechen den echten Funden)

Vom Urpferdchen zum heutigen Pferd

Stammbäume Zeichnerische Darstellungen der stammesgeschichtlichen Entwicklung von Lebewesen nennt man Stammbäume. Sie beginnen mit dem „Urahnen“ und reichen bis in unsere Zeit. Eine Verzweigung wird dort eingezeichnet, wo neue Merkmale hinzugekommen sind, die gemeinsame Vorfahren noch nicht besessen haben. Mithilfe von Stammbäumen versuchen Wissenschaftler zu verstehen, welche Veränderungen im Laufe der Evolution an den Lebewesen erfolgten. ↑3 Sie ergründen, welche neuen Arten bei diesem Prozess entstanden sind, welche sich nicht verändert haben und welche ausgestorben sind. Dabei geht man von den Eigenschaften der heutigen Lebewesen aus. Im Fall der Pferdeartigen sind das neben den Zuchtformen auch die Wildform des Przewalski-Pferds, das Zebra und der Esel. ↑4 Durch Vergleich der Fossilfunde kann dargestellt werden, wie diese miteinander verwandt sind. Die Vertreter, deren Merkmale geringer voneinander abweichen, werden im Stammbaum eng zueinandergestellt. Wichtig für die Erstellung des Stammbaums ist auch, das Alter der Fossilien möglichst genau zu kennen. Mit modernen Methoden kann heute darüber hinaus das Erbgut der untersuchten Lebewesen verglichen werden, sofern sich das Erbgut der fossilen Arten noch isolieren lässt.

3 Das eurasische „Wildpferd“: Przewalski-Pferd

4 Stammbaum der Pferdeartigen

Kurz und knapp **Stammbäume helfen, Abläufe der Evolution deutlich zu machen. Der Stammbaum der Pferdeartigen ist durch viele fossile Funde vergleichsweise gut belegt. Nur das Pferd in seinen heutigen Zuchtformen und die Verwandten Zebra und Esel haben überlebt.**

Arbeitsaufträge

1 Stelle die Veränderungen, die sich im Lauf der Evolution der Pferdeartigen ergeben haben, zusammen.

2 Informiere dich über das Griffelbein beim Pferd. Wofür kann es als Hinweis gelten?

3 Beschreibe, welche Folgen für wild lebende Pferde eine allmähliche Veränderung des Lebensraums vom Grasland zum Laubwald deiner Meinung nach hätte. Begründe deine Ansicht.

4 Wäre es möglich, dass die Pferdeartigen in 55 Millionen Jahren wieder exakt genauso aussehen wie das Urpferdchen? Begründe.

Überblick

4 Abdruck

Entstehung des Lebens auf der Erde

Das Leben heute auf unserer Erde unterscheidet sich völlig von dem Leben vor Millionen von Jahren. Diese Veränderung von Lebewesen über lange Zeiträume bezeichnet man als stammesgeschichtliche Entwicklung oder Evolution.
Die Erde ist etwa 4,6 Milliarden Jahre alt. Etwa 800 bis 900 Millionen Jahre nach ihrer Entstehung entwickelten sich die ersten Lebewesen im Wasser. Im Kambrium (vor etwa 500 Millionen Jahren) entstanden relativ schnell fast alle Tier- und Pflanzenformen, die auch in heutigen Meeren zu finden sind. Vor etwa 400 Millionen Jahren, im Silur, besiedelten die ersten Lebewesen das Land.
Erste landlebende Wirbeltiere findet man vor etwa 350 Millionen Jahren im Devon. Dies waren frühe Amphibien, die sowohl im Wasser als auch an Land lebten. Sie waren in der Lage, den Sauerstoff aus der Luft aufzunehmen und sich mit Laufbeinen fortzubewegen, und waren damit auch an den neuen Lebensraum Land angepasst.

1 Inkohlung

Fossilien

Fossilien sind Reste von Lebewesen, Tierspuren oder auch deren Ausscheidungen. Fossilien geben uns Auskunft über Pflanzen und Tiere vergangener Zeiten. Normalerweise werden Lebewesen nach ihrem Tod zersetzt. In einzelnen Fällen kann eine Versteinerung entstehen, wenn das Lebewesen von Sand oder Schlamm bedeckt wird. Durch die Zersetzung entsteht ein Hohlraum, der sich mit mineralischen Stoffen füllt und durch den Druck der darüberliegenden Erdschichten allmählich versteinert. Diese Versteinerungen können Millionen von Jahren erhalten bleiben, bilden jedoch nur einen winzigen Ausschnitt der Lebenswelt ihrer Zeit ab.

2 Versteinerung eines Trilobiten aus dem Kambrium

3 Mumifizierung

Entwicklung der Lebewesen

Dinosaurier besiedelten viele Millionen Jahre sämtliche Lebensräume der Erde, bis sie vor etwa 65 Millionen Jahren relativ schnell ausstarben. Vögel und Säugetiere breiteten sich in Anpassung an die Lebensräume aus. Dass alle Wirbeltiere miteinander verwandt sind, kann dadurch belegt werden, dass sie einen gemeinsamen Grundbauplan besitzen. Für diesen sind vier Gliedmaßen charakteristisch, eine Wirbelsäule und je fünf Finger oder Zehen.
Wenn sich ein Lebensraum verändert, überleben die Pflanzen oder Tiere, die am besten an diese Bedingungen angepasst sind. Nur diese können sich über längere Zeiträume fortpflanzen. Am Beispiel der Pferdeartigen lassen sich die Veränderungen der Merkmale deutlich machen. Durch Vergleiche der Merkmale und des Erbguts kann der Grad der Verwandtschaft ermittelt und ein Stammbaum erstellt werden. Lebende Fossilien dagegen sind Tier- und Pflanzenarten, die sich in ihren Merkmalen über Millionen von Jahren nicht wesentlich verändert haben.

Alles klar?

1 Nenne die Angepasstheiten, die nötig sind, um ein Leben an Land zu ermöglichen.

2 Vögel werden als Nachfahren der Saurier bezeichnet. Begründe diese Aussage.

3 Die Fledermaus ist mit dem Maulwurf näher verwandt als mit einem Vogel. Begründe.

4 Betrachte die Abbildung der Schildkröten auf Seite 141. Erläutere, warum sich eine fossile Schildkrötenart von einer heute lebenden nur wenig unterscheidet.

5 Erkläre, warum Drachen mit vier Gliedmaßen und einem Flügelpaar in das Reich der Märchen und Sagen gehören.

5

6

6 Ein Dinosaurier kann aus fossilen Funden rekonstruiert werden.

a Beschreibe die Schritte, in denen man dabei vorgeht.

b Erkläre, woran sich die Forscher dabei orientieren.

c Viele Kinder spielen mit Dinosaurierfiguren. Besorgt euch verschiedene solcher Figuren und prüft, welche Details des Aussehens wie Färbung, Rückenschuppen oder Panzerungen wahrscheinlich sind und welche weniger.

d Betrachte die in den Abbildungen 5, 6 und 8 dargestellten Fossilien. Beschreibe, wie die Tiere wohl ausgesehen haben.

e Beschreibe deine Vorgehensweise. Welche Aussagen sind sicher, welche weniger?

7 *Artemia*

7 Krebse der Gattung *Artemia* gibt es seit etwa 100 Millionen Jahren. ↑7 Man bezeichnet sie deshalb auch als Urzeitkrebse. Du kannst sie sogar in einem Aquarium halten. Informiere dich über *Artemia* und erstelle einen Steckbrief. Stelle heraus, warum sie über so lange Zeit unverändert überleben konnten.

8 Teilt die Klasse in 11 Arbeitsgruppen auf. Jede Gruppe informiert sich über ein Erdzeitalter: Kambrium, Ordovizium, Silur, Devon, Karbon, Perm, Trias, Jura, Kreide, Tertiär, Quartär. Jede Gruppe erstellt ein Poster für ihr Erdzeitalter. Verabredet vorher Größe und Form. Hängt die Poster der zeitlichen Reihenfolge nach im Klassenraum auf. Ein Quiz oder ein Rätseltext zu eurem Zeitalter kann euer Projekt noch spannender machen.

8

Check up

1 Lebewesen haben erst sehr spät das Festland erobert.

a In welchem Erdzeitalter betraten die ersten Lebewesen das Land?

b Erläutere, warum es bei den Wirbeltieren noch viele Millionen Jahre dauerte, bis sie das Land eroberten.

c Begründe, warum für die ersten landlebenden Tiere die vorherige Besiedlung des Landes durch Pflanzen wichtig war.

2 Fossilien sind Zeugen früheren Lebens auf der Erde.

a Nenne die unterschiedlichen Formen von Fossilien.

b Beschreibe, wie Fossilien entstehen.

c Erläutere, welche Bedeutung Fossilien als Belege für die Evolution der Lebewesen haben.

d Erkläre, was man unter einem lebenden Fossil versteht.

e Erkläre, weshalb das Vorhandensein von Brückentieren wie dem *Archaeopteryx* für die Evolutionsforscher von großer Bedeutung ist.

3 Auch Pferdeartige haben sich entwickelt.

a Beschreibe Lebensweise und Lebensraum des Urpferdchens.

b Nenne Merkmale, durch die es daran angepasst war.

c Stelle Vorteile der Merkmale nachfolgender Pferdearten für das Leben in der Graslandsteppe heraus.

d Erkläre, weshalb man sicher sein kann, dass alle Pferde, die heute – auch wild – auf dem amerikanischen Kontinent leben, von den Pferden der europäischen Entdecker oder Einwanderer abstammen. ↑1

1 Mustangherde

4 Saurier haben verschiedene Lebensräume besiedelt.

a Nenne die Merkmale, durch die sie an ihren jeweiligen Lebensraum angepasst waren.

b Nenne Tiergruppen, die heute diese Lebensräume besiedeln.

c Stelle die für die Lebensräume wichtigen Angepasstheiten heraus.

Die Farben zeigen dir, um welchen Aufgabentyp es sich handelt:
■ Sachverhalte wiedergeben ■ Dein Wissen anwenden ■ Komplexe Probleme lösen

› Die Lösungen findest du im Anhang.

Schätze deine Kenntnisse und Fähigkeiten ein.

Aufgabe	Lerngebiet/Fähigkeit	Lösungshilfe	Auswertung
1	Ich kann die Eroberung des Festlands mit den erforderlichen Angepasstheiten an die neuen Lebensbedingungen erklären.	146, 147	Ordne dazu deiner Lösung im Heft ein Smiley zu: ☺ Ich konnte die Aufgabe richtig lösen. 😐 Ich konnte die Aufgabe nicht komplett lösen. ☹ Ich konnte die Aufgabe nicht lösen.
2	Ich kann verschiedene Formen von Fossilien unterscheiden, ihre Entstehung beschreiben und die Bedeutung für die Evolutionsforschung erklären.	144, 145, 150–153	
3	Ich kann die Entwicklung der Pferdeartigen von Waldbewohnern zu Steppenbewohnern beschreiben und die Veränderungen der Merkmale durch Angepasstheiten über Millionen von Jahren erklären.	154, 155	
4	Ich kann die verschiedenen Dinosauriertypen einem Lebensraum und einer Lebensweise zuordnen und ihre Angepasstheiten herausstellen.	148, 149	

Lösungen zu den Check-up-Aufgaben

Ökosysteme (S. 88)

1 a) Ökologen untersuchen die Beziehungen der Organismen untereinander und zu ihrer Umwelt. Dies kann auf verschiedenen Ebenen geschehen. Sie untersuchen zum Beispiel die an einem Lebensraum vorherrschenden biotischen und abiotischen Umweltfaktoren, aber auch die wechselseitigen Beziehungen der Pflanzen und Tiere in einem Ökosystem mit ihrem Lebensraum sowie die Wechselbeziehungen zwischen den Lebewesen. ↑S.6, Abbildung 8; ↑S.22, Abbildung 2, ↑S.45, Abbildung 6
b) Biotische und abiotische Umweltfaktoren, die auf das Eichhörnchen einwirken: abiotische Faktoren – passende Lichtverhältnisse, Temperatur und Luftfeuchtigkeit im Wald; biotische Faktoren – Nahrungsvorkommen (Bäume bzw. deren Samen und Früchte, Insekten, Pilze), Fressfeinde (Greifvögel, Marder, Wiesel, Wildkatze), Konkurrenten um Nistplätze und Nahrung, Krankheitserreger.
c) Konkurrenz tritt auf, wenn verschiedene Lebewesen einer Lebensgemeinschaft zum Beispiel dieselben Nistplätze oder dieselbe Nahrung beanspruchen. Zur Konkurrenz kann es sowohl zwischen Individuen unterschiedlicher Arten (zwischenartliche Konkurrenz) als auch zwischen Individuen derselben Art kommen (innerartliche Konkurrenz).
d) Jede Tier- und Pflanzenart stellt andere Ansprüche an ihren Lebensraum, besetzt eine andere ökologische Nische. Durch die Bildung unterschiedlicher ökologischer Nischen nutzen viele Arten denselben Lebensraum, ohne zu konkurrieren.

2 a) Nahrungsketten und Nahrungsnetze sind Beziehungsgefüge zwischen Mitgliedern einer Lebensgemeinschaft. Die einzelnen Arten sind durch Pfeile verbunden („wird gefressen von"); Nahrungsketten sind unverzweigt. Da sich die meisten Arten im Wald von mehr als einer Nahrungsquelle ernähren, betrachtet man hier besser Nahrungsnetze.
b) Möchte man Fragen untersuchen, die mit Nahrungsbeziehungen im Allgemeinen zu tun haben, sieht man von einzelnen Arten ab. Alle Pflanzen werden dann zu Produzenten zusammengefasst und Tiere entweder als Konsumenten verschiedener Ordnung (Pflanzen- und Fleischfresser) oder mit den Mineralisierern (Bakterien, Pilze) als Destruenten gewertet. Die Ernährungsebenen erleichtern die Betrachtung von Stoffflüssen.
c) Die Größe der einzelnen Ebenen stellt die Biomasse dar. Von dem, was ein Tier an Nahrungsenergie aufnimmt, wird der größte Teil für energieverbrauchende Prozesse (z. B. Bewegung) verwendet; für Wachstum bleibt nur wenig übrig. Deshalb nimmt die Biomasse von einer Ebene zur nächsten ab.
d) Mit dem Wolf kommt ein neuer Fleischfresser und Endkonsument ins Ökosystem. Der Wolf frisst große Pflanzenfresser wie Wildschweine, Hirsche und Rehe und verringert damit deren Bestand. Er ist damit Konkurrent der Menschen, der diese Tiere jagt. (Außerdem jagen Wölfe auch Haustiere wie z. B. Schafe.) Manche Pflanzen, insbesondere junge Bäume haben mit der Verringerung der Anzahl von Pflanzenfressern bessere Wachstumschancen: Der Verbiss durch Rehe würde deutlich reduziert. Wölfe fressen auch kleinere Tiere wie Hasen und Mäuse und werden damit zum Konkurrenten für den Fuchs oder für Greifvögel, denen entsprechend weniger Nahrung zur Verfügung steht. Wölfe jagen sogar Fleischfresser wie Füchse und verringern deren Bestand. Die Wölfe werden dennoch nicht überhand nehmen, da die Zahl der Beutetiere bei Zunahme der Wölfe abnimmt. Dadurch nimmt auch der Bestand der Wölfe wieder ab und der Bestand der Beutetiere nimmt wieder zu. Die Zahl der Fressfeinde und Beutetiere in einem Ökosystem beeinflusst sich gegenseitig. Es herrscht ein dynamisches Gleichgewicht.

3 a) Vergleiche Abbildung 3 auf S. 67.
b) Der natürliche Treibhauseffekt schützt die Erde vor der Auskühlung. Ohne den natürlichen Treibhauseffekt wäre es 20 °C kühler. Durch den Ausstoß von CO_2 und anderen Treibhausgasen verändert sich die Zusammensetzung der Atmosphäre, der Schutzschicht um die Erde, sodass weniger Wärme als beim natürlichen Treibhauseffekt abgegeben wird. Die Erde heizt sich auf.
c) Der erste Versuchsansatz zeigt, dass der Wasserspiegel beim Schmelzen von Eiswürfeln, die im Wasser schwimmen, nicht ansteigt. Im zweiten Versuchsansatz dagegen steigt der Wasserspiegel, weil Wasser in gefrorenem Zustand eine geringere Dichte hat als im flüssigen Zustand. Dieses zweite Experiment bildet die Meeresspiegelerhöhung durch die Klimaerwärmung ab: Beim Klimawandel steigt der Meeresspiegel an, weil große Massen von „Landeis" (Gletscher usw.) schmelzen.
d) Soziales: Überschwemmungen und Stürme treten besonders in den Regionen der Entwicklungsländer auf.
Die Menschen in den armen Ländern können sich keine Schutzmaßnahmen leisten. Stürme und die Ausbreitung von Wüsten zerstören oft ihre Felder und damit ihre Existenzgrundlage. Krankheiten breiten sich schneller aus.
Wirtschaft: Durch die Ausbreitung der Wüsten gibt es weniger Ackerfläche und damit weniger Gewinn und weniger Arbeitsplätze. Außerdem kosten Sturm- und Wasserschäden sowie die Heilung und Bekämpfung von Krankheiten viel Geld.

Umwelt: Korallenriffe sterben aufgrund der höheren Temperaturen in den Ozeanen. Weil sich Klimabedingungen und Lebensräume schnell verändern, sterben viele Arten aus.

Gesundheit und Krankheit

1 a) Lymphsystem: Lymphgefäße (von Lymphe durchströmt) und lymphatische Organe (Knochenmark, Thymus, Milz, Mandeln, Lymphknoten).
b) Zum unspezifischen Abwehrsystem gehören verschiedene Abwehrzellen, wie z. B. die Riesenfresszellen. Diese bekämpfen Fremdkörper, indem sie sie umfließen und verdauen.
c) T-Zellen: erkennen infizierte Körperzellen und zerstören sie; T-Helferzellen: erkennen eingedrungene Erreger, aktivieren T-Killerzellen, aktivieren B-Zellen zur Bildung von Plasmazellen; Gedächtniszellen: sorgen bei wiederholtem Eindringen eines Erregers für schnellere und stärkere spezifische Abwehrreaktion; B-Zellen: bilden Plasmazellen; Plasmazellen: bilden spezifische Antikörper gegen die Antigene des eingedrungenen Erregers; Antikörper: bilden mit Antigenen Antigen-Antikörper-Komplexe, die von Riesenfresszellen (unspezifisch) verdaut werden.
d) Spezifische Abwehr: Nach dem ersten Kontakt mit einem Antigen dauert es 5 bis10 Tage, bis wirksame Abwehrzellen (T- und B-Zellen) bzw. Antikörper gebildet werden. Gleichzeitig entstehen mit diesen kurzlebigen Zellen antigenspezifische Gedächtniszellen, die jahrelang erhalten bleiben. Bei erneutem Kontakt mit demselben Antigen lösen sie eine schnellere und bessere Abwehr aus.
e) Der Antigen-Antikörper-Reaktion liegt das Schlüssel-Schloss-Prinzip zugrunde. Ein Antikörper bindet spezifisch ein bestimmtes Antigen.

2 a) Passive Immunisierung: 1. Erkrankung (Erreger im Körper); 2. Impfung (Antikörper gelangen über Spritze in Körper); 3. Gesundung (Erreger durch Antikörper gebunden); 4. Zweitinfektion (Erreger in Körper, erneute Erkrankung).
b) Aktive Immunisierung: 1. Impfung (Mann gesund, abgeschwächte Erreger in Spritze und Körper); 2. Immunreaktion (Antikörper, Erreger, Gedächtniszellen im Körper); 3. Zweitinfektion (Gedächtniszellen, Erreger durch Antikörper gebunden).

3 a) Bakterien sind kleinste Zellen, die von einer Zellwand und einer Zellmembran begrenzt sind. Sie besitzen keinen Zellkern, sondern ihr Erbmaterial befindet sich frei im Zellplasma. Sie vermehren sich durch rasche Spaltung (Zweiteilung).
b) Bakterien sind durch ihre hohe Vermehrungsgeschwindigkeit gefährlich: Sie bilden Giftstoffe, Toxine. Viren schädigen den Körper, indem sie ihr Erbmaterial in Wirtszellen einschleusen und so den Stoffwechsel des Wirts verändern.
c) Unter Prophylaxemaßnahmen versteht man vorbeugende Maßnahmen, mit denen eine Ansteckung verhindert werden soll, zum Beispiel die Desinfektion der Toilettenbrille, nachdem eine kranke Person die Toilette benutzt hat. Mit einer Therapie wird eine bereits ausgebrochene Krankheit bekämpft, beispielsweise mit Medikamenten.

4 a) Die Glucose dient der Energieversorgung aller Zellen des Körpers. Das Blut transportiert die Glucose zu den Zellen.
b) Insulin und Glucagon
c) Insulin und Glucagon arbeiten als Gegenspieler zusammen. Während Insulin bei Bedarf blutzuckersenkend wirkt, wird durch Glucagon der Blutzuckerspiegel wieder erhöht.

Eine Reise durch die Erdgeschichte (S. 160)

1 a) Die ersten Pflanzen und Tiere betraten zum Ende des Silurs das Festland. Zu den ersten landlebenden Pflanzen gehörte Cooksonia, unter den ersten landlebenden Tieren waren Spinnen, Skorpione und Tausendfüßer.
b) Wirbeltiere betraten das Festland erst im Devon (410–355 Mio. Jahre v. Chr.). Bei den Wirbeltieren mussten sich zum einen zunächst Beine entwickeln, mit denen sie sich an Land fortbewegen konnten, zum anderen mussten Organe ausgebildet werden, mit denen sie den Sauerstoff aus der Luft aufnehmen konnten.
c) Pflanzen sind für Tiere wichtige Nahrungs- und Sauerstofflieferanten. An Pflanzenteilen kann sich Wasser niederschlagen, das von den Tieren aufgenommen werden kann. Zudem bieten Pflanzen Tieren Lebensräume.

2 a) Versteinerungen, Abdrücke, Inkohlungen, Mumien
b) Versteinerungen und Abdrücke entstehen durch das Auffüllen der bei der Zersetzung organischer Stoffe zurückbleibenden Hohlräume durch Kieselsäure oder Kalk oder durch die rasche Überlagerung mit Sedimenten. Pflanzenfossilien entstehen häufig durch Inkohlung. Mumien entstehen durch einen raschen Stopp des Verwesungsprozesses nach dem Tod eines Lebewesens. Der Zersetzungsprozess kann durch Kälte (Eis), extreme Trockenheit oder durch Gifte gestoppt werden.
c) Fossilien können zeigen, wie Tier- und Pflanzenarten in früheren Zeiten ausgesehen und wie sie sich im Lauf von Millionen Jahren verändert haben.
d) Als lebende Fossilien werden Lebewesen bezeichnet, deren nächste Verwandte alle schon vor langer Zeit ausgestorben sind. In ihnen spiegelt sich ein Ausschnitt des Lebens auf der Erde wider, wie es früher zu sehen war.
e) Brückentiere belegen, dass Tierarten miteinander verwandt sind und sich aus einem gemeinsamen Vorfahren entwickelt haben. Ihr Vorhandensein belegt Übergänge in der Evolution, beispielsweise vom Saurier zum Vogel, die ohne diese Tiere nicht beweisbar wären. Übergangsformen wie der Archaeopteryx sind dadurch gekennzeich-

net, dass sie Merkmale von zwei verschiedenen Gruppen von Lebewesen aufweisen. Archaeopteryx besitzt Merkmale von Sauriern und Vögeln.

3 a) Das Urpferdchen war ein blätterfressender Waldbewohner und lief auf weichem Waldboden.
b) Seine geringe Körpergröße ermöglicht freieres Bewegen und gutes Verstecken, mehrere Zehen an den Gliedmaßen eignen sich für das Gehen und Laufen auf dem weichen Waldboden, sein Gebiss eignet sich zum Kauen weicher Blätter.
c) Die größeren Körper nachfolgender Pferdearten waren geeignet zur Überwindung großer Entfernungen bei der Nahrungssuche oder Flucht, die Hufe eignen sich für das Laufen auf hartem Graslandboden und das Gebiss für das Kauen von harten Gräsern.
d) Aus dem Stammbaum ergibt sich, dass die Pferdeartigen auf dem amerikanischen Kontinent vor etwa 2 Millionen Jahren über die Kontinentalbrücke zwischen Alaska und Sibirien ausgewandert oder dort ausgestorben sind.

4 a) Durch häutige Flügel waren Flugsaurier an den Lebensraum Luft angepasst; landlebene Saurier hatten Laufbeine für die Fortbewegung an Land; Fischsaurier besaßen Flossen und waren an den Wasserlebensraum angepasst.
b) Vögel und einige wenige Säugetiere (Fledermäuse, Flughunde) besiedeln den Luftraum; Amphibien, Reptilien und Säugetiere leben zum Teil oder überwiegend auf dem Land; Fische, Säugetiere und verschiedene Vögel sind an den Wasserlebensraum angepasst.
c) Die wichtigsten Angepasstheiten für die drei verschiedenen Lebensräume sind Flügel sowie ein leichtes Skelett für Tierarten, die den Luftraum erobert haben; für landlebende Tiere sind es Laufbeine und entsprechende Anordnung der Zehen; wasserlebende Tiere besitzen als wichtigste Angepasstheit Flossen.

Gefahrensymbole, Kennbuchstaben und Gefahrenbezeichnungen (Auswahl)

Die Gefahrenbezeichnungen werden durch die R-Sätze für die einzelnen Stoffe präzisiert.

T

Giftige Stoffe (sehr giftige Stoffe T+) verursachen durch Einatmen, Verschlucken oder Aufnahme durch die Haut meist erhebliche Gesundheitsschäden oder gar den Tod.
Was tun? Nicht direkt berühren! Unwohlsein sofort dem Lehrer melden!

Xn

Gesundheitsschädliche Stoffe können durch Einatmen, Verschlucken oder Aufnahme durch die Haut gesundheitsschädigend wirken.
Was tun? Nicht direkt berühren! Unwohlsein sofort dem Lehrer melden!

C

Ätzende Stoffe zerstören das Hautgewebe oder die Oberfläche von Gegenständen.
Was tun? Berührung mit der Haut, Augen und Kleidung vermeiden! Dämpfe nicht einatmen!

Xi

Reizende Stoffe haben Reizwirkung auf Haut, Augen und Atmungsorgane.
Was tun? Berührung mit Haut, Augen und Atmungsorganen vermeiden! Nicht einatmen!

F

Leicht entzündliche Stoffe (hochentzündliche Stoffe F+) entzünden sich von selbst an heißen Gegenständen.
Zu ihnen gehören selbstentzündliche Stoffe, leicht entzündliche gasförmige Stoffe, brennbare Flüssigkeiten und Stoffe, die mit Feuchtigkeit brennbare Gase bilden.
Was tun? Vorsicht beim Umgang mit offenen Flammen und Wärmequellen! Keine Berührung mit brandfördernden Stoffen!

O

Brandfördernde Stoffe können brennbare Stoffe entzünden oder ausgebrochene Brände fördern.
Was tun? Kontakt mit brennbaren Stoffen vermeiden!

E

Explosionsgefährliche Stoffe können unter bestimmten Bedingungen explodieren.
Was tun? Schlag, Stoß, Reibung, Funkenbildung und Hitzeeinwirkung vermeiden!

N

Umweltgefährliche Stoffe sind sehr giftig, giftig oder schädlich für Wasserorganismen und können in Gewässern längerfristig schädliche Wirkungen haben. In der nichtaquatischen Umwelt sind sie giftig für Pflanzen, Tiere, Bodenorganismen und Bienen, können auf die Umwelt längerfristig schädliche Wirkungen haben und für die Ozonschicht gefährlich sein.
Was tun? Freisetzung der Stoffe in die Umwelt vermeiden, Stoffe der Problemabfallentsorgung zuführen!

Biologie verstehen mit Basiskonzepten

Stoff- und Energieumwandlung

Alle Lebewesen müssen Stoffe und Energie umwandeln, um zu leben.

Die mit der Nahrung aufgenommenen Stoffe werden im Körper umgewandelt, entweder in andere Stoffe (z. B. für das Wachstum) oder zur Energiefreisetzung. In den Blättern der Pflanzen werden Wasser und Kohlenstoffdioxid mithilfe von Licht in energiereichen Zucker umgewandelt. ↑S.29,39,53 f.

Struktur und Funktion

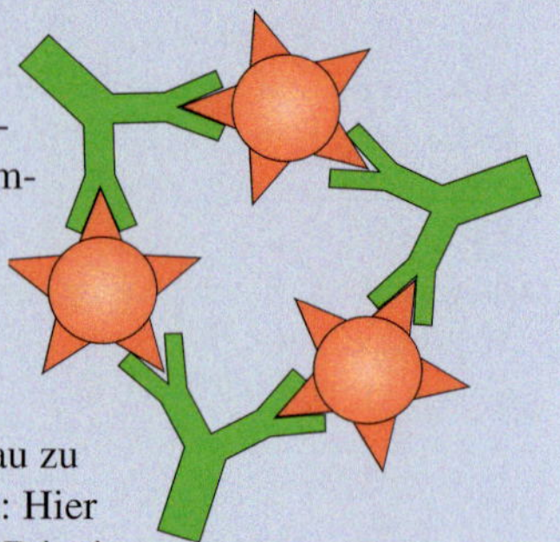

Der Bau (die Struktur) der Lebewesen, ihrer Organe, Zellen und Proteine hängt eng damit zusammen, welche Funktion sie erfüllen.

Die vom Immunsystem gebildeten Antikörper passen in ihrer Form genau zu den jeweiligen Antigenen: Hier ist das Schlüssel-Schloss-Prinzip verwirklicht. ↑S.30,33,124,151

Steuerung und Regelung

Alle Lebewesen sind darauf angewiesen, bestimmte Vorgänge zu steuern und zu regeln, damit sie ihren Zustand erhalten und auf Veränderungen reagieren können.

Im Ökosystem wird ein Gleichgewicht zwischen den Gliedern eines Nahrungsnetzes aufrechterhalten.
↑S.24,51

System

In einem System stehen einzelne Komponenten in wechselseitiger Beziehung zueinander.

Jedes Ökosystem stellt eine in Struktur und Funktion abgrenzbare Einheit dar. Diese besteht aus einem Lebensraum und einer an die abiotischen Faktoren angepassten Lebensgemeinschaft.
↑S.11,45

Variabilität und Angepasstheit

Alle Lebewesen sind an ihren Lebensraum angepasst. Trotzdem unterscheiden sich alle Lebewesen mehr oder weniger, auch wenn sie zu einer Art gehören (Variabilität).

Das Urpferdchen war an seinen Waldlebensraum angepasst. Mit der Veränderung des Lebensraums entstanden andere, an den neuen Lebensraum angepasste Pferdearten. ↑S.150,153,157

Information und Kommunikation

Alle Lebewesen nehmen Signale aus der Umwelt (z. B. Licht oder Schall) mit ihren Sinnesorganen auf, verarbeiten sie und reagieren. Durch den Austausch von Signalen können Artgenossen untereinander kommunizieren.

Ameisen kommunizieren mithilfe von Duftstoffen. Vögel verständigen sich durch ihren Gesang. ↑S.25,27

In der Biologie gibt es einige Prinzipien, die in vielen verschiedenen Zusammenhängen eine Rolle spielen. Diese Basiskonzepte können dabei helfen, Biologie besser zu verstehen, leichter zu lernen und Zusammenhänge herzustellen.

Fortpflanzung und Vererbung

Die Fortpflanzung dient der Vermehrung und Erhaltung der Art. Alle Lebewesen pflanzen sich fort. Dabei werden Erbinformationen an die Nachkommen weitergegeben.

Die meisten Lebewesen pflanzen sich geschlechtlich fort. Bei Sporenpflanzen wie Moosen und Farnen gibt es einen Wechsel zwischen geschlechtlicher und ungeschlechtlicher Fortpflanzung. ↑S.16f.,20f.,27,111,119

Entwicklung

Entwicklung ist ein zeitlicher Prozess. Er kann sowohl die Veränderung einzelner Individuen im Lauf ihres Lebens betreffen als auch die Veränderung einer Population oder eines Ökosystems.

Die Metamorphose bei Insekten ist mit tief greifenden Veränderungen des Tierkörpers verbunden. ↑S.27,84,119

Glossar

abiotisch: die unbelebte Umwelt betreffend; Gegensatz: ↑ biotisch.

Agenda 21: im Jahr 1992 von den Vereinten Nationen ins Leben gerufenes Programm, das sich für eine nachhaltige Nutzung der Natur einsetzt.

aktive Immunisierung: ↑ Impfung mit abgetöteten oder abgeschwächten Krankheitserregern; führt zum Aufbau eines ↑ Immungedächtnisses; wird vorbeugend durchgeführt.

Allergie: krankhaft übersteigerte Reaktion des ↑ Immunsystems auf eigentlich harmlose Stoffe.

anorganische Substanz: einfache chemische Verbindung; meist ohne Kohlenstoff; Gegensatz: ↑ organische Substanz.

Antibiotikum (Plural: Antibiotika): natürlich vorkommendes oder künstlich hergestelltes Arzneimittel, das ↑ Bakterien hemmt oder abtötet.

Antigen: Stoff, der beim Eindringen in den Körper eine Abwehrreaktion auslöst.

Antikörper: nach einer ↑ Infektion gebildete Eiweißstoffe, die spezifisch an ↑ Antigene binden.

Art: Gesamtheit aller ↑ Individuen, die sich miteinander fortpflanzen können.

autotroph: Ernährungsweise, bei der energiereiche ↑ organische Substanz selbst hergestellt werden kann (z. B. über die ↑ Fotosynthese).

B-Zellen: Abwehrzellen des ↑ Immunsystems, die ↑ Antikörper produzieren, nachdem sie sich zu ↑ Plasmazellen entwickelt haben.

Bakterien: aus kernlosen Zellen bestehende Mikroorganismen; nach der Form der Zellen unterscheidet man verschiedene Bakteriengruppen.

Befruchtung: Verschmelzung einer weiblichen und einer männlichen Geschlechtszelle.

Biomasse: Substanz einzelner Organismen oder aller Lebewesen je Flächen- oder Volumeneinheit eines ↑ Lebensraums.

biotisch: die belebte Umwelt betreffend; Gegensatz: ↑ abiotisch.

Blutkreislauf: Blutgefäßsystem; Transportsystem des Körpers, das den ständigen Umlauf des Blutes und damit die Versorgung der Organe gewährleistet; besteht aus zwei Abschnitten: dem (großen) Körperkreislauf und dem (kleinen) Lungenkreislauf.

Blutzellen: Bestandteile des Blutes (45 % des Blutvolumens); man unterscheidet rote und weiße Blutzellen sowie Blutplättchen.

Brennwert: Energiegehalt eines Nahrungsmittels; wird in Kilojoule (kJ) angegeben.

Chlorophyll: grüner Farbstoff der ↑ Chloroplasten, der Sonnenlichts aufnehmen kann.

Chloroplasten: Zellbestandteile (Organellen), in denen die ↑ Fotosynthese abläuft.

Cuticula: wachsartige Schicht; meist nur auf der oberen Epidermis eines Laubblattes; verringert die Verdunstung.

Destruent: Lebewesen, das sich von abgestorbener ↑ organischer Substanz ernährt.

Devon: erdgeschichtliche Phase (vor ca. 400 Mio. Jahren), in der die Wirbeltiere das feste Land als ↑ Lebensraum erobert haben.

Diabetes mellitus: Zuckerkrankheit; Stoffwechselkrankheit, die zur Überzuckerung des Blutes führt.

Enzym: körpereigener spezifischer Eiweißstoff, der Stoffwechselvorgänge (z. B. die Verdauung) ermöglicht.

Epidemie: Infektionskrankheit, die sich schnell und über weite Teile der Bevölkerung ausbreitet.

Ergänzungsstoffe: lebensnotwendige, unentbehrliche Stoffe (Vitamine, ↑ Mineralstoffe, Wasser), die über die ↑ Nahrung aufgenommen werden müssen, da sie für vielfältige Körperfunktionen benötigt werden.

Ernährungsebene: Gruppe von ↑ Arten innerhalb eines ↑ Ökosystems, die an gleicher Stelle in den ↑ Nahrungsketten stehen (↑ Produzenten, ↑ Konsumenten 1. Ordnung, Konsumenten 2. und höherer Ordnung, ↑ Destruenten).

Fossilien: alle Lebensspuren aus früheren erdgeschichtlichen Zeiten; dazu zählen Reste von Lebewesen, Tierfährten und tierische Ausscheidungen.

Fotosynthese: Herstellung energiereicher ↑ organischer Substanz in grünen Pflanzenteilen; Sonnenlicht liefert die Energie für diesen Vorgang.

Gedächtniszellen: aus ↑ B- und ↑ T-Zellen bei der Erstinfektion gebildete Zellen des ↑ Immunsystems; lösen bei einer erneuten ↑ Infektion mit dem gleichen Erreger eine rasche und wirkungsvolle Immunantwort aus.

Grundumsatz: Energiemenge, die der Mensch in Ruhe zur Aufrechterhaltung lebenswichtiger Körperfunktionen wie Herzschlag oder Atmung pro Tag benötigt.

heterotroph: Ernährungsweise, bei der energiereiche ↑ organische Substanz als Nahrung benötigt wird.

Hormone: Botenstoffe, die innerhalb eines Organismus Informationen übermitteln.

Hyphen: aus einzelnen Zellen zusammengesetzte Fäden des ↑ Mycels bei Pilzen.

Immungedächtnis: Fähigkeit des ↑ Immunsystems, durch die Ausbildung von ↑ Gedächtniszellen auf eine Zweitinfektion mit einem Erreger so schnell und heftig zu reagieren, dass die Krankheit nicht ausbricht.

Immunität: Fähigkeit zur erfolgreichen Abwehr von ↑ Antigenen (bei wiederholtem Kontakt) durch antigenspezifische ↑ Gedächtniszellen.

Immunsystem: alle an der körpereigenen Abwehr beteiligten Organe und Zellen.

Impfung: künstliche Immunisierung; künstlich hergestellte Widerstandskraft gegenüber einem Krankheitserreger durch ↑ aktive Immunisierung oder durch ↑ passive Immunisierung.

Individuum: einmaliges, sich von allen anderen Individuen unterscheidendes Lebewesen.

Infektion: Eindringen von Krankheitserregern in einen Organismus und ihre anschließende Vermehrung.

Infektionskrankheiten: Krankheiten, die durch Krankheitserreger ausgelöst werden; meist ansteckend.

Inkubationszeit: Zeitraum zwischen der ↑ Infektion und den ersten Anzeichen der ↑ Infektionskrankheit.

Kambrische Explosion: erdgeschichtliche Phase, in der in wenigen Millionen Jahren fast alle späteren Tierstämme entstanden.

Kapillaren: Röhrchen mit sehr kleinem Innendurchmesser; feinste Verzweigungen der Blutgefäße und Lymphgefäße; über sie erfolgt der Stoffaustausch mit dem umliegenden Gewebe.

Konsumenten: Lebewesen, die durch ↑ Fotosynthese entstandene Stoffe verbrauchen.

Lebensgemeinschaft: Gesamtheit aller Pflanzen und Tiere, die Teil eines ↑ Ökosystems sind.

Lebensraum: von einer ↑ Lebensgemeinschaft bewohnter Raum, der durch ↑ abiotische und ↑ biotische ↑ Umweltfaktoren gekennzeichnet ist.

Leistungsumsatz: Energiemenge, die der Körper für Tätigkeiten zusätzlich zum ↑ Grundumsatz benötigt.

Leitbündel: in Bündeln angeordnete Leitungsbahnen bei Pflanzen, in denen Wasser und ↑ Mineralstoffe sowie ↑ Nährstoffe transportiert werden.

Lymphsystem: Teil der körpereigenen Abwehr; umfasst die Lymphgefäße und die lymphatischen Organe, wie Knochenmark, Milz, Thymus, Mandeln und Lymphknoten.

Mineralisierer: Lebewesen, die ↑ organische Substanz vollständig zu ↑ anorganischer Substanz abbauen; meist ↑ Bakterien und Pilze.

Mineralstoffe: energiearme ↑ anorganische Substanzen; notwendig für die Ernährung von Pflanzen und Tieren.

Mycel: dünnes, dicht verzweigtes Fadengeflecht bei Pilzen.

Nährstoffe: mit der Nahrung aufgenommene energiereiche ↑ organische Substanz, die den ↑ heterotroph lebenden Organismen Energie und Baustoffe für die Aufrechterhaltung ihrer Lebensvorgänge liefert.

Nahrungspyramide: Darstellung der Aufeinanderfolge von Organismen in einer ↑ Lebensgemeinschaft; geordnet nach ↑ Ernährungsebenen.

Ökologie: Wissenschaft von den Wechselbeziehungen zwischen Organismen untereinander und zu ihrer Umwelt.

ökologische Nische: Gesamtheit der Beziehungen zwischen einer ↑ Art und ihrer Umwelt; die für jede Art typische Lebensweise; umfasst z. B. Nahrung und ↑ Lebensraum.

Ökosystem: eine in Struktur und Funktion abgrenzbare Einheit, die aus einem ↑ Lebensraum und einer ↑ Lebensgemeinschaft besteht.

organische Substanz: Gesamtheit chemischer Verbindungen, wie sie in Lebewesen vorkommen (z. B. Kohlenhydrate, Proteine, Fette); enthält immer Kohlenstoff.

Paläontologie: Fossilienkunde; Wissenschaft, die sich mit der Erforschung des Lebens auf der Erde in früheren Erdzeitaltern beschäftigt.

Palisadengewebe: säulenförmig angeordneter Zellverband im Laubblatt; enthält viele ↑ Chloroplasten.

passive Immunisierung: ↑ Impfung bei einer akuten Erkrankung mit spezifischem Heilserum, ohne dass ein dauerhafter Impfschutz besteht.

Plasmazelle: aus ↑ B-Zellen hervorgegangene Zellen zur Bildung spezifischer ↑ Antikörper.

Population: Gesamtheit der ↑ Individuen einer ↑ Art, die zur gleichen Zeit in einem begrenzten ↑ Lebensraum leben und eine Fortpflanzungsgemeinschaft bilden.

Produzenten: ↑ autotrophe Lebewesen; stellen aus energiearmer ↑ anorganischer Substanz energiereiche ↑ organische Substanz her; Pflanzen sind die wichtigsten Produzenten.

Resistenz: angeborene oder erworbene Widerstandsfähigkeit von Organismen gegenüber Erregern oder schädigenden Einflüssen; bei ↑ Bakterien z. B. gegenüber ↑ Antibiotika.

Rezeptoren: Erkennungsstellen (Proteine) auf Zellen, an die z. B. ↑ Hormone oder auch ↑ Viren binden können.

Riesenfresszellen: Bindeglieder zwischen spezifischer und unspezifischer Abwehr; machen in den Körper eingedrungene Fremdkörper unschädlich und aktivieren Abwehrzellen.

Schwammgewebe: Gewebe des Laubblattes; besteht aus locker angeordneten Zellen und großen Hohlräumen (Interzellularen).

Silur: erdgeschichtliche Phase (vor ca. 440 Mio. Jahren), in der Pflanzen das feste Land als ↑ Lebensraum erobert haben.

Spaltöffnungen: Öffnungen in der Epidermis von Laubblättern; ermöglichen einen kontrollierten Gasaustausch.

spezifische Abwehr: im Lauf des Lebens erworbenes körpereigenes Abwehrsystem; Krankheitserreger, die dem ↑ Immunsystem ↑ noch unbekannt sind, führen zur Bildung von spezifischen ↑ Antikörpern ↑ und zur Ausbildung des ↑ Immungedächtnisses.

Stoffkreislauf: wiederkehrendes Auftreten und Wiederverwenden von Stoffen in ↑ Ökosystemen.

Stoffwechsel: alle Aufbau-, Abbau- und Umbauprozesse von Stoffen im Organismus.

Symptome: Anzeichen, mit denen eine Erkrankung in Erscheinung tritt.

T-Zellen: Abwehrzellen des ↑ Immunsystems; aktivieren ↑ B-Zellen und bekämpfen infizierte Körperzellen.

Treibhauseffekt: Erwärmung der Erdatmosphäre durch Reflexion der von der Erde ausgesandten Wärmestrahlung; wird durch verschiedene Gase, darunter Kohlenstoffdioxid und Methan, verstärkt.

Umweltfaktor: einzeln messbare oder beschreibbare Größe, die auf ein Lebewesen einwirkt.

unspezifische Abwehr: angeborenes körpereigenes Abwehrsystem; bekannte Krankheitserreger werden sofort von ↑ Riesenfresszellen beseitigt.

Viren: bestehen aus einer die Erbsubstanz umgebenden Eiweißhülle; ohne eigenen Stoffwechsel; Vermehrung mithilfe von Wirtszellen.

Zellkern: Träger der Erbinformation in Zellen; Ort der Steuerung der Zellvorgänge.

Register

Der Stern (*) verweist auf eine Abbildung;
f. nach der Seitenzahl bedeutet „und folgende Seite“,
ff. „und folgende Seiten“.

Bildnachweis

Hinweise zur CD-ROM

Installationshinweise

- → CD-ROM in das CD-ROM-Laufwerk des Computers legen.
- → Wenn die Autostart-Funktion eingeschaltet ist, startet das Programm automatisch und der folgende Punkt kann übersprungen werden.
- → Wenn die Installation nicht automatisch startet, die CD-ROM durch Doppelklick auf das CD-ROM-Symbol im Windows-Explorer öffnen und dann das Programm „Start.exe“ durch Doppelklick starten.

Programmstart

Wählen Sie im Startfenster das gewünschte Fach aus und klicken Sie auf „Programm starten“.

Bei technischen Problemen

Bitte die Datei „readme.txt“ im Hauptverzeichnis auf der CD-ROM öffnen und die Systemvoraussetzungen mit den Daten des Rechners vergleichen. Dort finden sich auch Hinweise zur Problembehandlung.

Die CD-ROMs in den Schülerbüchern enthalten folgende **Medientypen:**

- Arbeitsblatt – über 50 editierbare Arbeitsblätter pro Band
- Datei – z.B. vorbereitete Excel-Dateien für Auswertungen
- Bildsequenz – Videos, Animationen sowie Bilderserien
- Übung – interaktive Übungen und Tests
- Projekt – mit passenden Materialangeboten